사랑학 개론

사랑학 개론

여전히 사랑이 낯선 이들을 위하여

What Love is

And
What It Could Be

캐리 젠킨스 지음 | 오숙은 옮김

여문책

사랑을 담은 철학을 위해.

P. S. 우리 이야기 좀 해요.

차례

일러두기

• 이 책은 캐리 젠킨스Carrie Jenkins의 *What Love Is*(Basic Books, 2017)를 우리말로 옮긴 것이다.

• 독자의 이해를 돕기 위해 인명, 단체명, 정기간행물 등 익숙하지 않은 것은 처음 나올 때 1회만 원어를 병기했다. 주요 개념이나 한글만으로는 뜻을 짐작하기 어려운 용어의 경우에도 한자나 원어를 병기했다.

• 번호로 된 미주는 저자 주이며, 본문 하단의 각주는 옮긴이 주이다.

프롤로그

(어쩌면) 사랑에 빠진 철학자

나는 철학자다. 그리고 인간이기도 하다. 나의 이 두 가지 측면은 완전히 분리할 수 있는 게 아니다. 서로 밀접하게 연관되어 있다. 이 두 가지는 서로를 특징짓고 형성한다. 내가 사랑하는 방식이 내가 생각하는 방식에 영향을 주고, 내가 생각하는 방식이 내가 사랑하는 방식에 영향을 준다. 이런 점에서 나는 특별하지 않다. 사랑에 관해 생각하는 사람이라면 누구든 자기만의 경험 꾸러미를 가지고 생각을 시작한다. 우리의 경험은 좋든 나쁘든, 고정관념을 따르든 전복적이든 상관없이 우리의 사고를 특징짓는다. 그리고 거기에는 잘못된 점이 전혀 없다. 사실 그게 다행인데, 그것을 피할 방법은 확실히 어디에도 없기 때문이다! 우리는 그저 그런 일이 일어난다는 것을 인식하기만 하면 된다.

내 남자 친구의 아파트를 나와서 남편과 같이 사는 우리 집으로 걸어가는 아침이면, 내가 사는 이 시대와 장소(2016년 캐나다 밴쿠버)에서 흔히들 이해하는 로맨틱한 사랑의 방식과 나 자신의 로맨틱한 사랑 경험 사이에 존재하는 괴리에 대해 이따금 생각에 빠지곤 한다. 때로 이것은 내 머릿속에서 벌어지는 어색한 대화의 되감기로 시작된다. 누군가가 아무런 의도 없이 그냥 던진 질문, "그래서 당신네 두 사람은 어떻게 알게 되었나요?" 하는 말로 시작되었다가 어느새 나로 하여금 기만적인 대답과 지나치게 많은 정보를 주는 대답 사이에서 선택하게 만드는 그런 대화들.

만약 나와 내 남편을 아는 사람들에게 "그 사람은 내 남자 친구예요" 하고 진실을 말하면 그 대답은 틀림없이 당황스러움을 불러일으킬 것이다. 무언가 꼴사납고 비정상적인 것, 기분 나쁘게 하는 어떤 것을 갑자기 인정하게 되었을 때 오는 그런 당황스러움 말이다. "아, 옛날에 그 사람이 다니던 직장이 제 사무실 위층에 있었어요"라는 기만적인 대답이 쉽고 편리하다.

아닌 게 아니라 내가 진실을 말하면서도 솔직하지 않기란 놀랄 만큼 쉽다. 그는 실제로 한때 내 사무실 위층에서 일했다. 그러나 우리는 그렇게 만난 건 아니었다. 사실 데이트 웹사이트인 오케이큐피드OKCupid에서 서로를 눈여겨볼 때까지 우리는 한 번도 만난 적이 없었다. 내가 피곤하거나 예민할 때, 또는 상대방이 내가 아주 잘 아는 사람이 아닐 때는 쉽게 그 질문을 빠져나간다. 기만적인 답을 하면 된다.

그러나 철학은 어려운 질문들을 쉽게 빠져나가도록 내버려두지 않는다. 이런 문화적 맥락 속에 살아가면서 나는 영화나 팝

송, 밸런타인데이 카드, 동화 속에 나오는 것 같은 성공적이고 성숙하며 로맨틱한 사랑은 으레 일대일의 사랑이어야 한다는 것을 일상적으로 돌이키게 된다. 그래서 나는 이런 질문을 할 수밖에 없다. 내가 하고 있는 이건 뭘까? 이게 사랑일까? 이것이 로맨틱한 사랑일까?

철학은 나의 생업이다. 그리고 나는 어떤 질문이 철학적인 질문인지 안다. 하지만 사랑에 관한 철학책을 읽는 것이 지금까지 나에게 도움이 된 적은 별로 없었다. 철학자들은 종종 아무런 의문 없이 일대일의 결혼인 단혼제(모노가미monogamy)를 가정한다. 심지어 단혼제를 결정적이고 로맨틱한 사랑으로 다루면서 그것이 나머지 부류의 사랑과 구별되는 특징적인 형태라 여긴다.[1] 이들이 자기 경험에 비추어 그렇게 가정하고, 그 경험이 이들의 기본 가정을 만들어내고 지속시킨다는 데는 의심의 여지가 없다. 그러나 철학은 우리가 어려운 질문을 쉽게 빠져나가도록 허락하지 않는 것처럼, 우리의 기본 가정을 검토하지 않은 채 넘겨버리도록 허락하지도 않는다.

만약 로맨틱한 사랑이 꼭 일대일의 단혼제적 관계여야 한다면, 내가 나의 두 파트너 모두에게 (로맨틱한 의미에서) "당신과 사랑에 빠졌어"라고 말할 때 나는 일종의 실수를 저지르는 셈이 된다. 나는 거짓말하고 있지 않다, 정말이지 나는 최대한 정직하려고 애쓰고 있으니까. 그러나 만약 로맨틱한 사랑이 일대일 관계를 요구한다면, 아무리 좋은 의미라고 한들 내가 그 순간에 하는 말은 엄밀히 말해 진실이 아니다.

내가 진실을 말하고 있는가 아닌가 하는 문제는 복잡한데, 적어도 사랑의 성격이 모호하고 복잡하기 때문은 아니다. 그 답은 하트 모양의 활로 깔끔하게 묶인 모습은 아닐 것이다. 우리는 넓적한 붓으로 대충 그려진 사랑의 윤곽을 더듬을 수 있으며 또 그렇게 해야 하지만, 예리한 모서리(깔끔하고 간단한 이론)를 찾고자 한다면 어차피 실망하게 되어 있다. 로맨틱한 사랑의 성격을 정확하게 짚어내려 애쓴다는 건 젤리로 만든 벽에 젤리로 만든 못을 가지고 젤리를 고정하려고 애쓰는 것과 같다.

그러나 그 질문이 복잡한 이유는 또 있다. 로맨틱한 사랑은 지금 변화의 과정을 걷고 있다. 이 말은 단지 사랑에 대한 태도가 변화하고 있다는 얘기만은 아니다. 물론 그것도 사실이긴 하지만. 나는 이 책에서 오늘날 변화하고 있는 사랑에 대한 관념들을 풀어나갈 생각이다. 그러나 지금으로서는, 어쩌면 일대일의 단혼제 규범 역시 변화를 거치고 있는 특징 가운데 하나일 수 있다는 정도만 말해두기로 하겠다. 예전에 우리가 이성 간 사랑의 보편적 규범에 질문할 공간을 창조해냈던 것처럼, 지금 우리는 계속되는 문화적 대화 속에서 일대일의 사랑이라는 보편적 규범에 질문을 던질 공간을 만들고 있다.

무언가를 설명할 단어를 가지고 있다는 것 자체만으로도 그 공간을 열어젖히기 위한 중요한 첫걸음이 된다. 솔직하고, 일대일의 단혼제적 관계가 아닌 사랑을 나타내는 단어인 '다자간 연애', 즉 '폴리아모리polyamory'는 지난 20세기 말부터 널리 쓰이기 시작했다. 1990년대 이후에는 인터넷에서도 다자간 연애를 비롯해, 속이거나 비윤리적인 행위와는 구별되는 윤리적인 비단혼제의 여러 형태에 대한 탐색이 크게 활성화되었다. 덕분에 비단혼제 형태를 탐색하고자 하는 사람들이 서로 비슷한 생각을 가진 파트너와 공동체, 그리고 정보를 찾는 일이 더욱 쉬워졌다. 같은 시기에 연구자들은 일대일의 단혼제적 규범을 어기는 행위에 따라붙는 낙인을 이해하는 작업을 시작했고, 활동가들과 선구자들은 그 낙인에 종지부를 찍으면서 비非단혼제적 관계를 둘러싼 편견 때문에 가족이나 직장을 잃을 위기에 놓인 사람들에게 실용적인 정보와 지원을 제공하기 시작했다.

이 모든 작업의 결과는 다양한 문화적 척도로 짚어볼 수 있다. 성과 관계 분야에서 세계에서 가장 유명한(그리고 논쟁적인) 상담자인 댄 새비지Dan Savage는 그런 척도 중 하나다. 새비지는 다자간 '결혼들'을 한 사람들이 과연 3주년을 기념한 적이나 있을까 하며 의심하는 도마와 같은 입장이었지만, 지난 몇 년 사이에 성숙하고 성공적이며 일대일이 아닌 로맨틱한 사랑의 가능성을 매우 진지하게 고민하기 시작했다.[2] 현대적 다자간 연애와 관련된 테마와 질문은 대중매체의 진지한 영역에서도 등장하기 시작했다. 예를 들어 스파이크 존스Spike Jonze의 영화 〈그녀Her〉에서 한 컴퓨터 운영체제는 자신이 641명의 인간과 사랑에 빠졌다고 선언한다. 그녀는 한 인간 연인에게 설명하면서 "마음은 가득 채워지는 상자와 같지 않습니다. 마음은 사랑할수록 더욱 커집니다"라고 말한다.

이런 대화가 어디로 가게 될지 말하기엔 아직 너무 이르다.

다만 로맨틱한 사랑은 더 큰 포용으로 나아가는 전체 흐름의 일부로서, 비단혼제적 사랑을 포함하도록 확장될 거라는 게 내 생각이다. 비이성애 규범이 이성애 규범을 대체하고 있지 않은 것처럼, 이는 비단혼제 규범이 단혼제 규범을 대체할 거라는 얘기가 아니다. 그보다는 무엇을 로맨틱한 사랑으로 볼지 생각하는 시야가 더욱 포괄적으로 바뀐다는 말이다. 하지만 나는 이런 미래가 이미 정해져 있다고 보지는 않는다. 이성애가 아닌 사랑에 대한 포용이 이미 정해진 것에 비하면 로맨틱한 사랑의 미래는 조금도 그 근처에 가지 않았다. 그리고 이 모든 것은 내가 일대일이 아닌 사랑이 진정 **로맨틱한** 사랑인지 확신하지 못하고 있음을 뜻한다. 로맨틱하다는 의미에서 두 사람을 동시에 '사랑한다'는 것이 지금 여기에서 실제로 가능한지도 확신이 서지 않는다.

사랑이 일대일이 아닌 관계를 위한 공간을 만들 수는 있을 것이다. 하지만 물론 모두가 그렇듯 나는 편견에 치우쳐 있다. 아마 그보다는, 사랑이 일대일이 아닌 관계를 위한 공간을 만들 수 있기를 바란다고 말하는 편이 더 안전할 것이다. 내가 자라면서 갖게 된 이미지, 로맨틱한 사랑을 일대일의 이성애 커플들만의 자산으로 만드는 그 이미지보다는 더욱 포괄적인 사랑의 그림은 내 삶에서 벌어졌던 일을 더 잘 이해하게 해줄 것이다.

어떤 경우든 나는 생물학적 관점에서 내 두뇌에서 벌어지고 있는 일은 로맨틱한 사랑을 할 때와 같은 방식으로 보인다는 데 내기를 걸 각오가 되어 있다. 사실 내가 로맨틱한 사랑이 비단혼제적 사랑을 포용할 수 있다고 생각하는 이유도 부분적으로는 그 때문이다. 로맨틱한 사랑은 사회적 제약을 깨뜨려온 오랜 역사가 있으며, 생물학은 거기에 일조해왔다. 하지만 사랑의 제약과 그 제약으로부터의 해방 사이의 상호작용은 복잡하고, 사랑의 생물학과 사랑의 사회적 개요 역시 그만큼 복잡하다.

집으로 걸어가던 그 수많은 아침에, 나는 내가 하는 것이 사랑인지 아닌지 이해하기 위해서는 이런 복잡한 문제들 몇 가지는 풀어야 한다는 걸 깨닫곤 했다. 그 문제에 대한 접근법으로, 로맨틱한 사랑이란 무엇일까 하는 철학적 질문에 대한 답을 찾는 것보다 나은 방법은 생각할 수 없었다. 철학은 내가 쉽게 빠져나가도록 내버려두지 않는다고 말했을 때의 의미가 바로 이것이다! 나의 노력은 이 책을 쓰는 계기가 되었다. 그러나 그 프로젝트는 내가 '사랑을 하는' 건지 아닌지 알아내기 위한 것이라는 원래의 목적을 금세 뛰어넘었다. 그 결과 이 책은 내가 예상하지 못했던 나머지 온갖 것이 되어버렸다. 애초에 이 책은 일대일이 아닌 사랑에 대한 질문을 계기로 탄생하기는 했지만, 비단혼제 자체에 관한 것은 아니다. 내가 상상할 수도 없었던 온갖 이유로 사랑은 철학적으로 매혹을 불러일으키는 주제가 되었다. 비록 두께는 얇지만, 이 책은 의학, 마법, 퀴어, 지혜, 도파민, 젠더, 고대 그리스-로마인들, 무지개, 합리성, 사포Sappho, 영혼의 짝, 정치, 그리고 물론 인간 본성의 영역으로 우리를 안내할 것이다. 부디 안전벨트 단단히 매시길!

결국 이 책은 가능성을 탐색하는 책이 되었다. 단지 사랑이 무엇인지 하는 탐색을 넘어서 사랑이 무엇일 수 있는지까지 탐색한다. 나는 로맨틱한 사랑이 부분적으로는 사회 구성물이라는 이론에 도달했다. 로맨틱한 사랑의 사회적 측면은 시대에 따라 변하지만, 사회적 변화는 종종 더디고, 사랑처럼 가치와 의미가 투자되는 것에 대해서는 특히 느리다. 원래 변화는 하루아침에 일어나지 않으며, 한 개인이 변화를 가져오지도 못하는 법이다. 그렇다고 해도 일부 변화는 우리가 사는 동안 눈에 보일 만큼 충분히 빠르게 일어나는데, 이런 점에서 우리는 실로 흥미로운 시대를 살고 있다.

나는 비단혼제적 사랑을 '정상적'인 것으로 포용하는 특정한 변화가 일어나려면 무엇이 필요할지 종종 생각해본다. 세 사람 사이의 로맨틱하고 행복한 관계로 끝나는 로맨틱 코미디가 놀랍지 않고, 동시적인 열린 관계를 찾으려는 시도를 노래한 대중가요가 놀랍지 않게 다가와야 할 것이다. 달리 말하면 포용하게 된다는 것은 숫자 게임이다. 성공한 비단혼제적 사랑의 예에 딱 한 번 노출된 경험만으로도 편견에 도전하기에는 충분할 것이다(바로 이것이 '커밍아웃'이 중요한 이유다. 만약 그렇게 하는 것이 안전할 때 한해서 말이다). 그러나 비단혼제적 사랑이 '정상적' 선택지로 인정받게 되기까지는 다양하고 많은 사례에 노출되는 게 필요할 것이다. 하지만 나는 이런 상황이 조만간 펼쳐지리라고는 생각하지 않는다. 물론 내 예상이 틀렸다고 입증되면 정말 기쁘겠지만.

독자 여러분은 이 책에서 사랑이 무엇인지, 그리고 무엇이 될 수 있는지에 대한 나의 이론을 보게 될 것이다. 이 이론은 '비전통적' 사랑이 대중매체 속에 재현되는 것이 왜 그렇게 중요한지, 그리고 그것이 스크린에, 또 '어린이들'의 머릿속에 들어가는 걸 막으려는 사람들의 저항은 왜 그렇게 강력한지를 설명해준다. 문제의 핵심은 우리 문화의 산물 속에 재현되는 로맨틱한 사랑이 그저 사랑의 실체에 대한 그림자나 반영만은 아니라는 사실이다. 우리가 스크린에서 보는 것, 라디오에서 듣는 것, 잡지에서 읽는 것은 사실 사랑을 건설하는 과정의 일부이기도 하다. 지금 현재의 사랑을 만들어가는 과정인 것이다. 이런 재현 행위는 우리가 로맨틱한 사랑에 관한 사회적 개요의 윤곽을 집단적으로 창조하고 유지해나가는 방식이다.

위험부담은 크다. 그리고 나는 개인적으로 자신을 투자하고 있고, 독자 여러분도 마찬가지다. 누구나 자기만의 경험이 있고, 누구나 편견이 있듯이, 우리는 모두 개인적으로 자신을 투자한다. 사랑에 관해서는 저마다 할 이야기가 있으며, '객관적이고 중립적인 관점'은 없다. 여러분이 '어딘가에서 보는 관점'이 이른바 '정상적' 위치에서 바라본 관점이 아닐 때, 여러분은 어쩔 도리 없이 그것의 존재를 자주 떠올리게 되는 것뿐이다.

자기 관점을 돌이키게 하는 이런 것들이 항상 좋은 건 아니지만, 철학자에게는 매우 소중하다. 우리가 스스로 객관적이라고 말한다고 해서 우리의 편견이 조금이라도 줄어드는 건 아니다. 사실, 그것이 편견을 더욱 굳힐 수 있다는 일부 증거도 있다.[3] '정상적'이라는 건 여러분에게 아무런 관점, 아무런 경험 꾸러미도 없다는 뜻이 아니라, 다만 여러분이 그런 것들을 크게 주목하지 않을 가능성이 크다는 뜻이다. 어떤 경우든 개인적인 꾸러미들을 '객관성'의 소파 뒤에 처박아두고서 누구의 눈에도 띄지 않기를 바란다면 어려운 질문들과 관련해 진정 철학적으로 나아가지 못한다. 우리가 할 수 있는 최선은 우리가 그 여정에 싸들고 온 것이 무엇이든 그에 대한 인식을 최대화하려고 노력하는 것이다.

들어가는 말

> 놀라워하는 것, 이것이야말로 철학자의 표지라네.
> 이것 말고 철학의 다른 시작은 없으니까. 그리고 이리스를 타우마스의
> 딸이라고 말한 이가 계보를 잘못 작성한 것 같지는 않네.
>
> — 플라톤, 『테아이테토스*Theaetetus*』[1]

철학교수로서 내가 하는 일은 철학을 가르치는 건 물론이고 철학에 관해 생각하기, 글쓰기, 말하기 등이다. 나는 10년 동안 철학교수로 지내왔고 그전에는 7년 동안 철학을 공부했다. 이 17년이라는 기간은 내 성인기 전체를 구성한다. 많이들 그렇겠지만 내 어린 시절 역시 철학으로 가득 차 있었다. 그때는 그냥 그것을 '철학'이라고 부른다는 걸 몰랐을 뿐이다. 아이들이 흔히 그렇듯, 어른들이 집어치우라고 할 때까지 나는 실제 존재하는 것들을 생각하게 되자마자 실재實在에 관해 질문하기 시작했다. 존재하는 것들, 세계의 모습, 가능한 것들은 무엇인지 알고 싶었다.

사랑이 무엇일까 하고 의문을 품을 때, 그것은 철학 활동의 일부다. 구체적으로는 형이상학의 일부다. 무엇이 실재인지, 세계는 어떤지, 무엇이 가능한지 이해하고자 하는 프로젝트 말이다. 사람들의 일상생활에는 독자 여러분이 생각하는 것보다 많

은 철학이 이루어지고 있다. 사랑은 실재일까? 사랑은 어떤 것일까? 사랑의 영역 안에서는 무엇이 가능할까? 이런 것들은 심오하면서도 오래된 형이상학적 질문이다. 그리고 벌써 몇 년째 나는 그런 질문에 사로잡혀 있다. 나는 사랑에 관해 작업할 계획은 아니었다. 처음 직업 철학자로서 일하기 시작할 때는 수학의 철학을 생각했다. 그러나 사랑은 슬그머니 나에게 다가왔고 내가 포기하게 놓아두지도 않았다. 마음은 그것이 원하는 것을 원한다.

나는 특히 로맨틱한 사랑에 마음을 뺏겼다. 다른 부류의 사랑이 흥미가 없거나 중요하지 않다고 생각해서가 아니다. 다른 사랑도 분명 흥미롭고 중요하다. 그러나 현재 우리가 가진 정보의 상태는 로맨틱한 사랑의 성격을 이해하는 것과 관련해 우리에게 특별한 철학적 과제와 수수께끼를 떠맡긴다. 이런 수수께끼들은 처음에는 내 가슴에 들어왔지만, 곧 나의 지적 생활에까지 뿌리를 내렸고 내가 연구하는 여러 철학적 문제와 흥미로운 방식으로 연결되었다. 사실 이 부분이 놀랍게 다가오지는 않았다. 철학적으로는 모든 것이 나머지 모든 것과 연결되어 있다는 건 늘 경험해왔기 때문이다. 이는 내가 철학을 사랑하는 이유 중 하나다. 철학은 원칙적으로 관계없는 것이 없는 학문이다. 어쨌거나 사랑에 관한 내 생각이 철학의 나머지 영역에서 서서히 여러 관념을 끌어내는 동안, 나는 그 관념들이 사랑을 더 잘 이해하기 위해 내가 필요로 하고 있었던 바로 그것처럼 보여서 기뻤다.

로맨틱한 사랑의 성격은 영원한 철학적 질문이지만, 오늘날 우리는 그 답을 찾아야 한다는 새롭고 시급한 압박을 받고 있다. 그러나 답을 찾기는 어느 때보다 더 힘들어 보이는데, 그 이유는 지금 당장 우리에게 특히나 어려운 선택들이 놓여 있기 때문이기도 하다. 무엇보다도 우리는 로맨틱한 사랑을 생물학적 현상으로 다룰 것인지, 아니면 사회적 또는 문화적 산물로 볼 것인지를 두고 엄밀한 선택의 기로에 놓여 있다.

　　위키피디아는 이런 상황을 가늠하는 아주 좋은 척도일 수 있다. 위키피디아는 어느 정도까지는 공공의 정보에 대한 우리 현 상황의 맥동을 추적한다. 이 글을 쓰는 이 시점[2]에, 위키피디아 '사랑' 항목은 정확히 내가 생각하는 그 선택지를 묘사하고 있다. "사랑의 생물학적 모델은 그것을 허기나 갈증과 비슷한 포유동물의 충동으로 바라보는 경향이 있다. 심리학자들은 사랑을 사회적이고 문화적인 현상으로 보는 경향이 있다. 사랑이 호르몬의 영향을 받는다는 건 분명하다……. 그리고 사랑에 빠진 사람들이 생각하고 행동하는 방식은 사랑에 대한 그들의 개념에 영향을 받는다."

　　이 설명은 사실상 문제를 멋지게 요약하고 있다. 사랑에 관한 대표적인 이론 가운데 일부는 사랑이 생물학적 현상이라고 말하지만, 나머지 일부 이론들(여기서 소개하는 건 심리학 이론이지만 나머지 많은 학문에도 각기 나름의 이론이 있다)은 사랑이 사회적·문화적 현상이라고 한다. 두 그림 모두에 적어도 진실의 알맹이가 하나, 어쩌면 하나 이상이 있는 것으로 보인다. 나는 우리가 로맨틱한 사랑이 가지는 생물학적 성격과 사회적 성격을 모두 아우르는 철학적 이론을 만들 수 있다고 믿는다. 그것들이 서로 어떻게 맞물리는지 보기 위한 약간의 개념적 작업이 필요할 뿐이다. 그러나 그에 따라올 지적·실용적·개인적인 대가는 얼마든지 노력을 기울일 가치가 있다.

사랑을 이야기한 많은 철학자는 대체로 사랑을 심리적 또는 정신적 현상으로 다루는데, 일종의 감정으로 다루는 경우도 종종 있다. 앞으로 보겠지만, 나는 이것이 이야기의 전부라고 생각하지 않는다. 어쨌거나 지금 당장 나에게 가장 절박하게 다가오는 철학적 문제는 사랑의 생물학적 측면과 사회적 측면을 풀어내는 것과 관계가 있다. 그래서 나는 사랑의 심리학을 제쳐두지 않으면서—그것은 이 책 전반에서 계속 등장할 것이다—심리학 안팎을 모두 가리키는 질문에 시선을 두어왔다.

여기서 우리가 지난 반세기 동안의 대중문화사를 잠깐 살펴보면, 로맨틱한 사랑의 성격을 묻는 질문들은 아주 중요하게 등장한다. 여러 대중가요와 앨범은 정확히 〈사랑이 무엇일까?What Is Love?〉를 제목으로 삼는다. 하더웨이가 1993년에 발표한 파워 발라드는 아마도 가장 유명한 예일 것이다. 그 밖에 포리너의 노래 〈사랑이 무엇인지 알고 싶어요I Want to Know What Love Is〉와 콜 포터의 뮤지컬 삽입곡 〈사랑이라는 이것이 뭘까요?What Is This Thing Called Love?〉 같은 변형도 있다. 같은 성격의 것들은 너무나도 많다. 대중문화에서 어느 한 테마가 이렇게 두드러질 때, 그것은 우리에게 중요한 무언가를 말해준다. 우리가 '사랑'이라 불리는 이것에 진지하게 마음을 뺏겼고, 이것 때문에 혼란스러워하고 있다고.

이쯤에서 잠시 멈춰서, 이런 노래를 비롯해 나머지 모든 곳에서 사람들이 얼마나 자주 '사랑'을 말하면서 로맨틱한 사랑을 의미하는지 주목해볼 가치가 있다. 사실 편리한 줄임말이다. 그러나 그 줄임말은 로맨틱한 사랑이 우리 사고 속의 한 특수한 장소를 차지하고 있음을 암시한다는 점 또한 주목하시라. 어쨌거나 나는 그 단어를 쓸 것이다. 내가 따로 특정하지 않는 한 이 책에서 '사랑'이란 곧 로맨틱한 사랑을 뜻한다고 봐도 좋다.

사랑이 무엇인지 알고 싶은 이런 관심이 지극히 현대적이긴 해도 전혀 새로운 것도 아니다. 고대 그리스 철학자 플라톤은 모든 부류의 사랑에 사로잡혀 있었다. 특히 나이 많은 남자와 젊은 청년 사이에 정상적으로 사랑이 생긴다고 생각하고 그것을 에로스*eros*('열정적 사랑' 또는 '욕망')라 불렀다. 플라톤의 유명한 『향연*Symposium*』에서 등장인물 아리스토파네스는 영혼의 짝에 관한 신화를 설명하는데, 이는 로맨틱한 사랑에 관한 초기 이론이라 할 만하다. 이야기는 이렇다. 아주 오랜 옛날 인간은 머리가 둘이고 팔다리가 여덟인 존재였다. 그러나 인간들은 신들의 분노를 사게 되었고, 제우스는 그 벌로 인간 존재를 반으로 나누어버렸다. 더러 한 여자와 한 남자로 분리된 이들도 있었고, 나머지는 두 여자로, 또는 두 남자로 분리되었다. 이 신화에 따르면 사랑의 성격은 말 그대로 '나머지 반쪽'인 사람과 재

결합하려는 부단한 노력이다.

훨씬 최근의 이야기꾼인 현대 작가 사이먼 리치Simon Rich는 아리스토파네스 신화가 '대다수 인간'을 빠뜨리고 있다고 말한다. 아주 짧은 단편 「티끌의 아이들The Children of the Dirt」[3]에서 리치는 여성-여성 짝을 '땅의 아이들', 남성-남성 짝을 '태양의 아이들', 그리고 이성 짝을 '달의 아이들'이라 부른다. 그는 나아가 처음부터 머리 하나에 팔다리 넷을 가지고 있던 '티끌의 아이들'도 있다고 말한다. 제우스는 그들이 이미 충분히 고통받고 있다고 생각했기 때문에 그들을 반으로 나누지 않았다. 리치에 따르면 오늘날 "인류의 대다수는 티끌의 아이들의 후손이다. 아무리 오랫동안 세상을 뒤진다고 한들, 그들은 찾고 있는 것을 발견하지 못할 것이다. 이 세상에는 그들을 위한 누구도, 어느 한 사람도 없기 때문이다."

아리스토파네스 신화가 비참하게 또는 만족스럽게 사는 수많은 외톨이를 무시하고 있다는 건 사실이다. 그러나 다른 관점에서 보면, 현대인이 보기에도 그 신화가 얼마나 포괄적인지 놀랍기만 하다. 원래 하나였던 존재가 두 여성이나 두 남성, 또는 여성과 남성으로 분리되었다는 생각은 동성 간 사랑과 이성 간 사랑을 나란히 이론화하려는 시도다. 이것이 좋은 생각일 거라는 2,000년 전의 형이상학적 통찰을 우리는 이제야 겨우 따라잡고 있다.

리치가 현대적으로 덧붙인 내용이 있든 없든, 영혼의 짝 신화는 여전히 근사한 이야기다. 그러나 오늘날 우리는 그 신화가 사랑의 실체에 관한 현실적인 설명이라는 생각은 별로 하지 않는다. 요즘에는 신화나 전설에 의지하기보다는 우리만의 현대판 신탁소인 구글을 찾는다. 거꾸로 구글은 우리가 무엇을 묻는지 지켜보고 "……란 무엇인가?" 하는 질문 속에서 공공의 관심 수준을 추적한다. 당연히 "사랑이란 무엇인가?"는 계속해서 그 목록의 꼭대기 또는 그 근방에 머물러 있다.[4]

사랑이 무엇인지 이해하려는 이런 탐색은 단순히 십자말풀이와 같은 지적 만족을 위한 탐색이 아니다. 사랑이 무엇인지 모른다면 우리는 이런저런 심각한 위험에 놓인다. 사랑은 중요하기 때문이다. 수많은 이가 자신이 사랑에 빠졌는지 또는 그렇다고 생각하는지 아닌지를 판단하고 이를 토대로 일생일대의 중요한 선택을 한다. "당신을 사랑해요"라는 말을 한다는 건 중대한 일이기에, 그 말이 무슨 의미인지 이해하기 위해 온갖 노력을 기울일 가치가 있다. 우리 삶에서 가장 중요한 대화를 하면서 서로 과거를 털어놓거나 크게 오해받을 위험을 감수할 수는 없다.

하지만 사람들은 일상적으로 그런 위험을 무릅쓴다. 사람들은 그 말을 하는 것이 무슨 의미인지는 생각하지 않고서 또는 이야기해보지도 않고서 "사랑해"라고 말한다. 최악의 경우, 벨 훅스bell hooks가 『사랑에 관한 모든 것All About Love』에서 경고하는 것처럼, 사랑의 성격이 불명확한 까닭에 학대를 사랑으로 착각하는 일이 빚어질 수도 있다.[5] 나머지 사람들은 사랑이 무엇인지에 관해 별로 생각하지 않고서도 잘 사랑하며 살아간다.

그러나 조금만 깊이, 찬찬히 생각하고 나면 약간의 행운을 얻고 이런 상황에서 벗어나게 될 것이다.

이러저러한 것이 로맨틱한 사랑이라고 엉성하게 이해하고서는, 그것이 있다거나 없다는 상상을 근거로 일생일대의 결정을 내리는 사람들이 너무나 많다는 사실은 현대의 삶에 관해 무엇을 이야기하고 있을까? 이는 우리가 가만히 생각할 때 결코 정상적으로 다가오지 않을 상황의 두 반쪽을 정상으로 여겨왔다는 걸 말해준다. 한편으로 우리는 사랑이 엄청나게 의미 있는 사회적 힘이라는 관념을 받아들여왔다. 여기서 사랑은 삶의 전체적인 궤적을 형성하고 재형성하고, 온갖 가치의 초점 역할을 한다. 우리가 가장 든든하게 받드는 많은 개인적·윤리적·정치적 믿음이 로맨틱한 사랑에 대한 우리의 태도 주변에 무리 지어 있다. 생각해보라. 우리는 누군가 어떤 부류의 사랑을 정상적이다, 자연스럽다, 또는 가치 있다고 여기는지 알게 되면 그 사람의 세계관에서 아주 많은 부분을 알 수 있다.

또 한편으로 우리는 사랑이란 이해하기 힘들거나 불가능한 어떤 것, 즉 수수께끼라는 관념을 똑같이 정상으로 여겨왔다. 하나의 사회로서 우리는 '사랑이 무엇인가'라는 기본적인 문제에 관해서조차 합의하지 못한다. 사실 우리는 때로 이런 이해 부족 자체를 즐기거나 미화하면서, 마치 그 불가해성이 실제로 사랑에서 특수하거나 가치 있는 부분인 것처럼 여긴다. 나는 이 현상을 '로맨틱 신비romantic mystique'라고 부른다.

'로맨틱 신비'라는 관념은 더 오래된 관념에서 영감을 얻은 것이다. 1963년 베티 프리던Betty Friedan은 사람들이 여성성을 신비화하면서도 동시에 미화한다는 점을 주목했다. 그녀는 이것을 '여성의 신비feminine mystique'라고 불렀는데, 여성성이 "너무 신비롭고 직관적이며, 창조와 생명의 기원에 근접해 있어서 인간이 만든 과학은 결코 그것을 이해하지 못할 것"이라는 관념을 말한다. 그렇게 상상된 여성성은 '특별'하고 남성성과는 '다르'지만 열등한 것은 아닐 것이다. 여성의 신비가 그렇기에, "과거에 여성들이 느껴왔던 문제의 뿌리는 여성들이 고유의 성격, 즉 성적 수동성, 남성의 지배, 양육하는 모성적 사랑에서만 성취감을 찾을 수 있는 성격을 받아들이지 않고 대신에 남성을 부러워하고, 남성을 닮으려 했다는 데 있다."[6]

내가 보기에 로맨틱 신비는 여성의 신비와 공통점이 많다. 로맨틱 신비는 우리에게 로맨틱한 사랑이 "신비롭고 직관적이고 창조와 생명의 기원에 근접"해 있으면서도, (부분적으로는 바로 그 이유 때문에) 특별하고 경이롭다고 말한다. 그뿐 아니라 로맨틱 신비는 사랑의 '본성'에 저항하거나 그것을 대체하려고 애쓰는 대신에, 겸손하게 수동적으로 그것을 받아들이라고 부추긴다. 그것은 무지와 묵종을 찬양하고 힘을 빼앗는 이데올로기다.

사랑과 여성과 관련해서, 신비로움이 그 특별한 부분이라는 관념에는 문화적 효능이 있다. 그리고 이런 연관성이 우연이 아닌 것이, 로맨틱한 사랑은 여성 관심사의 영역이라는, 깊이 뿌리박힌 인식이 존재한다. 로맨스 소설 독자의 젠더 균형이나 우리가 '여자 영화chick flick'라고 부르는 것의 관객, 또는 밸런타인데이 물품들 중 온갖 보들보들한 싸구려 핑크색 물건들과 연관되는 젠더를 생각해보라. 신비로운 것 대 이해 가능한 것의 구분에서 사랑과 여성이 똑같은 쪽에 놓여왔다는 것은 결코 우연이 아니다.

그리고 사랑이 과연 무엇인지, 그리고 그 질문에 답하는 것이 왜 그렇게 중요한지를 다룬 현대의 가장 막강한 저작들 중 일부가 젠더를 연구한 페미니스트 작가 벨 훅스의 것이라는 사실도 우연은 아닐 것이다. 훅스는 온갖 부류의 사랑에 관심이 있지만, 가장 두드러지는 그녀의 관심사는 로맨틱한 관계 내의 사랑이다. 훅스는 우리에게 사랑의 정의, 특히 사랑과 학대는 양립할 수 없음을 명백하게 밝혀주는 사랑의 정의가 필요하고 생각한다. 사랑을 정의하지 않고서는 우리가 학대의 상황을 사랑의 상황으로 잘못 생각할 위험이 매우 크기 때문이다. 나는 우리에게 필요한 것이 정확히 하나의 정의인지는 잘 모르겠지만, 그 생각의 요지에는 동감한다. 우리 자신이 사랑에 대한 이해가 부족하다는 사실을 묵인하거나 심지어 즐기는 것은 그저 지적으로 불만족스러운 정도가 아니라 우리를 위험에 노출시킨다. 이는 우리가 안전하게 지내고 좋은 결정을 하는 데 필요한 지식과 기술로 무장하기를 거부한다는 뜻이다. 날마다 우리 주변에서 벌어지는 일 중 많은 부분을 우리가 이해하지 못하고 있으며, 그에 대한 대가가 무엇이든 대가를 치르고 있다는 뜻이다.

어떤 것이 위험하고 방심할 수 없을 때, 그것을 규정하고 이름을 붙이는 것만으로도 싸움의 절반이라고 할 수 있다. 내가 로맨틱 신비라는 이름을 붙이고 이를 논의할 수 있게 대화를 시작하고 싶은 것도 바로 그런 이유에서다. 사랑은 엄청나게 중요하지만 도무지 이해할 수 없는 것이라는 태도를 정상으로 여겨서는 안 된다. 그것은 재앙이다. 무언가를 토대로 우리 삶의 중요한 결정을 내리면서도 그것을 설명할 수 없는 신비로 다루다니. 우리는 왜 이에 대해 더 많이 걱정하지 않는 걸까?

내가 의심하는 한 가지는, 로맨틱 신비를 떠받치는 역할을 하는 것은 다름 아닌, 사랑에 관해 지나치게 생각하는 것은 우리의 사랑이 지속되는 데 부정적인 결과를 불러올 수 있다는 두려움이 아닐까 하는 것이다. 어쩌면 우리는 사랑을 너무 속속들이 이해하다 보면 제대로 사랑을 못하게 되지나 않을까 두려워하는지도 모르겠다. 어쩌면 우리는 사랑에 관해 너무 많이 생각하다 보면 사랑에 대한 믿음을 잃고 냉소적이 될 거라고 걱정하는 건 아닐까. 많은 이가 사랑을 굉장히 소중하게 여기기에, 사랑에 관한 지나친 생각이 사랑을 잃거나 망치게 하지나 않을까 하는 조바심이 사랑에 관해 많은 생각을 하지 않도록 만드는 막강한 동기로 작용하게 될 것이다. 하지만 우리에게 생각하지 않도록 자극하는 것들이야말로 위험하다.

영국의 개방대학에서 철학을 가르치는 존 샌드John Shand는 사랑에 관한 우리의 일상적인 사고방식이 모순적이기 때문에 "단지 응용 분석 행위만으로도 우리가 소중히 여기는 사랑을 파괴할" 위험이 있다고 주장한다.[7] 그는 사랑을 지나치게 고민

한다는 것의 위험성을 경고하는 이야기를 들려준다. "그것을 아주 가까이서 바라보라. 그러면 사랑에 관련된 역설들이 드러나고, 사랑은 그 마법을 부리지 못한다. 내 생각에 많은 연인관계에는 불신의 유예, 유용한 허구들이 포함되어 있다……. 그것에 관해 너무 열심히 생각하지 마라. 지금 실제로 무슨 일이 벌어지는지 보기 위해 그것을 분석하지 마라. 그러면 그것이 효과가 있음을 알게 될 것이다."

아마도 그 말은 샌드의 경험에는 진실일 것이다. 하지만 그는 자신의 이론이 "우리 삶에서 마주치게 되는 사랑의 현상학에서 주로 비롯되었다"고 말하는데, 여기서 '우리'라는 말은 샌드가 자신의 경험을 공동의 경험으로 생각하고 있음을 암시한다. 그러나 나의 경험은 전혀 그렇지 않다. 나는 사랑에 관해 신중하게 철학적으로 생각한다고 해서 사랑이 증발해버리는 경우를 알지 못한다. 반대로 그 덕에 나의 관계 속에서 내가 더 안전하고, 자신 있고, 의식적이고, 확고하며, 나답다는 느낌을 받았다. 더욱이 사랑에 관한 깊은 생각 덕에 나의 사랑과 삶은 더욱 흥미로워졌다. 물론 나는 그저 한 사람에 지나지 않지만, 그렇다면 샌드도 마찬가지다. 어쩌면 여러분은 이와 관련해 나와 더 비슷할 수도 있고, 아니면 샌드와 더 비슷할 수도 있다. 만약 나와 더 비슷하다면, 여러분은 이미 지나친 생각이 가져올 상상의 위험보다는 부족한 생각이 불러올 명백한 위험을 더 걱정하는 것이다.

그러나 만약 여러분이 샌드와 더 비슷하다면, 어쩌면 나는 그 걱정을 덜어줄 이야기를 할 수 있을 것이다. 사실, 나는 두 가지 접근법을 시도하려 한다. 첫째로 길고 찬찬한 시선을 견디지 못할 유형의 '사랑'은 어쨌거나 여러분의 삶에서 아주 멋진 사랑은 아닐 것이다. 지나치게 가까이서 볼 때 사라져버리는 것이라면 애초에 거기 없었던 것일 확률이 높다. 환각이나 눈의 속임수가 작용하는 방식이 바로 그렇다. 어쩌면 여러분은 모르는 게 약이라고 생각하고 있겠지만 무지無知는 결코 행복을 보장하지 않는다. 환각이란 여러분이 설사 그것을 보지 않으려 주도면밀하게 피한다고 해도 온갖 이유로, 예고도 없이 무너질 수 있는 불안정한 것이다.

사랑에 관해 철학적으로 생각하기를 두려워해서는 안 되는 두 번째 이유는 다음과 같다. 철학은 다른 사람의 생각을 흡수하는 것이 아닌, 신중한 사고를 통해 자신의 견해를 형성하는 일이다. 여러분이 이 책을 덮을 때쯤 사랑에 관한 내 견해에 동의할 거라 기대하지는 않는다. 그러나 그건 제쳐두고서라도, 나는 사랑이 가공의 것이라거나 모순적이라거나 허상이라고 설득하려 들지도 않을 것이다. 나의 철학적 사고는 로맨틱한 사랑이란 매우 실질적이라고 말해준다. 그리고 우리가 그것을 분석해 존재를 없앨 위험에 처했던 적은 아마 없었던 것 같다. 사랑은 복잡하고 혼돈스럽고 확실하며, 우리는 사랑에 관한 수많은 철학적 문제를 정리해야 할 필요가 있다. 그러나 내가 제시하는 이론은 실질적인 것에 관한 이론이다. 따지고 보면 나는 사랑에 냉소적이지 않으며, 다만 신중하다고 말하고 싶다. 신중하다는 것은 중요하다. 사랑은 극한 스포츠이며, 우리는 낙하산 없이 스카이다이빙을 하지는 않는다.

내 연구를 할 때 나는 분석형이상학이라고 알려진 철학의 한 전통에 영향을 받는다. 형이상학은 실재가 어떤 것인지 철학적으로 탐구하며, 분석형이상학은 신중하고 엄격한 논증과 비판적 추론을 활용함으로써 그런 탐구를 해나가는 것을 목표로 한다. 분석철학은 20세기 초 케임브리지 트리니티칼리지의 탁월한 철학교수였던 버트런드 러셀Bertrand Russell, G. E. 무어Moore, 루트비히 비트겐슈타인Ludwig Wittgenstein 같은 사상가들의 작업에 뿌리를 두고 있다. 내가 1990년대와 2000년대 초에 트리니티칼리지에서 철학을 공부하는 동안, 이 전통은 나의 지적 발전에 중대한 영향을 끼쳤다.

분석형이상학자들은 실재의 성격을 더 잘 이해하기 위해 노력하면서 삶을 보낸다. 우리는 생각할 때는 신중하게, 글 쓸 때는 명확하게 하려고 애쓰며, 어떤 가정이 아무리 '자연스럽게' 느껴질지라도 그것에 대해 질문하려고 노력한다. 요즘 사랑을 연구하는 분석형이상학자는 별로 많지 않다. 그러나 내 생각에 이것은 일종의 역사적 우연일 뿐이다. 분석형이상학에는 흐름과 유행이 있는데, 사랑에 관한 형이상학은 최근 유행하지 않으니까 말이다. 그러나 사랑은 나머지 학자들이나 예술가, 작가, 사상가들의 활동 전체를 차지한다. 나는 짧은 한 권의 책에서 논의할 수 있는 것보다 훨씬 더 많은 정도로 그 지적 유산에 영향을 받아왔다. 무엇을 포함할 것인지 소재를 선택하는 일은 최종적인 색인을 만드는 작업보다는 흥미로운 전시회를 기획하는 작업에 더 가깝다.

요즘 흐름이야 어떻든, 분석철학의 창시자인 버트런드 러셀은 사랑, 섹스, 결혼에 관해 많은 말을 남겼다. 그는 분석기술을 끌어들여, 그런 주제를 둘러싼 세간의 가정에 도전할 준비가 되어 있었고, 증거와 추론을 따라 그것이 이끄는 곳으로 가려고 했다. 그가 내린 결론은 매우 급진적이었고, 결국 그는 대학교수 직업에는 '도덕적으로 부적합'하다는 판정을 받은 후 미국 대학교에서 일자리를 잃었다. 급진적 사고가 항상 가장 안전하거나 편안한 삶의 선택은 아니다.

그러나 내가 받은 분석철학 훈련 덕에 나는 기술 일습을 갖추게 되었다. 신중하고 엄밀하고 정직하게 생각하기 위한 도구 상자가 생긴 것이다. 그것도 그저 그런 도구상자가 아닌 막강한 도구상자다. 그 잠재력을 충분히 활용한다면 그것은 급진적일 수 있으며, 큰 대가를 치를 수도 있다. 그러나 질문하지 않는 정신과 내 도구상자를 맞바꿀 생각은 없다. 아니 그럴 수가 없다. 그것에는 그 나름의 대가가 따라오고, 내가 보기에 그 가치가 훨씬 더 높으니까.

그러니까 이 책은 사랑의 철학 전선에 있는 나와 함께하자는 초대다. 그 초대에는 스타터 키트가 제공된다. 철학적 관념, 전략, 논증, 이론 등이 그것이다. 독자 여러분은 내가 하는 말에 동의할 수도 있고 동의하지 않을 수도 있겠지만, 동의하거나 동의하지 않는 바로 그 과정을 통해 철학자는 관념을 발전시키고 다듬고, 대화의 단계마다 질문을 더 멀리 더 깊게 밀고 나간다. 철학은 거대하고 지속적이며 협동하는 인간 활동이다. 그리고 나는 여러분이 철학에 함께하기를 바란다.

이 협동 작업에서 나의 역할을 하기 위해, 나는 이 책에서 사랑에 관한 내 이론을 제시할 것이다. 주요 골자는 로맨틱한 사랑은 이원적인 성격을 가진다는 것이다. 오늘날 사랑이 무엇인가 하는 문제와 관련해 설득력 있는 사회학적 이론과 생물학적 이론이 동시에 발전하고 있다. 사랑을 일종의 사회적 또는 문화적 구성물이라고 보는 이론들은 비록 매우 다양하고 발전되어 있기는 하지만, 꽤 이전부터 우리 주변에 있었다. 생물학적 이론들은 그보다는 새로운 현상으로 느껴지는데, 물론 더 오래된 전례들이 있기는 해도 현재와 같은 모습은 실제로 새롭다. 그런데 신경학의 최근 연구들은 진짜 그럴싸한 생물학적 사랑 이론을 세우는 것을 가능하게 만든다. 그리고 실행 가능한 생물학적 사랑 이론들이 이 현장에 등장하면서 어쩔 수 없는 질문 하나를 물을 수밖에 없다. 로맨틱한 사랑은 과연 사회 구성물인가, 아니면 생물학적 현상인가? 이 대목에서 우리의 두 가지 사랑론은 둘 다 근사해서 어느 하나를 고르기가 힘들어진다. 우리는 '사랑이 무엇일까?' 하는 질문으로 시작한다. 그런데 사랑은 생물학이라고들 한다. 사랑은 사회라고들 한다. 답이 불필요하게 많은 것 같다.

물론 우리는 어느 하나를 고르기만 해도 될 것이다. 그런데 여기에는 이 선택이 딜레마가 되어버릴 만큼 매우 심각한 문제가 있다. 곧장 어느 하나를 선택한다면 우리가 쌓아온 지식과 지혜의 절반을 잃게 된다. 그거야말로 확실히 무모한 일일 것이다. 하지만 선택을 하지 않는다면, 우리는 앞뒤가 맞지 않는 허섭스레기와 함께 우리의 형이상학 속에 남겨진 기분일 것이다. 사정이 이러니 우리가 혼란스러워하는 것도 어찌 보면 당연한 일이다.

나는 우리가 이런 상황을 해결하는 데 필요한 개념적 도구를 이용할 수 있을 거라고 믿는다. 다른 분야에서의 철학 작업에서 영감을 얻은 나는 어느 하나를 골라야 할지 모를 근사한 선택지를 엮어 하나의 일관된 그림을 그려내는 한 사랑론을 믿게 되었다. 여기서 중요한 건 사랑에 관한 사회학적 설명과 생물학적 설명이 사실 서로 경쟁하는 게 아니라 복잡한 현실에 대한 보완적인 묘사라는 걸 보여주는 것이다. 사랑은 이원적 성격을 가진다는 것이다.

사랑의 이원성을 알지 못하는 것, 그것이야말로 우리가 사랑에 대해 느끼는 지적 당혹감의 상당 부분을 유발하지 않을까. 그리고 더욱 걱정스러운 건, 그것이 진보를 가로막는 심각한 장애물 역할을 하는 것 같다는 사실이다. 우리는 생물학 개념과 사회학 개념 사이에서 갈팡질팡하다가 쉽게 로맨틱 신비의 아늑한 품으로 도로 빠져들어 결국 이해나 도전 없이 사랑을 받아들일지도 모른다. 어쩌면 사랑은 '자연스러운' 것, 생물학적 현상이며, 따라서 사회학적으로 비판하기에 적합한 주제가 아닌 것 같은 찜찜한 느낌 때문에 그런 비판을 거두어들일지도 모른다. 하지만 그런 한편으로 우리는 사랑은 문화적(또는 전적으로 마법 같은, 또는 불가해한) 현상이며, 따라서 과학적 탐구에 적합한 주제가 아닌 것 같은 찜찜한 느낌 때문에 사랑을 과학적으로 면밀하게 이해하고 전파하려는 시도를 억제할 수도 있다.

사실 두 가지 관심사 중 어느 것도 다른 프로젝트를 방해해서는 안 된다. 사랑의 이원성을 정확히 이해하고 그것으로 무장한다면, 사랑에 관한 생물학 이론과 사회학 이론은 서로가 나란히 진보할 수 있다. 두 이론은 서로 영향을 미치고 서로를 강화할 수 있다. 그리고 우리는 다양한 지적 활동을 분리하기보다 통합하는 방식으로 학문 간 경계를 넘나들며 사랑에 관한 대화를 나눌 수 있다. 실제로 사랑에 관해 잘 알고 의식적으로 판단하려면, 이 모든 것을 해야 할 필요가 절박하다. 우리가 바라는 10년 후, 20년 후, 또는 50년 후의 로맨틱한 사랑은 어떤 모습인가? 우리는 스스로 이 질문을 해야 하고 그 답에 따라 행동해야 한다. 사랑의 미래가 우리 손에 달려 있으며, 그것을 바로잡을 책임이 우리에게 있다는 걸 알아야 한다. 우리는 하나의 집단사업으로서 긍정적인 변화만을 수행할 수 있다. 사랑에 관해 명쾌하게 생각하기 위한 도구를 가지고 스스로 힘을 키우는 것은 그 길의 중요한 첫걸음이다.

이 책의 뒤쪽에 가서, 내 이론을 대강 설명한 후에 사랑의 성격에서 사회적 측면이 시대에 따라 어떻게 변해왔는지 일부나

마 보여줄 생각이다. 그리고 우리가 지금과 같은 사랑을 사회적으로 그리고 심지어는 생물학적으로 어떻게 변화시키고 싶을지를 탐색할 것이다. 그리고 일단 우리가 사랑의 이원성을 이해하고 나면 가능하리라 생각되는 실용적·지적·사회적 이익을 향해 나아가기 위해 무엇이 필요한지에 관해서도 이야기할 생각이다.

이 책이 어떤 책인지 말하려면, 어쩌면 이 책의 성격이 아닌 것부터 말하는 게 좋을 것 같다. 이 책은 사랑을 위한 조언서나 자기계발서, 사례집이 아니다. 과학 대중화를 위한 책도 아니고 학술적인 책도 아니다. 그리고 사랑에 관한 모든 사상을 탐색하거나 요약하는 책은 확실히 아니다. 이 가운데 어느 것도 내가 달성하려고 애쓰는 목표를 위한 방법은 아닐 것이다(마지막 후자는 불가능하다).

나는 이 책을 비판적 사고를 소리 내어 말하는 연습이라고 할 수 있겠지만, 내가 왜 그것을 소리 내어 말하는지 설명하는 것이 중요하다. 여러분이 이 책을 읽는다면 그것이 왜 중요할까? 왜냐하면 우리에겐 독백이 아닌 대화가 필요하기 때문이다. 로맨틱한 사랑의 성격에 관해 우리가 나누어야 할 이런 대화야말로 우리가 함께 사는 지금 이 시대에 가장 중대하고 절실한 문화적 프로젝트 중 하나다. 그런 만큼 나는 때로 이 책을 한 개인보다는 한 사회의 문화를 위한 '자기계발서'로 생각하고 싶은 마음이 든다. 하나의 사회로서 우리가 사랑이 무엇인지 더 잘 이해할 수 있을 때, 미래에 사랑이 우리를 대하는 방식을 좀

더 잘 통제할 수 있을 것이다.

　그래서 나는 여러분에게 적극적인 독자가 되기를 권한다. 내 생각을 수동적으로 받아들이는 게 아니라 질문하고 도전하고, 궁극적으로는 이런 탐색을 내가 지금 상상할 수 있는 어떤 것보다 더 멀리 밀고 나갔으면 좋겠다. 사랑의 철학을 나 혼자서 '할' 수는 없다. 어느 누구도 혼자 할 수 없다.

　그럼 시작할 준비는 되셨는지?

1장

사랑은 생물학이다

What Love is

당신의 실체는 무엇인가요, 당신은 무엇으로 만들어졌나요,
수백만의 낯선 그림자가 돌보는 당신은

— 윌리엄 셰익스피어, 「소네트 53」

로맨틱 신비 해체하기

우리 자신을 인간 동물이라 생각하는 것에 관해서는 할 말이 많다. 동물로서 인간은 자연적으로 발생하는 생물학적 현상으로, 나머지 현상과 마찬가지로 과학적 연구가 가능하다. 현대 의학이 거두어온 성공은 그런 식의 사고에 크게 빚지고 있고, 의학의 진보에 따라 극적으로 연장된 기대수명과 높아진 삶의 질은 우리가 무엇인가 하는 질문과 관련된 이런 인식의 예를 매우 분명하게 보여준다.

그런 한편 자연주의적 자기해석의 거센 물결에 맞서 온갖 시적·마법적 연관성을 지닌 로맨틱한 사랑을 저항의 보루로 삼아야 한다는 생각은 놀라운 일이 아니다. 19세기 초반의 시인 존 키츠John Keats는 세계가 마법을 잃어버린 것은 과학에 책임이 있다고 주장했다(그는 그 시대에 맞게 과학을 '철학'이라고 했는데, 과학과 철학은 훨씬 나중에야 뚜렷이 다른 활동으로 구분되었다). "철학은 천사의 날개를 잘라버릴" 것이며 "무지개를 흩어"버릴 것이라고 말할 때 그의 감성에는 오늘날에도 많은 사람이 진심으로 동의한다.[1] 일부 사람들의 생각에 로맨틱한 사랑은 점점 줄어드는 찬연한 무지개 사이에 자랑스레 자리 잡고 있다.

그러나 사랑을 설명할 수 없는 신비로 다루는 태도에는 위험이 내포되어 있다. 의학과 비교해보면 그 이유를 알 수 있다. 만약 우리가 좋은 의료 서비스의 표준을 세우고 싶다면 인간 생물학에 대한 확실한 이해를 토대로 세워진 의학이 필요하다. 그것이 좋은 의료 서비스를 위해 필요한 전부는 아니지만, 그래도 그것이 필요하다. 우리가 우리 신체를 설명할 수 없고 신비로운 것으로 다룬다면 이런 지식을 얻을 수 없다. 우리 신체의 작동 방식을 이해하는 시도조차 하지 않는다면 그것이 고장 났을 때 고칠 방법을 알지 못할 것이다. 로맨틱한 사랑도 마찬가지다.

최근 사랑을 다룬 생물학의 발전은 사랑의 작용과 관련해 소중한 통찰을 제공한다. 작가 E. B. 화이트White와 K. S. 화이트White는 언젠가 이런 재담을 했다. "유머는 개구리처럼 해부할 수 있지만, 그 과정에서 그것은 죽어버리고 내장은 순수한 과학적 정신을 가진 이를 제외한 모두를 낙심하게 한다."[2] 사랑의 진실도 마찬가지라고 말하는 사람들이 있겠지만, 그들의 생각은 틀렸을 수 있다. 실제로 사랑에 관한 과학적 정보를 요구하는 대중적 수요는 어마어마하다. 그 '내장'은 낙담시키는 것과는 정반대로 보인다. 더욱이 그 매혹이 모든 사람의 관계를 해부대 위에 죽은 채 내버려두지도 않았다.

어느 경우든 밀려오는 과학의 물결을 마주하고 물가에 서서, 그것을 향해 돌아가라고, 우리가 곱게 차려입은 시와 사랑의 근사한 옷을 적시지 말라고 소리치는 건 아무 소용이 없다. 우리가 그 물결에 환호하든 그 과정에서 사라진 마법에 슬퍼하든 상관없이, 과학자들은 계속 사랑에 대한 우리의 이해를 발전시킬 것이다. 군이 밝히자면, 나는 환호하는 쪽인 것 같다. 나는 사랑에 관해 과학적으로 더 많이 이해할수록 우리가 더 안전해지고 건강해지고, 우리가 누구이며 무엇인지 더 많이 아는 데 도움이 되리라고 생각한다.

사랑은 생물학이다

그렇다고 과학자들이 사랑에 관해 하는 말을 모두 받아들여야 한다는 소리는 아니다. 나는 생물학적 이론의 필요성을 굳게 믿기는 하지만, '생물학'을 방패 삼아 제시되는 특정한 주장 가운데 다수는 의심스럽다. 철학자로서 우리는 흥미를 느끼면서도 신중한 태도로 사랑의 생물학에 접근해야 한다.

헬렌 피셔Helen Fisher는 로맨틱한 사랑과 관련해 오늘날 가장 영향력 있는 이론가 중 한 사람인데, 그녀는 로맨틱한 사랑을 철저하게 생물학적인 현상으로 여긴다. 피셔는 연구원, 저자, 대중 연설가이자 인터넷 데이트 중매업체인 매치닷컴Match.com의 고문이다. 그녀의 저작은 사랑의 생물학을 논의하기 위한 완벽한 점화장치와 같으므로, 약간은 자세하게 소개할 생각이다. 그러나 나머지 영향력 있는 현대 사상가들 역시 많이들 생물학의 관점에서 사랑에 접근하고 있다. 예를 들어 최근 크리스토퍼 라이언Christopher Ryan과 커실다 제타Cacilda Jethá가 쓴 『왜 결혼과 섹스는 충돌할까Sex at Dawn』는 우리의 생물학적 형성과 진화사를 토대로 우리 종에게 '자연적인' 것의 관점에서 이 주제들을 규정함으로써 섹스, 로맨스, 관계 등에 관한 토론에 엄청난 영향을 주었다.[3] 이런 것이 문화적 또는 지적 진공 상태에서 생겨나지는 않는다. 비록 끊임없이 논쟁이 되고는 있지만, 생물학이 우리를 둘러싼 여러 가지 중요한 질문에 답을 줄 수 있으리라는 희망은 얼마 전부터 매우 만연해 있었다.

로맨틱한 사랑이 생물학적 현상이라는 기본 관념은 새로운 것이 아니다. 그 뿌리를 거슬러 가보면 고대 후기로까지 올라간다. 이후 르네상스 의학은 '호색적' 기질과 '연애 우울감'이 네 가지 체액의 불균형에 기인한다고 보았다. 더욱 최근에 철학자 아르투어 쇼펜하우어Arthur Schopenhaur는 '로맨틱한 사랑'이란 그 자체로 생물학적 번식을 위한 자극, 즉 성욕에 붙은 거창한 이름표에 불과하다고 주장했다. 그러나 피셔 같은 이론가들의 현대 저작은 지금 우리가 어쩌면 생물학을 제대로 이해하기 시작했다는 점에서 다르다. 돌이켜보면 네 가지 체액을 근거로 한 의학은 엉터리이며, 쇼펜하우어가 여성 혐오와 동성애공포증이 포함된 걱정스러운 이데올로기적 의제에 자극받은 성난 비관주의자였다는 점은 쉽게 이해할 수 있다. 하지만 피셔는 실제로 과학을 하는 진지한 연구원이며, 그런 만큼 그녀의 연구 같은 업적을 우리가 쉽게 넘겨버릴 수는 없다. 사랑이 이런저런 생물학이라고 말하는 것은 별개의 문제다. 앞으로 나서서 사랑이 이런저런 특정한 생물학적 메커니즘으로 구성되어 있으며 여기에 그것을 증명하는 과학이 있다고 말하는 것은 전혀 차원이 다르다.

피셔의 저작은 우리 논의를 위한 훌륭한 출발점인데, 그 이유는 사랑이 생물학이라는 명쾌하고, 명확하고, 무엇보다 중요하게는 믿을 만한 현대적 관념의 발달을 보여주기 때문이다. 피셔는 로맨틱한 사랑이란 생물학적 충동과 문자 그대로 동일하며, 이는 로맨틱한 사랑의 진화사와 그것이 인체 내(특정하게는 두뇌)에서 하는 역할을 통해 알아볼 수 있다고 생각한다. 그렇다면 그녀가 로맨틱한 사랑에 관해 무슨 말을 하는지, 그러는 이유는 무엇인지 좀더 자세히 알아보자.

우리를 움직이는 것

피셔는 중요한 저서 『우리가 사랑하는 이유: 로맨틱한 사랑의 성격과 화학Why We Love: The Nature and Chemistry of Romantic Love』에서, 최근 뜨거운 사랑에 빠졌다고 말하는 개인들을 상대로 여러 공동 연구원과 함께 실시했던 실험 이야기를 들려준다.[4] 연구원들은 기능적 자기공명영상fMRI 스캔을 활용한 결과, 피험자들의 두뇌에서 보상체계와 연관된 구역인 꼬리핵과 복측피개영역(두뇌에서 도파민의 생성, 분배와 연관된 '보상체계' 부분)이 활발한 활동을 보인다는 점을 발견했다. 피셔는 보상 관련 신경전달물질인 도파민이 강렬하고 로맨틱한 사랑에 특징적으로 나타나는 활동의 일부, 즉 사랑하는 사람을 향한 강박적인 집중과 에너지 등의 활동을 하게 만드는 것 같다는 발견을 보고한다. 또한 피셔가 강조하지는 않지만, 로맨틱한 사랑의 초기에 코르티솔이 연관되었다는 증거들도 있다. 코르티솔은 일반적으로 각성이나 스트레스와 연관이 있다.[5]

그러나 피셔에게는 도파민의 역할이 매우 의미심장하다. 이는 로맨틱한 사랑이 '근본적인 인간적 충동'이라는 그녀의 관점을 뒷받침하기 때문이다. 그것은 음식이나 물에 대한 욕구와 같다('모성 본능'도 마찬가지라고 그녀는 덧붙인다). 피셔에 따르면 사랑이란 우리가 하나의 종으로서 생존하고 번성하기 위해 해야 할 일을 하게끔 자극하는 기본적인 생물학적 충동이다. 그녀는 "기본적인 충동은 모두 도파민 수치의 상승과 관련이 있다"고 추론하고, 따라서 로맨틱한 사랑에 도파민이 관여한다는 것은 로맨틱한 사랑 역시 기본적인 충동이라는 증거라고 여긴다. 피셔에 따르면 사실상 그것은 "짝짓기와 번식을 위해 진화한 원시 두뇌의 세 가지 네트워크 중 하나"다. 그 세 가지란 욕정, 로맨틱한 사랑, 애착이다. 그녀는 그 세 가지가 저마다 "두뇌 안에서 서로 다른 경로를 거치며" "서로 다른 신경화학물질과 연관되어" 있다고 말한다. 욕정은 주로 테스토스테론과 연관이 있으며, 로맨틱한 사랑은 도파민과, 애착은 옥시토신, 바소프레신과 연관된다.

그런데 우리가 이즈음에서 어느 한 이론을 받아들이고 싶다고 해도, 피셔가 주장하는 것처럼, 사랑을 어떤 **충동**과 동일시하거나 그 충동의 활성화로 인한 두뇌 상태 또는 신경화학물질의 혼합물과 동일시해야 할지와 관련해서는 몇 가지 철학적 문제가 있다. 그러나 나는 이 책의 목적을 위해 그런 세부에 대해서는 걱정하지 않을 생각이다.[6] 내가 보기에 그보다 훨씬 의미 있는 것은 피셔가 로맨틱한 사랑과 애착을 구분하고 있다는 점이다. 이에 대한 나의 논쟁은 말뿐인 것이겠지만, 그렇더라도 그것은 중요한 논쟁이다(일반적으로 말이 중요하다). 피셔의 분류는 오해의 소지가 있다. 그녀가 사용한 어휘는 우리가 흔히 로맨틱한 사랑을 이야기하는 방식과 어울리지 않는다. 로맨틱한 사랑을 다루는 적절하고 포괄적인 이론이라면 피셔가 '애착'으로 분류한 많은 경우를 담아야 할 것이다. 피셔가 '로맨틱한' 사랑을 도파민으로 유발된 현상으로 규정했다고 해서, 초기 단계의 강렬하고 열정적인 사랑과는 달리 안정적이고 차분하며 애착을 보이는 사랑이 단지 안정되고 차분하다는 이유로 로맨틱한 사랑이 아니라고 봐서는 안 될 것이다. 사실 내가 아는 가장 '로맨틱한' 몇몇 이야기의 끝을 장식하는 사랑은 안정되고 차분한 그런 사랑이다.

유명한 철학자 로버트 노직Robert Nozick은 1980년대에 로맨틱한 사랑은 두 단계를 거친다고 썼다. 사랑에는 처음의 강렬한 단계와 그 이후의 안정된 단계가 있다는 것이다.[7] 노직은 무엇보다 정치철학으로 유명하지만, 로맨틱한 사랑에 철학적인 관심도 가지고 있었다. 그는 로맨틱한 사랑은 다른 사람과 특정 부류의 결합을 하고 싶은 욕구라고 생각했다. 그는 로맨틱한 사랑의 첫 번째 단계에서 그 욕구는 강렬하고 열정적으로 나타나지만, 원하던 결합이 형성되고 난 후의 두 번째 단계에서는 정착해서 안정될 것이라고 이론화했다. 노직의 2단계 이론은 많은 이의 견해와 공명하는데,[8] 첫 번째 단계만을 '로맨틱한' 사랑으로 구분하는 듯한 피셔와는 다른 견해를 보인다. 피셔라면 두 번째 단계를 다르게 보고, '애착' 사랑이라 부를 것이다.

나는 피셔의 생각에 동의하지 않는다. 애착 사랑도 로맨틱한 사랑일 수 있다. 하지만 그렇다고 내가 노직의 2단계 관점에 동의한다는 말은 아니다. 적어도 보편적 이론으로서 받아들이지는 않는다. 로맨틱한 사랑이 처음부터 차분하고 안정적인 경우도 가능한 것으로 보인다. 왜 아니겠는가? 모든 관계가 꼭 열정과 불꽃놀이로 시작할 필요는 없다. 때로는 오랜 친구끼리 서서히 평온하게 그들의 관계가 단지 친구 사이 이상이 되었다고 깨닫기도 한다. 그렇다고 이들의 사랑이 로맨틱한 사랑이 아니라고 실격 처리해서는 안 될 것이다. 또한 로맨틱한 사랑이 그 사랑의 지속기간 내내 강렬해서 결코 차분하게 가라앉지 않는 경우도 가능할 것이다. 그리고 로맨틱한 사랑이 차분한 기간과 강렬한 기간 사이를 오가지 말라는 법이 어디 있는가? 로맨틱한 사랑은 모두가 편안하게 걸칠 수 있는 한 가지 사이즈가 아니며, 적절한 이론이라면 간단히 이 문제를 처리할 수 있어야 한다. 피셔와 노직 모두 아주 다양한 현상을 너무 좁은 하나의 틀 안에 집어넣으려 애쓰고 있다.

어쨌거나 로맨틱한 사랑이 때로 피셔가 '애착'이라고 부를 만한 그런 형태를 띨 수 있다는 점을 고려할 때, 로맨틱한 사랑 전반의 과학을 이해하고 싶다면 우리는 애착의 과학까지 포함해야 한다. 이와 관련해서 피셔를 비롯한 여러 학자는 옥시토신과 바소프레신이라는 호르몬의 역할과 난소, 정소와 함께 체내에서 관련 호르몬을 발생시키는 시상하부라는 두뇌 부위의 역할을 강조해왔다.

사랑은 어디서 올까?

피셔는 사랑이 무엇인지를 설명하는 자신의 생물학적 이론에 걸맞도록 사랑이 어디서 왔는지에 대해 생물학적 설명을 제시한다(스포일러: 진화). 그녀에 따르면 "각각의 두뇌체계는 저마다 다른 번식 양상을 지시하도록 진화했다. 욕정은 파트너가 반쯤 적합하다면 거의 어떤 파트너와도 성적 결합을 추구하게끔 개인들을 자극하는 방향으로 진화했다. 로맨틱한 사랑은 남성과 여성이 각자 선호하는 한 개인을 향해 짝짓기 의도를 집중하도록 하기 위해 등장했다⋯⋯. 그리고 남녀 애착의 두뇌회로는 우리 조상들이 적어도 한 자녀의 유년기 동안 그 아이를 같이 양육할 기간만큼 그 짝과 함께 살 수 있도록 발달했다."

　그녀는 나중에 이 관념을 확장해서 이렇게 말한다. 우리 진화사에서 이족보행의 도래는 "여성에게 문제를 초래했다. 여성은 아기를 등에 업는 대신 팔에 안고 다닐 수밖에 없게 되었다."

그래서 여성은 "적어도 한 아이를 데리고 다니며 젖을 먹이는 동안 그들을 먹이고 보호해줄 짝이 필요해졌다." 피셔는 이것이 우리 종의 암수 한 쌍 결합, 따라서 로맨틱한 사랑에 대한 진화적 설명이라고 말한다. 그녀는 여성이 자신에게 필요한 물자를 공급해주는 남성을 필요로 했기 때문에, 암수 한 쌍 결합이 여성에게 '필수적'이 되었다고 추론한다. 그리고 남성 한 명이 여러 여성의 '하렘'을 보호하거나 부양할 수는 없었으므로 암수 한 쌍의 결합은 남성에게도 '실용적'이 되었다고 생각한다. 이쯤 되면 그 이야기의 결말은 빤하다. "일부일처제(한 번에 한 개인과 한 쌍을 맺으려는 인간의 관습)가 진화했다."

이 대목에서는 많은 철학적 작업이 이루어져야 한다. 우선 피셔가 소속되어 있는 사회의 이성애 중심 문화가 끼치는 영향을 평가할 필요가 있는데, 이 문제는 나중에 다시 다루기로 하자. 지금으로서는 피셔의 책에서 한데 뭉뚱그려진 두 가지를 처음부터 분리하려고 한다. 그녀가 논의하고 있고 그것을 달성하기 위해 그녀 자신이 앞장서왔던 매혹적인 과학적 결과와, 로맨틱한 사랑의 성격과 관련한 그녀의 형이상학적 이론화 작업이 그것이다. 후자는 철학의 한 갈래이며, 일반적으로 어떤 사람이 과학 지식이 있다고 해서 그 사람의 철학 이론까지 정확할 거라고 보장하지는 않는다.

피셔가 보고하는 과학적 결과에는 최근 열렬히 사랑하고 있다고 말하는 개인들의 두뇌 특정 부위가 매우 활동적임을 보여주는 fMRI 스캔 관찰 같은 내용이 포함되어 있다. 철학적 이론화는 이후 피셔가 로맨틱한 사랑은 본질적으로, 우리의 힘없는 여성 조상들이 아기를 키울 동안 그들을 부양해줄 한 명의 남성을 필요로 했기 때문에 진화하게 된 기본적인 생물학적 충동이라고 말할 때 등장한다.

물론 피셔의 과학적 결과와 철학적 이론화는 서로 연관되어 있다. 그녀는 자신의 결과물을 철학적 이론의 증거로 삼는다. "우리의 결과는 로맨틱한 사랑의 본질 자체에 관한 내 생각을 바꿔놓았다"고 그녀는 쓰고 있다. 그 예로, 우리가 본 것처럼, 그녀는 사랑 자체가 기본적인 인간적 충동이라 믿어야 할 이유로 로맨틱한 사랑과 나머지 기본적인 인간 충동에 모두 도파민이 개입되어 있다는 점을 지적한다. 그러나 철학자로서 우리는 그 데이터와 함께 사랑이라는 영역에서의 개인적이고 문화적인 경험 역시 사랑의 이론화 행위에 들어가는 부분이라는 점을 염두에 두어야 한다. 누구나 그렇듯이 십중팔구 피셔는 자기 경험에 일치하는 사랑론을 믿을 공산이 매우 크다.

나는 그녀를 비판하는 게 아니다. 자신의 경험과 일맥상통하는 이론에 더욱 호의적으로 기우는 것은 합리적이고 이성적이다. 그리고 철학자든 생물학자든 또는 인류학자든, 아니면 그저 호기심 많은 사람이든 상관없이, 우리가 탐구자인 동시에 인간이 아닐 방법이 없을 뿐이다. 우리는 우리가 하는 모든 지적 탐색에 우리의 인간성과 우리 경험을 가져오고, 이런 것들이 우리가 어떤 것을 탐구하는 방식에 영향을 미친다. 진짜 위험한 건 이런 일이 일어난다는 사실이 아니라, 만약 우리가 그 영향을 무시한다면, 다시 말해 지적 탐구를 하면서 개인적·문화적인 것의 개입을 가벼이 여긴다면, 우리는 과학자와 철학자를 비롯한 모든 이의 작업을 형성하는 가장 막강한 일부 요소를 간과하게 된다는 사실이다.

나는 피셔의 주장에서 철학적 이론 부분은 설득력이 없다고 생각하는데, 그것이 내 삶과 내가 아는 사람들의 삶에서 발견하는 사랑의 경험과는 매우 상반되기 때문이기도 하다. 이에 관해서는 나중에 자세히 얘기하겠다. 지금은 피셔의 과학적 연구가 왜 중요한지 인정하기 위해 사랑에 관한 그녀의 형이상학적 이론화까지 시시콜콜 모두 동의할 필요는 없다는 사실만 지적하는 것으로 충분하다. 그녀가 밝혀낸 결과들이 우리에게 사랑의 생물학적 성격에 관해 중요한 무언가를 말해준다는 건 정말이지 부정하기 힘들다. 그러니 당분간은 그것이 무엇인지에 초점을 맞추기로 하자.

무엇이 실제인가

피셔에게 동기가 된 중요한 관념(관련 신경화학과 신경생리학을 따로 구분해서 세운 로맨틱한 사랑의 생물학 이론)은 옳은 길 위에 있다. 만약 우리가 사랑이 무엇인지 이해하고 싶다면 자료에 근거해 통제 가능한 방식으로 우리 신체와 두뇌를 연구하는 사람들의 말에 귀를 기울여야 할 것이다. 그런 연구는 시험해볼 수 있고 전문가가 평가할 수 있으며, 재현과 확인이 가능하며, 측정 가능한 결과를 제시해줄 것이다. 우리는 사랑의 과학을 공부해야 할 것이다. 우리 자신을 더 잘 이해하게 해주는 과학의 성공적인 실적을 존중해야 할 것이다. 피셔와 여러 연구원이 행한 실험 결과를 읽다 보면, 로맨틱한 사랑이 자연스럽고 생물학적이며, 과학적으로 조사할 수 있는 어떤 것이라는 결론을 향하는 중력에 저항하기는 힘들다. 마치 우리 생물학과 두뇌화학에 로맨틱한 사랑이 '내장'되어 있어, 그 배후에 있는 진화사의 거대한 힘을 지닌 채 특정 상황이 만들어지면 방아쇠를 당길 준비가 되어 있다고 느껴진다.

만약 이것이 맞는다면, 우리가 문화와 문학, 예술만을 연구해서 사랑을 완전하게 이해하는 데는 한계가 있다. 만약 사랑이 생물학적 현상이라면, 과학적 방법은 그런 현상을 조사할 올바른 자격인증을 갖추고 있다. 사랑 속의 문화적 경향을 그려내는 것이 나머지 측면에서는 아무리 매혹적일지라도, 사랑의 생물학적 개요를 이해하기 위한 필수적인 이해력을 주지는 않을 것이다. 생물학이 먼저였다. 우리의 도파민과 코르티솔 반응은 지금과 같은 현대 사회의 복잡한 구조 비슷한 어떤 것이 존재하기 오래전부터 발달하고 있었다. 그리고 문화가 변하더라도 생물학은 지속된다. 사랑에 대한 태도와 견해는 왔다가 가는 것이지만, 우리의 두뇌회로는 오랜 시간 속에서도 상대적으로 변함없이 남아 있다. 이 모든 사실은 지금 사랑이 무엇인가에 관해 적절한 이론을 세우기 위해서뿐 아니라, 과거에 사랑이 무엇이었고 미래에는 무엇일 수 있는지 생각하기 위해서도 우리가 사랑의 생물학을 이해해야 한다는 것을 뜻한다.

더욱이 두뇌회로는 시간이 지나도 상대적으로 안정적인 데 반해, 우리 지식이 발달하면서 두뇌회로에 간섭하는 새로운 방식들이 생겨나고 있다. 윤리학자들과 과학자들은 이미 사랑의 방식이나 시기, 심지어 사랑의 발생 여부까지 대체할지도 모를, 가능한 의학적 개입의 효과에 대해 논쟁하고 있다. 어떤 약은 사랑의 특징적인 생물학 반응을 강화하거나 자극할 수 있겠지만, 때로 '화학적 이별' 약이라고 불리는 어떤 약은 이런 반응을 줄이거나 방해할 수도 있을 것이다. 이는 터무니없는 공상과학소설이 아니다. 이미 현실적인 가능성이 되었다. 이를테면 테스토스테론, 옥시토신, 바소프레신 등은 사랑의 발생 가능성 혹은 지속 가능성을 증대할 수 있는 약으로 논의되고 있다.[9] 반면에 옥시토신, 바소프레신이나 도파민 등의 길항제는 그 가능성을 감소시키는 방법이라 여겨지고 있다.[10]

미래에는 더욱 극적인 방식으로 사랑의 생물학에 개입하는 것이 가능해질 것이다. **후생적 효과**(유전자 발현에 미치는 환경적 영향으로 때로 유전되기도 한다)가 포유류의 짝짓기 조절에 영향을 미칠 수 있다는 증거도 있다. 예를 들어 초원들쥐의 경우 좀더 일상적인 메커니즘인 섹스가 없을 때 짝짓기를 증진시키기 위한 특정의 후생적 메커니즘이 발견되어왔다.[11] 어쩌면 우리도 비슷한 방식으로 인간의 짝짓기를 조종할 날이 올지도 모른다. 어쩌면 사랑을 하지 못하게 우리 스스로 우리 두뇌의 구성을 바꿀 수 있을지도 모른다. 어쩌면 완전한 통제 속에서 사랑에 빠지거나 사랑에서 벗어나면서, 우리 스마트폰의 앱을 여닫는 것처럼 사랑을 간단한 행위로 만들게 될 것이다.

사랑을 조장하거나 억압하기 위한 의학적 개입을 허용해야 할까? 그런 개입을 규제해야 할까? 사랑이 인위적으로 증진되어 왔다는 것을 안다고 해서 그 가치가 떨어질까?[12] 사랑에서 가장 힘든 순간에 그것을 화학적으로 통제한다면 우리는 소중한 무언가를 잃게 되지는 않을까? 어떤 것을 배우거나 개인적으로 성장할 기회가 사라지는 건 아닐까? 부적절하거나 폭력적인 파트너에 대해 오랜 기간 지우지 못하는 강렬한 고통의 감정에서 벗어나기 위해서라면 그런 대가를 치를 만하지 않을까? 그냥 여러분에게 관심 없는 짝사랑 상대를 극복하기 위해 약을 이용하는 것은 어떨까?

우리는 이런 문제에 관해 대화를 나누어야 한다. 이 책이 끝날 때쯤 나는 그 가운데 몇 가지 문제를 다시 이야기할 생각이다. 그러나 여기서 가장 중요한 것은, 이 모든 것에 관해 무엇을 질문해야 하는지 생각하기 위해서라도 사랑의 생물학을 이해할 필요가 있다는 점이다. 그것이야말로 사랑의 생물학을 제대로 아는 것이 중요한 이유다. 그것은 우리가 실제로 할 수 있는 것과 우리가 원하는 것 사이에서 균형을 잡으면서 사랑의 미래에 관해 명쾌하게 생각할 힘을 준다.

칵테일 레시피

우선 우리는 생물학적 수준에서는 사랑이 굉장히 다양하다는 사실을 인정해야 한다. 사랑의 생물학 이론을 누구보다 탁월하게 주장했던 피셔조차도 사랑의 생물학이 정확히 누구에게나 똑같이 나타난다고는 말하지 않는다. 많은 데이터는 보고된 로맨틱한 사랑의 경험과 두뇌 특정 부위의 활발한 활동, 특정 화학물질의 높은 수준 같은 것에는 통계적으로 유의미한 상관관계가 있음을 말해준다. 그러나 그런 부위의 활동이 정확히 얼마나 활발한지, 그런 화학물질이 정확히 얼마나 많은지 하는 것은 모두 대인관계의 차이에 따라 달라질 수 있다.

사랑을 '화학물질의 칵테일'이라며 형이상학적으로 묘사하는 말은 여러분도 들은 적 있을 것이다. 그러나 만약 사랑이 칵테일이라면, 단일하고 엄격한 레시피는 존재하지 않는다. 그보다는 사랑은 칵테일 일족이라고 생각하는 게 더 낫다. 다이키리를 생각해보자. 여러분은 다이키리에 들어가는 기본 재료 몇 가지를 알아내야 할 것이다. 럼주의 종류, 감귤 주스의 종류(보통은 라임 주스), 그리고 감미료의 종류(보통은 설탕) 같은 것 말이다. 그러나 각각의 다이키리는 비율이 제각각이며, 딸기나 바나나 같은 다른 재료가 들어가기도 한다. 또 창의성이 가미되어 럼주를 다른 술로 대체한 다이키리도 있다.

사랑을 위한 두뇌화학도 이와 비슷하게 다양하다. 더욱이 이에 관해서는 조금도 놀랄 게 없다. 모든 인간은 단일한 하나의 종에 속하지만, 생물학적 조성의 세부는 저마다 다르다. 눈동자의 색깔이나 팔 길이 같은 뚜렷이 눈에 보이는 것부터 지문이나 DNA 같은 덜 눈에 띄는 것까지, 사람마다 온갖 특질에서 차이를 보인다. 인간 생물학을 이해하는 한 가지 방법이란 없다. 로맨틱한 사랑이라고 그 법칙에서 예외가 아니다.

사랑의 생물학이 그렇듯, 사랑의 심리학에서도 개인마다 상당한 차이가 있음을 알 수 있다. 한 가지 예만 들더라도, 최근에 연구원들은 결혼한 지 오래된 부부들로 구성된 두 표본집단에서 대상자 중 각각 29퍼센트와 40퍼센트가 결혼생활 10년이 넘었어도 여전히 '매우 강렬한 사랑'을 하고 있음을 보고했다는 사실을 발견했다.[13] 이 연구는 그런 사랑이 나머지 다양한 심리학적·행동적 요인과 상관관계가 있음을 확인했다. 또 다른 연구는 장기간 지속되는 강렬하고 로맨틱한 사랑에 대한 보고들이 두뇌활동의 특정 패턴과 상관관계가 있음을 발견했다.[14]

이런 발견들은 로버트 노직이 제시한 철학적 사랑론과는 흥미롭게 배치된다. 로맨틱한 사랑이 2단계 사업이라는 그의 말을 기억하자. 그것은 짧고 열정적인 첫 번째 단계를 거쳐 장기적이고 차분한 두 번째 단계에 도달한다. 노직이 '열병'이라고 부르는 첫 단계는 지속적인 사랑으로 전환되거나 그렇지 않으면 사라지게 되어 있다. 그러나 결혼 후 10년이 지나도 '매우 강렬하게' 사랑한다고 느끼는 사람은 노직의 두 상자 중 어느 하나에 편안하게 들어가지 않는다.

그러나 이런 개인 간의 차이가 적절한 과학적 이해를 가로막는 장애물은 아니다. 사실 신중하게 다룬다면 사랑의 과학은 경험적 데이터 없이 떠도는 비과학적이고 지나친 일반화로부터 우리를 보호해준다. 과학적 방법론을 적절히 적용한다면 우리가 가진 제한된 데이터를 과대 해석하는 우를 범하지 않을 수 있다.

과학이 우리를 구원하리니

과학이 마침내 사랑의 실체를 말해줄 수 있다는 생각에는 지적으로 위안이 되는 어떤 것이 있지 않은가? 검증되고 믿을 만한 실험적 방법론을 적용함으로써 사랑에 관한 가장 심오하고 당황스러운 질문들에 마침내 몇 가지 답을 얻을 수 있다고 생각한다면 마음이 놓이지 않는가? 내 경우는 그렇다. 사랑은 사람들이 아주 이상한 행동을 하도록 만들 수 있으며 수많은 사람의 삶을 형성하는 데 매우 중요한 영향을 준다. 그러나 우리는 너무도 오랜 세월 동안 돌이킬 수 없을 만큼 사랑을 신비롭게 여겨왔기 때문에 우리가 느끼는 당혹스러움은 사랑의 정상적 상태라고 생각하게 되었다. 그러기에 마침내는 과학이 로맨틱 신비를 몰아내주리라 기대하는 건 매우 유혹적이다. 그리고 비현실적이지도 않다.

우리가 사랑의 과학에서 얻게 되는 답들은 사랑이 종종 끌어내는 이상한 행동 같은 것에 관해 정말로 많은 사실을 설명해주는 듯 보인다. 여러 연구는 사랑에 푹 빠진 사람의 두뇌와 화학적 중독을 경험하는 사람의 두뇌가 중요한 생화학적 유사성이 있음을 밝히고 있다. 피셔는 〈사랑에 빠진 두뇌The Brain in Love〉라는 제목의 테드TED 강연에서 이런 연구 결과를 설명한다. 그녀는 동료들과 함께 로맨틱한 사랑이 복측피개영역 내의 활동, 특히 도파민을 만드는 A10 세포들과 연관되어 있음을 발견한 과정을 설명한다. 그녀는 이 영역을 두뇌에서 "욕구, 동기, 초점, 갈망 등과 관련된 파충류를 닮은 핵심" 부분이라고 부른다. 그녀가 지적한 것처럼, 바로 그 두뇌 영역은 코카인을 흡수하는 동안에도 활성화된다.[15]

사랑의 본질에 생물학적으로 접근하기 위해서는 할 일이 많다. 그런 접근은 오랜 질문에 대해 상대적으로 명쾌하고 직접적인 대답을 약속한다. 사랑은 무엇인가? 우리는 사랑이 신경화학적 칵테일(또는 칵테일 일족)이라고 말할 수 있을 것이다. 또는 피셔와 함께, 사랑은 배고픔이나 갈증 같은 기본적인 충동으로, 이런 화학적 칵테일을 이용해 우리 종의 생존을 촉진하는 방식으로 행동하게끔 우리의 진화사 속에서 진화해왔다고 말할 수 있을 것이다. 이런 생물학적 이론들은 실질적으로 설명할 만한 가치가 있으며 사랑에 빠진 사람들이 겪는 것들을 이해하는 데 도움을 준다. 다시 말해 사랑은 생화학적으로 중독과 비슷할 수 있기 때문에 마치 중독처럼 느껴질 수 있다는 것이다. 사랑이 강력한 동기를 부여하는 이유는 중요한 목적을 위해 진화했기 때문이다. 우리는 과학의 여러 분야에서 가치를 입증해온 방법론들을 활용해 이런 이론이 기대고 있는 정보를 엄정하게 시험하고 다듬을 수 있다. 무엇보다도 사랑에 대한 생물학적 접근은 중요하고 실용적인 함의를 가진다. 특히나 생화학적 개입을 통해 사랑을 장려하거나 억누르는 것과 관련해 사랑을 변화시킬 방법을 논의할 때, 우리는 사랑의 생물학적 성격을 충분히 이해하고서 시작해야 한다. 그렇지 않으면 쓸데없는 헛수고만 하게 될 테니까.

과학이 우리를 구원해줄까?

그럼에도……. '그럼에도'가 남아 있다. 사랑에 순전히 생물학적으로 접근한다는 것은 까다로운 문제를 제기한다. 우선은 방법론과 관련해 몇 가지를 질문해야 한다. 현재 로맨틱한 사랑에 관한 과학적 연구는 자기 보고에 크게 의존하고 있다. '사랑에 빠진' 연구 참가자들을 선택할 때, 연구원들은 그 사람들이 말하는 것에서 단서를 얻는다. 이것이 문제가 될 수 있는데, 사람들이 아주 정확하거나 솔직하지 않을 수도 있고, 온갖 이유를 찾기 위한 이런 부류의 자기 보고에서 일관되지 않을 수도 있기 때문이다. 어떤 사람은 행동이 특이하고, 어떤 사람은 체계적일 수 있다. 어떤 사람은 의도적이고, 어떤 사람은 본의가 아닐 수도 있다.[16]

또한 방법론보다 더 깊은 곳을 흐르는 철학적 관심사들도 있다. 우리가 "사랑은 생물학이다"(문자 그대로 우리 생물학적 조성의 특징)라고 말한다면, 사실상 우리와 근본적으로 조성이 다른 동물은 모두 사랑을 할 수 없다고 말해버리는 것처럼 보인다. 어쩌면 진화의 과거가 우리와 충분히 비슷한 나머지 동물들은 그 후보가 될 수도 있을 테지만, 우리는 인공지능 컴퓨터나 로봇이 사랑에 빠질 가능성은 배제해버릴 것이다. 테크놀로지가 아무리 정교해지든 상관없이, 컴퓨터와 로봇의 생물학이나 진화사는 우리 인간의 생물학이나 진화사와는 충분히 비슷하지 않을 것이기 때문이다. 사랑의 생물학 이론이 말하는 관점에서 보면, 한 남자가 자신의 컴퓨터 운용체제와 사랑에 빠지는 것처럼 보이는 영화 〈그녀〉의 플롯은 매우 혼란스러워하는 개인에 관한 이야기에 지나지 않을 것이다. 그의 운용체제는 그를 사랑할 수 없다. 사랑은 생물학적 현상인데 컴퓨터 운용체제는 생물학적 유기체가 아니므로 사랑할 능력이 없으니까 말이다.

아마 그 말이 여러분에게는 옳게 들릴 수도 있을 것이다. 여러분은 컴퓨터 운용체제가 사랑을 할 수 없다는 데 동의할 것이다. 그러나 우리와 아주 다른 생물학과 진화사를 가진 나머지 여러 동물의 경우는 어떨까? 외계인은? 또는 전혀 진화를 거치지는 않았지만 인간의 직접적인 작용을 통해 존재하게 된 맞춤 생명체는 어떨까? 만약 사랑이 실로 인간 생물학의 특징이라면, 나머지 이 모든 존재는 절대 사랑할 수 없다. 아마 여러분은 지금 외계인이나 맞춤 생명 형태에 관해서는 크게 걱정하지 않을 것이다. 어쨌거나 우리가 그것들을 일상적으로 마주칠 일은 없으니까. 그러나 정말로 우리는 무엇이 가능한지에 관한 이런 질문 앞에서 우리의 손을 묶어버릴 사랑론을 원하는 걸까? 과연 우리는 미래에 마주칠지도 모를 것들에 대한 모든 사실을 사전에 제한해버리는 이론을 믿고 싶을까?

어쩌면 사랑의 생물학 이론가들은 무언가 근사하고 철학적인 조치를 함으로써 이런 이론적 제한을 피해갈 방법을 찾을 수도 있을 것이다. 이런 문제들은 철학의 나머지 분야, 예를 들면 고통이 무엇인지에 대한 조사에서도 떠오르는데, 형이상학자들은 이미 독창적인 해법을 발전시키고 있다. 그러나 또 다른 진지한 문제들이 도사리고 있다. 로맨틱한 사랑을 순전히 생물학적으로 설명하는 이론은 문화와 사회의 역할을 적절하게 수용하지 않는다는 것이다. 순전한 생물학적 이론은 로맨틱한 사랑의 성격을 결정하는 데 문화적 영향은 거의 존재가 없을 만큼 미미하다고 예견한다. 우리의 생물학은 어느 모로 보나 사회나 문화의 산물이 아니다. 그러므로 만약 사랑이 우리 생물학의 일부라면, 사랑은 어떤 식으로든 사회나 문화의 산물이 아니다.

이 말은 곧, "로맨틱한 사랑은 지난 몇백 년 동안 크게 변화해왔고 지금도 변화하고 있다"라든가 "로맨틱한 사랑은 문화마다 크게 다르다" 같은 주장들을 거부해야 한다는 뜻이다. 아득한 옛날부터 진화해온 인간의 두뇌화학과 근본적인 충동들은 사실상 문화마다 크게 다르지 않으며 몇백 년 정도의 시간대 내에서는 그다지 바뀌지도 않는다. 그러니 만약 로맨틱한 사랑이 생물학적 현상이라면 왜 그것이 시대에 따라서, 또 문화에 따라서 그렇게 다르게 보이는 걸까? 이것은 내가 생물학적 사랑론만 가지고서는 만족스러운 답을 내놓을 수 없는 중요한 질문이다. 그 이론은 사람들의 사랑을 위한 서로 다른 칵테일 레시피에는 약간의 개인차가 있을 거라고 예측하지만, 생물학만 가지고서는 문화적 차이를 따르는 것처럼 보이는 이런 대규모의 차이를 적절하게 설명하지 못한다.

사랑의 생물학 이론은 여러모로 지적으로 만족스러울 수 있으며, 정보에 입각한 윤리적 선택을 위해 실질적으로 중요할 수 있다. 그러나 여러분 생각이 조금이라도 내 생각과 같다면, 그것이 이야기 전체라고는 느껴지지 않을 것이다. 다음 장에서는 로맨틱한 사랑이 결코 생물학적 현상이 아니며 그보다는 사회적으로 구성된 하나의 현상이라는 주장을 검토하면서 변화와 문화 간 다양성이라는 테마를 살펴보기로 하자.

2장

사랑은 사회다

What Love is

사랑: 명사. 일시적인 정신이상.
결혼으로 치료하거나 그 장애를 일으킨 것의 영향에서
환자를 떼어놓음으로써 치료할 수 있다.
이 질병은 우식증이나 기타 나머지 질환처럼
인공적인 환경에 사는 문명화된 인종들 사이에서만 흔히 발견된다.
깨끗한 공기를 마시고 소박한 음식을 먹는 야만인 부족은
이 병의 습격에 면역력을 가진다.
사랑은 때로 치명적이지만 환자에게보다는
의사에게 치명적일 때가 더 많다.

— 앰브로즈 비어스Ambrose Bierce, 『악마의 위트 사전*The Devils Dictionary*』

이야기해봅시다

나처럼 내향적인 사람들도 사회적인 진공 속에서 사는 건 아니다. 우리를 둘러싼 사회는 우리가 생각하고 말하고 행동하는 모든 것을 끊임없이 형성하고 그것에 영향을 준다. 이런 영향은 종종 의식하지도 못하는 사이에 이루어진다. 그것은 우리가 어찌어찌 그것에 저항하기 시작할 때에야 비로소 그 존재를 느끼게 만드는 경향이 있다. 그러나 우리가 그것을 주목하든 아니든 그것은 실제이며, 그 효과는 막강하다. 여러 면에서 우리는 문화의 산물이다.

나에게 두 명의 파트너가 있다고 공개적으로 말하면 사람들은 종종 내가 깨뜨려온 단혼제, 즉 일대일 연애의 문화적 규범을 강화하려는 반응을 보인다. 어떤 사람들은 익명의 댓글이나 메시지에서 심한 말을 쓰며 나를 욕하면서, 그 규범을 떠받치려고 한다. 나머지 사람들은 더욱 미묘한 방식으로 내가 '정상적'이지 않음을 상기시킨다. 이를테면 자신들은 '절대 그렇게 못 할 것'이라고 자발적으로 선언한다든가, 내 삶이 '하나의 실험'(마치 누구의 실험도 아니라는 것처럼)이라고 상기시킨다. 하지만 나는 모호하지 않은 그 힘에 관해 여기서 잠깐 이야기하고 싶다. 일단 '잡년slut'이라는 단어를 생각해보자.

'잡년'이라는 말은 사회적으로 중요한 하나의 관념, 즉 난잡한 여성은 나쁘다는 관념을 부호화한다. 그 단어는 하나의 묘사(난잡한 여성)와 하나의 평가(나쁘다)를 함께 묶는다. 이 말은 곧 여러분이 무비판적으로 이 단어를 쓴다면, 스스로 그런 가치판단을 하고 있다는 뜻이다. 다시 말해 여러분은 난잡한 여성을 나쁘게 생각한다는 신호를 세상에 보내고 있다. 물론 단어의 의미는 변할 수 있으며, 일부 경멸어와 욕은 세월이 흐르면서 부정적인 함의를 잃고 교화되기도 한다. 그러나 '잡년'은 더러 교화의 시도가 있었음에도 애초에 그것이 함축했던 부정적 비난의 상당 부분을 간직하고 있다.

내가 이 이야기를 꺼낸 이유는 언어야말로 사회적으로 유의미한 정보를 전달하는 우리의 메커니즘이 어떻게 효과적이면서도 눈에 보이지 않는지를 보여주는 훌륭한 사례연구가 되기 때문이다. 어릴 적 우리가 말을 배울 때는 새 단어를 익힐 때마다 비판적으로 평가하지 않으며, 그 단어를 입에 올렸을 때의 모든 결과를 숙고하지도 않을뿐더러 그 결과를 인정할지 말지도 판단하지 않는다. 우리는 그냥 주변 사람들을 흉내 낸다. 그냥 말한다. 그러나 어릴 때 '잡년'이라는 단어를 배우는 것은 남은 삶 동안 여성에 대한 우리의 인식에 영향을 줄 것이다. 광고인들이 흔히 말하듯, 이름 하나가 모든 것을 바꿀 수 있다. '똥 받침'이라는 이름을 가진 장미의 향기는 달콤하게 느껴지지 않을 것이다.[1] 그러나 대부분의 사람은 그들이 말하는 언어가 그들의 세계관을 어떻게 규정하는지 결코 주목하지 않는다.

욕은 언어가 어떻게 우리의 이해를 형성하는지 보여주는 매우 분명한 예에 속하지만, 모든 종류의 언어가 문화적 가치를 전달하고 강화하면서 사회적 정보를 부호화하는 데 쓰일 수 있다. 실제로 어떤 것을 가리키는 단어가 있다는 사실 자체는 그것이 말할 가치가 있다는 암묵적인 신호를 준다. 자신의 경험을 묘사할 단어가 없을 때의 결과는 심각할 수 있다. 예를 들어 '다자간 연애' 같은 단어가 없다면 다자간 연애를 하는 사람은 부정적인 판단을 부호화하는 단어('지조 없는' 같은)나 범죄 또는 죄악을 암시하는 단어('간통' 같은)를 써야 할 수도 있다. 여러분이 자신에 대한 부정적 판단을 거쳐야만 여러분의 개인적 감정을 묘사할 수 있다는 것은 심리적 결과를 유발한다.

언어 속에 부호화된 세계관은 언어 학습이라는 사회적 메커니즘을 통해 우리에게 전달되므로, 우리가 무엇을 습득하는지는 언어를 배울 때 우리가 놓인 특정한 사회적 맥락에 따라 달라진다. 그것은 일종의 복권이나 마찬가지다.

우리는 무엇을 만들어왔을까?

언어는 사회가 정보를 전달하고 가치를 강화하기 위해 쓰는 막강한 도구모음 중 하나일 뿐이다. 우리는 언어 말고도 예술, 정치, 제도, 법, 관습, 그리고 우리가 몸담고 있는 문화의 전통 등을 계속해서 흡수한다. 우리는 아주 어릴 때부터 삼투현상처럼 이 모든 것을 받아들여왔고, 지금은 아무리 노력한다고 해도 이 모든 상자의 밖에서 생각하기란 사실상 불가능하다. 그것들은 매우 정상적이고 계속되는 삶의 한 부분이며 우리에게 완벽하게 '자연스러운' 것처럼 느껴진다. 우리가 지극히 친숙한 것을 묘사하기 위해 '자연스러운'이라는 단어를 쓰는 것은 결코 우연이 아니다. 친숙함이란 문화를 당연하다고 착각하게 만들기 매우 쉽다.

로맨틱한 사랑은 사회가 우리에게 '자연스러운' 것에 대한 감각을 어떻게 형성시키는지 보여주는 완벽한 예다. 이 장에서 나는 로맨틱한 사랑이 생물학의 한 특성이라기보다 하나의 **사회구성물**(사회가 만들어온 어떤 것)이라는 이론을 논의할 것이다. 나는 로맨틱한 사랑이 인류에게, 적어도 직접적인 의미에서 보편적임을 부정하는 이유를 살펴볼 것이다. 사랑의 생물학 이론은 우리에게 이런저런 사실을 믿게 만들겠지만, 그럼에도 로맨틱한 사랑을 비교적 최근의 국지적인 현상으로 다룰 타당한 근거가 있다. 즉 문화마다 로맨틱한 사랑을 다르게 구성하기 때문에 문화에 따라 크게 달라지는 현상일 수 있다.

이런 관념을 생각해보기 위해 잠시 고대 그리스를 돌아보자. 고대 그리스에서 결혼은 대체로 출산, 재산 상속과 관련되어 있었다. 결혼은 아버지가 딸을 전도유망한 신랑에게 선물, 포상, 또는 보상으로 제시할 수 있는 일종의 거래로 취급되었다. 오늘날 결혼식에서 아버지가 상징적으로 또는 제의적으로 신부를 신랑에게 '인도'하는 관습은 결혼의 이런 개념을 반영한다. 서유럽 사회가 변화하면서 로맨틱한 사랑이 결혼제도를 이어받았다. 오늘날 서유럽과 북아메리카의 결혼에는 보통 남자들끼리의 재정적 계약이 아니라 사랑이 부부를 하나로 묶어주었다는 추정이 따라온다.

그런데 이런 변화를 이런 식으로 해석하기도 한다. 서유럽 문화에서 새로운 사회협약이 등장하면서, 서서히 새로운 하나의 역할이 생겨났다는 것이다. 뚜렷하게 결혼과 관계된 부류의 사랑을 위한 장소가 사회생활 속에 등장했다. 예전에 가장끼리의 재정적 협약이 하던 일을 대신해 평생 이어질 일부일처제 핵가족의 유대 속에서 부부를 하나로 묶어줄 그런 부류의 사랑에 대한 필요성이 대두된 것이다.

그렇게 보고 나면, 새로운 사회적 배경 속에서 그 역할로 규정되는 것으로서 로맨틱한 사랑을 바라보는 관점은 이해가 되기 시작한다. 로맨틱한 사랑이 등장한 이유는 우리가 그것이 하게 될 어떤 특정한 일을 만들었기 때문이라는 것이다. 물론 나머지 다양한 사랑의 부류는 이미 존재하고 있었다. 지금 우리는 우리가 아는 로맨틱한 사랑이 어떻게 생겨나게 되었는지 이야기하고 있다. 고대 그리스인들에게는 에로스, 아가페agape, 필리아philia 등 서로 다른 사랑을 가리키는 단어들이 있었다. 에로스는 종종 '열정적인 사랑' 또는 '욕망'으로 여겨지는 사랑이고, 아가페는 보통 일종의 형제애(일부 그리스도교 전통에서는 우리에 대한 신의 사랑과 신에 대한 우리의 사랑으로 해석한다)이며, 필리아는 일종의 우호적인 애정이다. 하지만 로맨틱한 사랑은 비록 이 세 가지 사랑의 각 요소를 포함할 수는 있어도 정확히 셋 중 어느 것도 아니다. 아마도 에로스가 가장 비슷하겠지만, 로맨틱한 사랑이 항상 열정적일(또는 현대적 의미에서 '에로틱할') 필요는 없다. 그리고 순수한 성적 욕정은 에로스의 한 형태로 여겨질 수는 있어도 로맨틱한 사랑으로 여겨지지는 않을 것이다.

로맨틱한 사랑이 사회 구성물이라는 관념은 더욱 광범위한 지적 운동의 일부다. 이 운동은 사실상 사회제도, 관습, 전통의 산물인 것을 생물학의 결과로 돌리려는 유혹에 반격한다. 이런 운동은 젠더, 인종, 장애, 성적 지향성, 그 밖에 많은 것의 성격에 관한 현대의 논쟁 전반에 뻗어 있다. 사회 구성주의는 예를 들어 젠더에 대해, 젠더란 한 사람이 타고난 '자연적인' 생물학적 조성 가운데 한 특질이 아니라고 말할 것이다. 오히려 젠더는 행동, 옷차림, 자기표현, 사회적 역할 등등을 둘러싼 특정의 규범을 따르는(또는 따라야 한다고 여겨지는) 문제라는 것이다. 이런 사회 구성주의적 그림 속에서, 젠더는 하나의 사회로서 우리가 이런 규범들을 함께 묶고 그것들을 생식기나 염색체 같은 생물학적 표지에 부속시키기로 결정할 때 탄생한다. 사회 구성주의자들은 한 아이가 태어날 때 추정된 생물학적 근거 하나로, 다시 말해 그 아이의 '남성' 또는 '여성' 생식기를 근거로 젠더가 부여될 수 있을지라도, 젠더 자체는 그 아이의 생물학적 부분이 아니라고 주장한다. 이런 논리는 일부 트랜스젠더들이 어떻게 각자의 젠더 정체성에 일치하지 않는 젠더를 부여받을 수 있는지에 대해 가능성 있는 설명을 제시해준다.

마찬가지로 사회 구성주의자는 로맨틱한 사랑에 대해, 그것이 생물학적 현상이라기보다는 사회적 기대와 전통, 규범의 산물이라고 주장할 것이다. 한때 흥분이나 뜨거움 같은 모호한 감정으로 규정하곤 했지만 지금은 도파민이나 옥시토신의 개입으로 여겨지는 생물학적 표지들이 사랑과 연관되어 있을 수는 있지만, 사회 구성주의자들은 이런 생물학적 표지들이 로맨틱한 사랑의 진정한 본질은 아니라고 말한다.

그렇다면 사회 구성주의자들에게 로맨틱한 사랑이란 정확히 무엇일까? 그런데 그건 어느 구성주의자에게 묻느냐에 따라 달라진다. 헬렌 피셔가 우리에게 생물학적 이론의 명쾌한 예를 주었던 것처럼, 앤 벨Anne Beall과 로버트 스턴버그Robert Sternberg라는 두 심리학자는 사회 구성주의 이론의 명쾌한 예를 제시한다. 그렇다면 그들이 생각하는 사랑은 무엇인지, 그리고 왜 그렇게 생각하는지 알아보자.

사랑에 빠지려면 온 마을이 필요하다

1995년에 벨과 스턴버그는 「사랑의 사회적 구조The Social Const-ruction of Love」라는 논문을 발표했다.[2] 여기서 그들은 로맨틱한 사랑이 무엇인가 하는 질문에 대답한다는 건 "불가능하지는 않더라도 어렵다"고 말하는데, "어떤 대답이든 부득불 그 시간과 장소, 그리고 특히 로맨틱한 사랑이 거기서 하는 기능을 반영"하기 때문이라는 것이다. 달리 말해 생물학 이론가들이 뭐라고 말하든, 사랑이 무엇인지에 대해 확정적인 대답이 있으리라는 희망은 없다. 사랑은 문화마다 다르다. 여기서 벨과 스턴버그는 사랑이 서로 다르게 묘사 또는 표현된다는 것만을 말하는 게 아니다. 그들은 실질적 현상, 즉 사랑 자체에 대한 경험이 다양하다고 말하는 것이다. 확실히 문화는 우리가 사랑을 표현하는 방식에 영향을 미치지만, 그 자체로 사랑의 성격이 생물학적이라는 관념에 도전이 되지는 않을 것이다. 어쨌거나 문화는 우리가 배고픔이나 고통을 표현하는 방식에도 영향을 미친다.

이들의 논의를 생각하며 한 가지 예를 들기 위해, 빅토리아 시대 영국에서 사랑에 빠진 한 여성을 상상해보자. 쉽게 말해 오늘날 캐나다에서 사랑에 빠져 있는 여성과 비교할 때 빅토리아 시대 여성은 문자 그대로 다른 과정을 거친다는 얘기다. 빅토리아 시대 여성에게 사랑에 빠진다는 건 한 남성에 대해 깊은 존경심을 가지고, 그러나 아마도 약간은 거리를 두고 감탄하는 것이다. 이 과정에서 성욕은 아무리 좋게 봐도 적절하지 않으며, 최악의 경우엔 남세스러운 한눈팔기일 뿐이다. 그러나 현대 캐나다 여성에게 사랑에 빠진다는 건 규범적으로 성욕을 포함하는 친밀한 애정을 발전시키는 문제다. 만약 성욕이 제외되어 있다면, 그것은 좋게 봐야 몹시 독특한 것이며 최악의 경우는 관련된 감정들이 로맨틱한 것이 아니라 플라토닉하다는 걸 과시하고 있다고 해석된다.

구성주의 이론에 따르면 이는 단지 사랑을 표현하는 방식만이 아니라 로맨틱한 사랑의 실제 현상에서 나타나는 차이다. 그러나 현상에 많은 차이가 있다 한들 그 자체는 사랑이 사회 구성물임을 증명하지 않는다는 것에 주목하자. 어쨌거나 서로 다른 두 문화집단이 있다고 할 때 손톱이 자라는 속도는 유전적이거나 환경적인 이유로 서로 다를 수 있을 것이다. 손톱의 성장 속도는 여전히 생물학적 특성이지 사회적으로 구성된 게 아닐 것이다. 여기서 요점은 유전학과 환경이 빅토리아 시대의 사랑과 현대인의 사랑의 차이에 대해 분명한 설명을 전혀 제시해주지 않는다는 것이다. 문화의 차이를 설명하기 위해 사회 구성주의가 필요하지는 않지만, 문화의 차이에 대한 최선의 또는 유일한 설명이 서로 다른 사회는 서로 다른 것들을 구성하고 있다는 진술일 때 그것은 구성주의의 증거가 된다.

벨과 스턴버그가 말했듯, "모든 사람이 동시에 경험하는 하나의 특정한 '현실'은 없다." 사랑에 관한 한 사람들은 "일군의 사건에 대한 수동적인 수취인이 아니"라 "적극적으로 사회 정보를 구성해나간다." 이것이 그들의 구성주의적 결론이다. 또한 집단 오류의 탓으로 여겨지는 대안적 설명도 있다. 우리는 한 문화가 로맨틱한 사랑을 진정으로 이해해왔으며, 나머지 모든 문화는 그것을 잘못 이해하고 있다고 말할 수 있을 것이다. 하지만 나는 한 문화의 사랑 관념에 이런 식으로 우선권을 부여하면서, 그런 관념만을 받아들이고 실체를 추적하는 것에는 어떤 정당한 근거도 없다고 생각한다. 특히 생물학은 한 문화의 사랑

관념에 특혜를 주는 어떤 근거도 제시하지 않을 것이다. 이 이 야기는 나중에 자세히 하기로 하자.

사랑이 보여주는 다양한 차이가 사랑이 무엇인가(사실상 우리가 누구인가) 하는 전체 관념에 중요하며 매우 중심적이라는 것 또한 의미심장하다. 그것들은 우리가 쉽게 오해 탓으로 또는 표현의 차이 탓으로 돌려버리는 식의 단순한 땜질 처방을 반영하지 않는다. 벨과 스턴버그는 자신들의 구성주의 관점을 뒷받침하기 위해 광범위한 문화적 차이의 풍부한 예들을 증거로 제시한다. 로맨틱한 사랑이 항상 성애화된 사랑이 아니었다는 건 앞에서도 보았다. 빅토리아 시대의 문화는 흔히 고상하고 훌륭하며 무성애적인 사랑을 생각했던 한편, 섹스를 보는 시선은 꽤나 부정적이었다. 계몽주의 시대에는 로맨틱한 사랑을 합리적인(적어도 잠재적으로는 이성의 지배를 받는) 것으로 여겼던 반면, 낭만주의자들은 사랑을 격정적이고 통제할 수 없는 것으로 보았다. 사랑이 결혼과 가족 형성을 위한 토대라고 여기는 관점은 유럽 문화에서 최근에 발전한 것이다. 그리고 벨과 스턴버그가 인용했던 약간 오래된 저작은, 현대 미국 문화에서 '규범적'이라 해석되는 로맨틱한 사랑의 부류가 중국 문화의 관점에서는 오히려 '비정상'으로 보일 것이라고 주장한다. 벨과 스턴버그는 자신들이 미국의 개인주의라고 인식하는 특징, 즉 감정적 자기표현의 강조와 중국인들의 특징이라고 생각되는 가족과 사회관계에 대한 강조를 비교하면서 이 마지막 차이를 진단한다. 하지만 이들이 1995년에 글을 쓰면서 1980년대의 연구를 인용하고 있었다는 점을 명심할 필요가 있다. 이런 부류의 차이를 대하는 태도는 시간이 지나면 더욱 복잡해지는데, 연구원들이 점차 획일적인 문화적 고정관념에서 벗어나게 되기 때문이다.

벨과 스턴버그는 이렇게 서로 다른 사회적 표준이 개인 경험을 어떻게 형성하는지에 관해서도 설명한다. 사람들은 저마다 속한 사회 배경의 규범에 따라 호감 가는 표명을 장려하고 그렇지 않은 표명을 단념시킴으로써 자신의 사랑 경험과 주변 사람들의 사랑 경험을 조정한다. 그 결과로 빚어진 현상은 자연 또는 생물학이 우리의 '하드웨어에 내장된' 모든 것과는 여러 면에서 거리가 멀다.

사회 대 생물학

사랑이 실로 사회 구성물이라고 한다면, 생물학에 관해서는 뭐하고 해야 할까? 벨과 스턴버그는 생물학의 관련성을 완전히 부정하지는 않지만, 그저 지나가면서 언급할 뿐이다. "우리는 사랑이 [생물학적인] 성분을 포함하고 있다고 추정할 수 있다." 그렇게 말하고는 재빨리 다른 말로 옮겨간다. 내가 앞 장 전체를 사랑의 생물학에 할애한 것은 나의 이야기에서 생물학의 위치가 매우 중요하고 복잡한 만큼 서둘러 지나쳐버릴 수는 없다고 생각하기 때문이다. 사실 사랑에 관해 묻는 중요한 철학적 질문들 다수는 정확히 사랑의 사회적 구조와 사랑의 생물학이 서로 만나는 접촉면에서 등장한다. 무엇이 사회적 측면에 속하고 무엇이 그렇지 않은지 이해하려면 최소한 사랑의 생물학을 이해해야 한다.

하지만 사회 구성주의자들의 사고에서 생물학은 대체로 그 모습을 크게 드리우지 못한다. 현상의 성격을 이론화하는 것(그것이 사랑인가, 아니면 다른 무엇인가)에 관한 한 사회 구성주의자들은 대체로 생물학적 접근법의 정반대 편에 놓여 있다. 윌리엄스 잰코비악Williams Jankoviak과 에드워드 피셔Edward Fischer가 1992년에 발표한 논문 「로맨틱한 사랑에 관한 교차문화적 관점 A Cross-Cultural Perspective on Romantic Love」을 생각해보자.[3] 잰코비악과 피셔는, 지금까지 대다수 인류학자와 심리학자들이 로맨틱한 사랑을 사회 구성물로 여겨왔지만, 앞서 1장에서 논의했던 헬렌 피셔를 포함해 일부 '진화론적 경향의' 과학자들은 그것이 '생물학적 핵'에 기반을 둔 '인간의 보편적 특성'이 아닐까 질문하기 시작했다고 지적한다. 그들에 따르면 "이 진화론적 관점이 암시하는 것은 로맨틱한 사랑이 사회적으로 구성된 정신과는 독립된 호미니드 두뇌 속의 힘에서 나온다는 것이다."

잰코비악과 피셔는 이어서 그 로맨틱한 사랑이 사실상 생물학적이면서 인간적인 보편성이지 사회 구성물이 아니라고 주장하기 위해 경험적 증거와 분석을 끌어 모은다. 그들은 166개 문화의 데이터를 분석하면서 로맨틱한 사랑의 존재 증거를 찾아보았다. 비록 그들은 그 가운데 19개 문화에서는 그런 증거를 찾아내지 못했지만, "이런 부정적인 사례는 민족지학적인 부주의에서 기인한 것이라고 믿는다." 나머지 147개 문화에서는 로맨틱한 사랑이 존재한다는 것을 발견했기 때문에, 그들은 그것이 사회적 요인으로 "약화될 수는 있어도 결코 완전히 억제될 수는 없"다고 결론짓는다.

하지만 우리는 그들이 측정하던 것이 정확히 무엇이었는지 질문해야 할 것이다. 그들은 로맨틱한 사랑이란 "에로틱한 맥락에서 타인에 대한 이상화와 관련되어, 미래에 당분간 지속되리라는 기대를 포함하는 강렬한 이끌림"이라고 정의한다. 이것은 마치 그들이 측정하고 있던 것이 성적 열중의 한 형태라는 말처럼 들린다. 하나의 기준선으로서, 로맨틱한 사랑은 분명 사랑의 일종이어야 한다. 하지만 잰코비악과 피셔의 정의는 굳이 그것을 요구하지는 않는 것 같다.

물어야 할 또 하나의 질문은 로맨틱한 사랑이 인간적 '보편성'이 되기 위해서는 무엇이 필요할까 하는 것이다. 잰코비악과 피셔는 수많은 문화를 검토하면서 로맨틱한 사랑이 그 문화에 존재하는지 알아보았다. 하지만 벨과 스턴버그는 로맨틱한 사랑이 문화마다 달라지는 방식을 보고 있었다. 사랑은 어떤 의미에서는 '보편적'일 수 있지만 나머지 의미에서는 그렇지 않다. 설사 그것이 항상 존재한다고 해도, 문화마다 서로 상당히 다를 수 있으며, 후자의 차이는 여전히 사회 구성물이라는 증거일 것이다.

그럼에도 잰코비악과 피셔가 제시하는 결과는 흥미롭고 시사적이다. 그들은 로맨틱한 이끌림이라는 폭넓은 영역 속의 어떤 것은 극단적인 문화적 차이까지도 초월한다는 것을 가리킨다. 어쩌면 생물학은 그 퍼즐에서 단순한 사회 구성주의가 설명할 수 있는 것보다 훨씬 더 큰 부분일지 모른다.

이쯤 되면 그림은 매우 복잡해 보이기 시작한다. 그 복잡성은 사회 구성주의와 생물학적 접근법 사이의 충돌과 관련이 있는 것으로 보인다. 하지만 분명히 지혜는 양쪽 모두에 있다. 엉킨 실타래는 조심스레 풀어야 한다. 우리는 빠른 해결책이나 평범하게 요약할 수 있는 답이 있을 거라는 기대를 포기할 수도 있을 것이다. 또 한 번, 나는 여기서 무엇이 실제인지 궁금해진다.

무엇이 실제인가 2

벨과 스턴버그의 구성주의가 전체 이야기는 아닐지 몰라도, 많은 문화 속에서 로맨틱한 사랑이 가지는 사회적 중요성에 관해서는 분명 그들이 옳다. 이는 사랑의 사회적 기능과 밀접한 연관이 있다. 사랑이 사회 구성에서 하는 역할은 친밀하고 사랑하는 관계가 어떻게 구성되어야 하는지 윤곽을 제공하는 것이다. 말하자면 사랑은 우리의 관계, 그리고 우리의 삶이라는 전차가 달리게 될 궤도를 정한다. 벨과 스턴버그는 그것을 이렇게 표현한다. "사랑의 개념은 인간애에 관한 문화적 관념들을 반영한다."

계몽주의 시대 사랑이 합리적 통제 아래 놓였던 반면, 낭만주의 사상가들은 사랑을 통제할 수 없고 격정적인 것으로 다루었던 사실을 생각해보자. 이는 인간 본성에 대한 지배적 이해의 변화, 즉 인간 본성은 기본적으로 이성적이고 합리적이라는 계몽주의적 인식에서 기본적으로 열정적이고 길들여지지 않는다는 낭만주의적 인식으로 변화한 것과 유사하다. 벨과 스턴버그는 사랑이 사회적으로 서로 다르게 구성되는 방식은 "인간관계에서 무엇이 적절하고 바람직한지를 암묵적으로 규정한다"고 말한다. 이를테면 그들이 '서구적'(서구에서 로맨틱한 사랑은 결혼을 위한 적절한 토대로 해석된다)이라고 설명하는 개념들은 핵가족 구성을 둘러싸고 조직된 개인주의 사회에서는 우세하게 나타난다. 이와 반대로, 그들은 중매결혼의 성행을 대가족 구성과 집단주의 사회의 태도와 연관시킨다.

피셔의 생물학 이론이 그렇듯, 기본적으로 나는 벨과 스턴버그의 사회 구성주의가 말하는 골자에 설득된 기분이다. 하지만 두 가지 이유로 그것을 선뜻 인정하기가 망설여진다. 첫째로 철학적 관점에서 보면 사회학이 전체 이야기일 수는 없기 때문이다. 생물학은 그 퍼즐의 일부다. 그리고 둘째로 나는 사랑의 사회적 구성에서 세부적 사항들을 나만의 방식으로 설명하고 싶기 때문이다.

하지만 그 세부를 파헤치기 전에, 사회 구성주의가 흔히 저지르는 두 가지 실수를 조명하고 싶다. 이런 실수들은 젠더, 인종, 그 밖에도 많은 것에 관한 사회 구성주의의 논의에서 불쑥불쑥 튀어나오는 경향이 있으므로 충분히 설명하고 넘어갈 가치가 있다. 이 두 가지만 잊지 않는다면 독자 여러분은 사회 구성주의에 관한 대부분의 대화에서 두각을 나타낼 것이다.

첫 번째 실수는 사회 구성물들이 일종의 판타지나 허구라고 상상하는 것이다. 사회적으로 구성된 어떤 것도 '만들어진 것', 따라서 '실제'가 아닌 것으로 말하려는 유혹이 있다. 2015년 캐나다의 『글로브 앤드 메일Globe and Mail』지에 마거릿 웬트Margret Wente가 쓴 한 칼럼에는 이런 실수의 예를 연이어서 지적한다. "인종과 섹스는 사회 구성물 이상이다. 그것들은 사실이기도 하다. 그리고 여러분은 셔츠를 바꾸듯 그 사실들을 바꿀 수는 없다……. 예를 들어 젠더는 벗어날 수 없는 생물학적 사실로 여겨지는 게 아니라, 실제로 우리 믿음체계의 임의적 산물이다……. 인종 역시 종종 허구로 이야기되곤 한다……. 그러나 하나의 사회 구성물로서 인종은 굉장히 견고한 것이다."[4]

이런 식의 실수는 흔하지만 매우 심각한 오류다. 많은 사회 구성물은 그야말로 실제다(그리고 우연히도 많은 것이 결코 임의적이지 않다). 기업이나 대학교, 법, 정당, 생일파티, 또는 여러분이 사는 지역을 생각해보자. 이 모든 것은 사회적 제도, 관행, 전통에 의해 만들어졌다. 하지만 분명 셜록 홈스나 유니콘 같은 허구의 영역에 속하지는 않는다. 법은 산이나 새끼고양이만큼이나 현실생활의 일부다. 만약 우리가 실제인 것과 그렇지 않은 것으로 두 가지 기다란 목록을 적어나간다면, 홈스와 유니콘은 '실제가 아닌 것' 목록에 들어가겠지만, 법은 산과 새끼고양이와 함께 '실제인 것' 목록에 들어갈 것이다. 여러분이 정부가 있는 나라에 살면서 화폐를 쓰고, 회사에 다니거나 한 아이의 법적 보호자라면, 사회적으로 구성된 것들이 지금 여러분의 삶에 없어서는 안 될 역할을 하고 있다.

두 번째 실수는 끔찍하게 여겨지는 사회적 제도, 관행, 전통이 실제의 사회 구성물을 낳지는 않는다고 상상하는 것이다. 예를 들어 누군가 무고한 사람에 대한 폭력을 혐오스럽게 여기고, 그것을 근거로 그런 폭력을 지시하거나 눈감아주는 법은 실제의 법이 아니라고 생각한다면, 그 사람은 두 번째 부류의 실수를 저지르는 것이다. 법은 비윤리적이거나 잘못되었을 때도 역시 실제다. 1950년대 영국에는 남성 동성애에 불리한 아주 실질적인 법이 있었다. 매우 실제적인 그 법의 효력 중에는 '화학적 거세'가 있었는데, 유명한 논리학자이자 철학자인 앨런 튜링Alan Turing이 그 처벌을 받았다. 부도덕한 법은 사람들의 삶을 형성하며 그것을 폐지하기 위해서는 실제의 작업이 필요하다. 만약 그런 법이 실제의 법이 아니라면 큰 문제는 아닐 것이다.

그와 비슷하게, 방향이 잘못된 사회 규범이나 전통이 낳은 로맨틱한 사랑이라는 사회 구성물이 불필요하게, 또 해로울 만큼 동성 간의 사랑을 배척할 수도 있다. 이런 사회 구성물이 비윤리적 관행에 기반을 두고 있다는 것도 그 못지않은 실제다. 그것 역시 사람들의 삶에 영향을 주는데, 이런 상황을 변화시키기 위해서는 작업이 필요하다. 결국 내가 말하고자 하는 중요한 요점을 두 가지로 요약하면 다음과 같다. 많은 사회 구성물은 실제이며, 그중 일부는 굉장히 무시무시하다. 설사 로맨틱한 사랑이 실로 사회 구성물이라 해도, 그것이 곧 로맨틱한 사랑이 진지한 일이 아니라거나 심각하게 뒤죽박죽되어 있지 않다는 의미는 아니다.

K-I-S-S-I-N-G

이제 몇 가지 세부를 들여다보자. 어린아이들이 많이 부르는 라임 한 편에 사랑에 관한 정보가 얼마나 많이 압축되어 있는지 생각해보자.

> [이름]과 [이름]은 나무에 앉아
> K-I-S-S-I-N-G(케이-아이-에스-에스-아이-엔-지).
> 처음에는 사랑하고, 그다음엔 결혼하지요,
> 그다음엔 유모차 탄 아기가 오지요.

이 라임은 어린아이들에게 사랑이 무슨 일을 하는지 알려줌으로써 사랑이 무엇인지 가르친다. 다시 말해 로맨틱한 사랑은 한쪽에 신체적 애정이 있고 또 한쪽에는 결혼과 번식이 있는 그 사이의 한 장소를 차지하는 것이라는 관념을 아이들의 머릿속 깊이 심어주는 것이다. 이 라임은 또 두 사람이 관련되어 있으며(라임 속에는 이름 두 개가 들어갈 공간밖에 없다) 전형적으로 이성애적(보통은 한 여자 이름과 한 남자 이름이 들어간다)인 어떤 것으로서 사랑을 제시한다.

사랑의 본질에 관한 나의 이론은 따지고 보면, "사랑은 사랑이 하는 것이다"라는 오랜 격언의 한 판본인 셈이다.[5] 그런데 이 귀여운 라임은 사랑이 하는 것에 관해 아주 많은 정보를 전달한다. 이 라임에 따르면 사랑은 신체적으로 다정한 서로 다른 젠더의 두 사람을 투입해서 핵가족을 산출한다. 사랑은 사회적 삶에서 이 중요한 점들을 연결해주는 하나의 결합이다. 그것이 사랑의 기능이요, 사랑의 역할이다.

로맨틱한 사랑이 '규범적' 삶을 위한 최우선적인 모델이라 여기는 사회에서, 한 사람이 다른 사람에게서 느끼는 강력한 애정과 욕망의 감정은 결혼을 기반으로 평생 지속되는 단혼제적 번식을 위한 가족 단위 생성에 중점을 두는 경향이 있다. 일단 그 핵 단위가 형성되고 나면 세금 혜택, 사회적 승인, 병원 방문권 등 사회적·법적 혜택을 제공하면서 계속 함께하기를 장려하는 한편 그 대안인 별거와 이혼은 비용 부담이 따르는 복잡한 것으로 만듦으로써 그 단위를 고정해버릴 수 있다.

로맨틱한 사랑은 사회를 핵가족 단위로 구성하는 기능이 있으며 성인의 매력, 애정, 보살핌이라는 막강한 힘을 그 목적과 이어준다. 그것은 굉장히 잘 기능하기 때문에 기본 핵가족이 사회적 삶을 구성하는 유일한 방식이 아니라는 사실은 쉽게 잊히게 된다. 우리 누구나 핵가족보다 더 큰 공동체 집단에서 살 수도 있을 것이다. 또는 우리 누구나 더욱 고립된 삶을 살 수도 있을 것이다. 또는 어느 한 모델을 '기본'으로 여기기보다는 다양한 사회적 구성 형태들을 정상으로 여길 수도 있을 것이다. 하지만 그러지 않는다. 우리는 로맨틱한 사랑을 문자 그대로 낭만화하고, 그렇게 하면서 사회를 구조화할 힘을 로맨틱한 사랑에 넘겨주었다. 우리를 핵가족 단위로 인도하도록 말이다. 그것이 사랑의 실제적 힘이다.

하지만 이것이 잘된 일일까, 아니면 나쁜 일일까? 어쩌면 두 가지 다일 수 있다. 아니 두 가지 다인 경우가 종종 있다. 그 이유를 설명하기 위해 내가 생각하는 사랑에 관해 좀더 이야기해보겠다. 우선 로맨틱한 사랑은 사랑의 한 부류다. 그것만큼은 분명해 보인다(비록 일부 연구에서는 간과될 위험에 처해 있기는 하지만). 그렇다면 로맨틱한 사랑을 사랑의 한 부류로 만드는 것은 무엇일까? 사실 로맨틱한 사랑에는 어떤 부류의 사랑에도 있을 만한 특징이 있다. 예를 들어 로맨틱한 사랑은 보살핌, 걱정, 신뢰, 솔직함, 다정함을 포함한다.[6] 내 말은 이런 것들이 사회 구성물이라는 뜻이 아니다. 그렇다고 모든 사랑이 사회적으로 구성되었다는 얘기도 아니다. 내 생각에 사회구조는 사랑의 특정 부류들을 '로맨틱'한 것으로 분리하는 역할을 하는 것 같다. 결국 로맨틱한 사랑의 두드러진 사회적 기능 때문에 나머지 모든 부류의 사랑과 로맨틱한 사랑이 구별되는 것이다.

이 기능이야말로 로맨틱한 사랑의 사회적 성격을 이해하는 본질이다. 친한 우정과 관련된 사랑 같은 나머지 부류의 사랑에는 이런 기능이 없다. 보통 우리는 원하는 만큼 많은 친구를 가질 수 있다고 생각하며, 그 친구들과 같이 살게 될 거라거나 그들의 아이를 낳게 될 거라고는 전혀 기대하지 않는다. 만약 어느 한 친구에게 아주 강한 보살핌이나 욕구의 감정을 느끼기 시작한다면, 우리는 로맨틱한 사랑에 빠졌다고 해석하도록 압력을 받는다.

물론 로맨틱한 사랑의 기능이 항상 실행되는 건 아니다. 상대가 모르게 짝사랑하기도 하고, 극복하기 힘든 실질적인 장애에 부딪히기도 하며, 실패하기도 하고, 여러 가지로 좌절을 맛보기도 한다. 사랑은 안정된 핵가족 단위를 형성하는 데 온갖 방식으로 실패할 수 있다. 그러나 이런 것들이 '실패'로 여겨진다는 사실 자체는 결국 사랑이 해야 할 일이 무엇인지 보여준다.

그리고 비록 사랑의 기능이 중요하다지만, 그렇다고 그저 일련의 동작을 하는 사람을 '사랑에 빠졌다'고 생각할 수 있다는 의미는 아니다. 다시 말해 아무런 감정을 느끼지 않으면서 입을 맞추고 결혼하고, 핵가족을 만들고, 아이를 낳고 등등을 한다고 해서 사랑에 빠졌다고 보지는 않는다. 앞에서도 말했듯이, 로맨틱한 사랑이란 사랑의 일종이다. 로맨틱한 사랑의 독특한 사회적 역할은 그것을 로맨틱하게 만드는 바로 그것이지 그것을 사랑으로 만드는 것이 아니다. 일련의 동작을 하면서 아무것도 느끼지 않는 것과 사랑은 양립할 수 없다. 그리고 비록 이번 장에서 주요 쟁점은 아니지만, 로맨틱한 사랑이 그 사회적 역할에 덧붙여, 그것이 왜 강력한 감정과 연관되어 있는지를 설명하는 데 도움이 될 생물학적 특성을 가지고 있다는 점을 계속 염두에 두었으면 한다. 이 문제는 나중에 다시 이야기할 생각이다.

한편으로 나는 로맨틱한 사랑의 사회적 기능은 변하지 않는다거나 불가피하다고 주장할 생각은 없다. 그와는 반대로, 사회 구조가 변하면 로맨틱한 사랑의 기능도 같이 변한다. 나는 지금 여기 내가 있는 곳에서 로맨틱한 사랑이 무엇인지, 다시 말해 그것이 무엇을 하는지 이해하려 애쓰고 있다.

이 모든 생각이 올바른 길을 가고 있다고 가정한다면, 가장 중요한 결과 중 하나는 로맨틱한 사랑에 관해, 특히 사회를 구성하는 데 그것이 하는 역할을 묻고 비평할 공간이 있다는 점이다. 만약 우리가 로맨틱한 사랑은 보편적이고 '자연스러운' 생물학적 현상이라고 생각한다면, 사회 비평은 비생산적이고 부적절해 보일 것이다. 두통의 사회적 결과를 한탄할 수는 있겠지만 그것을 치료하기 위해서는 시가행진이 아닌 약이 필요한 것과 같다. 그러나 일단 로맨틱한 사랑의 사회적 윤곽(우리가 받아들이고 강화하는 문화적 규범을 통해 그것을 만들어내고 지속시키는 방식)에 우리가 어떻게 책임이 있는지 이해하기 시작하면 모든 것이 바뀐다. 이런 식으로 사랑이 무엇인지 이해한다면 사랑이 무엇일 수 있을지 온갖 가능성이 갑자기 열리게 된다.

그렇다면 이제, 사랑을 생물학으로 생각하는 먼젓번의 경우는 어떻게 되었을까? 이 시점에서 상황은 심각하게 엉켜버린 듯 보이고 조만간 우리는 선택을 해야 하는 것처럼 느껴질 수도 있을 것이다. 우리는 로맨틱한 사랑은 우리의 생물학(특정 상황에서 발현되도록 진화해온 신경화학적 반응 꾸러미) 속에 내장되어 있다고 말하거나, 아니면 사회를 구성하는 데 특정한 기능을 하는 하나의 사회 구성물이라고 말해야 할 것이다. 틀림없이 둘 다일 리 없다. 우리가 진화시켜온 신경화학은 사회 구성물이 아니다. 어떻게 된 걸까?

나는 철학적으로 만족스러운 방식으로 우리가 그 질문에 답할 수 있다고 믿는다. 하지만 그 방법을 설명하기 전에, 한 걸음 비켜서서 약간의 철학적 배경을 둘러보고 싶다. 철학은 사랑을 이해하려는 나의 노력을 끊임없이 자극하고 또 무산시키곤 했다. 그래서 내 작업을 문맥 속에 놓기 위해, 오랜 세월 동안 철학자들은 사랑에 관해 뭐라고 했는지, 그리고 그것이 오늘날의 한 사랑 철학자를 어디에 놓는지 둘러보는 짧은 여행으로 독자 여러분을 안내하려 한다.

3장

중고품 세일 창고의 보석들: 사랑을 논한 철학자들

What Love is

하지만 진실을 말하면 이성과 사랑은 요즘은 별로 잘 지내지 못하죠.
정직한 이웃들이 친구가 되지 않으려 하니 더욱 안타까운 일이죠.

— 윌리엄 셰익스피어, 『한여름 밤의 꿈』

나머지 많은 철학자와는 달리

과연 철학자들은 사랑에 관해 무슨 말을 했을까 하는 주제를 처음 연구했을 때, 솔직히 실망스러웠다. 최상의 경우 철학적 탐구는 창의적이고, 독창적이고, 흥분시키고, 파문을 일으킬 수 있다. 철학적 탐구는 우리가 감춰놓은 가정들을 드러내고, 우리가 그것들을 정면으로 보고 어떤 가치가 있는지 평가하게 강요할 수 있다. 그러나 실생활에서는 어떤 학문도 완벽하지 않으며, '철학'이라는 깃발 아래서 모든 것이 실행되지도 않는다. 그 가운데 일부는 솔직히 자기 자신의 가정에 발을 헛디뎌 넘어지는 콧대 높은 사람들이 만든 당혹스러운 카탈로그에 지나지 않는다. 슬프게도 사랑의 철학도 예외는 아니다.

하지만 철학은 나에게도 역시 영감을 주었고, 그래서 나는 몇몇 영감으로 이야기를 시작하려 한다. 버트런드 러셀은 다방면에서 나에게 영감을 주고 영향을 미친 철학자 중 하나다. 만약 대학에서 철학을 공부했고 그 맥락 속에서 러셀을 만났던 독자라면, 확정기술구 이론theory of definite description으로 그를 알고 있을 것이다. 한마디로 확정기술구 이론은 "프랑스의 현재 왕은 대머리다"처럼 존재하지 않는 대상에 관한 것 같은 문장의 내적 논리작용을 설명하려 한다. 물론 그 이론도 흥미롭지만, 사랑과 결혼에 관한 러셀의 생각은 논리와 언어에 관한 그의 생각보다 훨씬 더 크게 세계에 영향을 미쳤다. 러셀은 '평신도 대중'을 위해 썼던 책들의 힘을 인정받아 1950년에 노벨문학상을 받았다. 수상소감에 따르면 그의 책들은 '저항을 자극'하는 많은 재료를 담고 있다. 그리고 정확히 이것이 러셀을 구별해준다. "나머지 많은 철학자와는 달리, [러셀은] 이것을 저자가 해야 할 당연하고 절박한 과제로 여긴다."[1]

그렇게 저항을 받았던 그의 저작 가운데 하나가 『결혼과 도덕Marriage and Morals』이었다.[2] 1929년에 처음 출간된 이 책은 지금은 시대를 훨씬 앞서갔던 책으로 여겨진다. 러셀은 오늘날 '성긍정' 운동의 선구자였다. 그는 성이 수치스럽고 죄받을 일이라거나 더럽다는 생각을 철저하게 거부했다. 그는 당대의 억압적인 성적 관습을 가리켜 '병적 기행'이라고 부르며 미국의 금주령(다시 말해 더욱 저급한 결과물을 생산하지만 실제보다 훨씬 더 흥미진진한 것처럼 보이게 만드는)에 견줄 만하다고 했다. 그는 우리가 포르노그래피에 대해 덜 내숭을 떨어야 하며, 여성 파트너에게 섹스를 즐거운 것으로 만들지 못한다며 남성들을 꾸짖었고, 영국에서 남성 동성애를 범죄로 여기지 말자는 캠페인을 도왔으며, 성노동자들을 존중하지 않는 태도는 '명백한 불의'라고 비난했다. 그는 젊은 사람들에게 산아 제한과 성 건강을 포함해 성에 관한 포괄적인 정보를 제공하는 것이 중요하다고 강조했다. 아마도 무엇보다 유명한 것은 당시 '자유연애'라 불리던 것을 옹호하면서, 요즘 식으로 말해 '개방적'인 '단혼제적' 관계를 예시했다는 것이다.

러셀 이야기를 들으면서 약간 댄 새비지 같다는 느낌이 들지 않는지? 만약 그렇다면 꽤 공정한 비교라고 할 수 있다. 하지만 맥락을 설명하자면, 러셀은 새비지가 태어나기 35년 전에 『결혼과 도덕』을 출간했다. 그렇긴 해도 러셀에게는 요즘 식으로 말해 거대한 연단이라고 부를 만한 것이 있었고, 그것이 있었기에 자신의 진보적인 견해를 널리 퍼뜨릴 수 있었다. 심지어 그것이 지배적인 사회 규범에 완전히 위배된다고 해도 말이다. 댄 새비지의 연단이 엄청난 인기를 누리는 상담 칼럼과 팟캐스트의 성공에 의지하는 것처럼, 러셀의 연단은 그때까지 그가 이뤄온 업적을 바탕으로 한 것이었다. 물론 이는 다른 부류의 업적이었다. 그는 논리학과 수리철학 분야의 탁월한 초기 저작, 학자로서의 명성, 케임브리지 대학교와 왕립학회 소속이라는 점을 활용했다. 러셀이 속한 사회계급 또한 논쟁적인 주제에 관해 거리낌 없이 말하는 그의 능력을 보강해주었다는 사실도 명심할 가치가 있다. 영국 귀족 출신인 그에게는 동시대 대다수 사람보다 귀 기울여 들어줄 청중이 더 많았고, 자기 관점을 표명한 데 따르는 결과로부터 그를 지켜줄 방패도 그만큼 더 튼튼했다. 그러나 이런 이점들이 있었음에도 러셀은 거리낌 없이 생각하고 말하는 데 적지 않은 문제를 겪었으며, 사랑과 성에 관한 그의 태도가 세상, 아니 적어도 미국의 사회적 보수주의자들을 분노하게 만든 뒤에는 결국 대학교 일자리를 잃었다. 이 주제를 다룬 그의 저작은 세계에 큰 영향을 미쳤음에도 아카데미 철학 정전의 반열에 결코 자리를 잡지 못했다.

밀주 제조자 러셀

비록 러셀에게는 사랑이 중대한 문제였지만, 그의 도움으로 출발한 철학 전통 자체는 사랑, 성, 관계 같은 문제에 관해 공개적으로 비평적 사고를 표명하는 그의 스타일을 대체로 피해왔다. 케임브리지 대학교에서 철학을 공부하던 시절의 나는 논리와 언어에 관한 러셀의 철학에 철저하게 보조를 맞추었고, 대학원 때는 그의 수리철학을 파고들었다. 하지만 수업계획서에서 사랑, 결혼, 성에 관한 그의 관점을 본 적은 한 번도 없었다.

당연히 이것은 그에 대한 호기심을 더욱 자극할 뿐이었다. 러셀은 무언가를 사람들의 레이더에 걸리지 않게 하려는 시도의 심리적 영향을 잘못 판단하지 않았다. 『결혼과 도덕』을 발견한다는 것은 밀주 제조자 러셀을 발견하는 것처럼 느껴졌다. 그것은 약간 위험하기는 해도 취하게 하는 힘이 있었다. 나는 철학자이면서 인간이기도 한 러셀이 그토록 강렬하게 다가오는 이 책에 흠뻑 매료되었다.

이 책이 내 수업계획서에 들어 있지 않았던 것은 우연이 아니었다. 러셀은 사랑과 그 밖의 사회정치적 주제에 관한 자신의 저작은 그의 '철학'과는 별개의 작업이라고 말했다. 이런 구분은 무엇이 아카데미에 속하는 것인지에 대한 보수적 개념들을 반영하고 또 강화했다. 하지만 그가 어떻게 분류하든, 러셀은 사랑이라는 주제와 관련해 편견 없이 비평적 사고를 할 수 있는 자신의 능력을 분명히 고려하고 있었다. 그리고 그가 '철학'을 무엇이라고 생각했든, 실제로 철학은 사랑을 포함해 뜨거운 사회정치적 주제에 관한 비평적 사고에 참여하고 때로는 뒤흔드는 유서 깊은 전통을 가지고 있다. 플라톤의 『국가Republic』와 『향연』은 국가는 어떻게 돌아가야 하고 사람들은 어떻게 사랑해야 하는지를 이야기한 책이며, 이런 저작들은 적어도 러셀이 쓴 어떤 것만큼이나 정치적이면서 상당한 반론을 불러일으켰다. 소크라테스는 사회를 동요시키는 대화로써 '청년들을 부패하게' 했다는 이유로, 또 질문해서는 안 될 것들을 질문하는 '무신앙'을 이유로 사형에 처해졌다. 이런 부류의 작업은 항상 철학의 소관 중 일부였다. 20세기에 철학을 '순수하게' 논리과학적이고 탈정치적인 활동으로 재규정하려는 노력들이 있었으나, 결국 일시적인 현상으로 끝났고 궁극적으로는 실패했다. 정치와 무관한 척하던 철학은 종종 위험한 인식 결여로 빠지곤 했던 반면에, 나와 같은 세대의 철학자들은 이제 아카데미 철학이 결코 정치와 무관하지 않았음을 이해하게 되었다.

어쨌거나 러셀이 사랑에 관한 철학책(그가 거기에 붙였던 꼬리표와는 달리)에서 했던 일은 나에게는 영감의 원천이다. 그것은 내가 이 책을 쓰기로 결정하는 데 영향을 주었다. 하지만 영감은 복잡하며, 나는 러셀이 나의 영웅이라는 인상을 주고 싶지는 않다(그는 인종주의적 믿음을 세세하게 표명했고 신체장애에 대해 심하게 비인간적인 태도를 보였다).

『결혼과 도덕』이라는 제목과는 달리 러셀의 책에서 펼쳐지는 쇼의 사실상 주인공은 로맨틱한 사랑이다. 러셀은 성은 '사랑을 목적으로 하는 실험'으로서 다루어야 하며 결혼은 사랑에 기반을 둔 관계를 법적으로 승인하고 관리하는 일에 관한 것이어야 한다고 생각했다. 물론 결혼의 주목적은 사랑하는 이성 간 관계에서 태어난 생물학적 자녀를 장기간 적절하게 돌보는 것이다. 여기서도 역시 로맨틱한 사랑이 사회에서 독특한 기능적 역할을 하는 것으로 제시되고 있음을 주목하자. 러셀에게 사랑이란 한쪽에 있는 성적인 실험 작업을 다른 한쪽에 있는 안정적이고 번식하는 핵가족 단위와 연결하는 결합이다. 여기서 우리는 K-I-S-S-I-N-G 라임이 놀이터의 어린아이들에게 전달하는 내용과 대체로 같은 사랑론을 러셀에게서 발견한다.

이런 사랑론에 러셀이 획기적으로 덧붙인 것은 사랑을 기반으로 한 결혼이 성적인 단혼제 또는 로맨틱한 일대일 관계일 필요는 없다는 것이다. 그는 사랑을 억제하는 것보다는 질투를 억제하는 게 낫다고 주장하면서 개방적인 결혼을 대안으로 제시했다. 그러나 이 시대의 러셀이라고 할 만한 댄 새비지(일부일처제가 일부에게는 효과적이지만 그렇지 않은 사람들에게는 다른 형태가 효과적일 수 있다고 인정하는)와는 달리 러셀은 개방적인 결혼을 모두를 위한 새로운 규범으로 제시하고 있는 것처럼 보인다.

그렇다면 러셀은 단혼제의 어떤 점을 안 좋게 생각했을까?

그 답은 그가 단혼제식의 로맨틱한 사랑이 젠더와 권력과 어떻게 연관되어 있는지 생각하는 방식에 있다. 그는 사랑과 결혼의 사회적 역할에 단혼제가 추가된 연유는, 남성이 여성에 대해 번식의 통제권을 확립함으로써 남성 계보에 따라 재산이 상속되는 가부장적 가족 기반의 사회질서를 창조하고 유지하려는 욕구에서 비롯되었다고 판단했다. 러셀에 따르면 남성에게 성적 단혼제를 하나의 규제로서 강요하기 시작한 것은 최근의 일이다. 러셀은 여성의 신체적·정신적 '종속'을 수반하는 가부장제 자체는 궁극적으로 생물학적 친자관계가 어떻게 이루어지는지 발견한 데서 비롯되었다고 본다. 그는 또 가부장제와 단혼제를 강요하고 여성을 억압하는 과정에는 종교가 큰 역할을 했다고 강조한다. 특히 그리스도교는 부성을 최고의 위치로까지 격상시켰다는 것이다.

러셀에 따르면 이 모든 것의 결과 여성은 성욕이 전혀 없어야 이상적으로 보이게 되었다. 그래야 여성이 지닌 번식 잠재력을 통제하기가 더 쉬웠기 때문이다. 하지만 이런 상황은 계속해서 여성을 억압해야만 유지될 수 있었다. 더욱이 러셀은 양성 모두에 단혼제를 강요하는 것은 해결책이 아니라 하향평준화라고 보았다. "만약 우리가 외형적 징후로 판단해본다면, 여성들은 지금까지 여성들만 겪어왔던 제약을 남성에게 지우는 체계보다는 양성 모두에게 자유를 허용하는 체계를 더욱 선호하는 경향이 있다." 러셀은 여기서 그가 판단하고 있는 '외형적 징후'가 무엇인지 정확하게 말하지는 않지만, 그의 이런 발언은 여성들과의 교류 경험을 근거로 했다고 추정된다. 비슷한 맥락에서 러셀은 "성생활을 구속받지 않는 여성들은 남성만큼이나 [성적] 충동에 이끌리기 쉽다"는 점을 우리에게 알리고 싶어했다. 물론 어디까지나 그가 관찰할 수 있던 한에서였지만.

우리는 무엇을 원하는가?

그 후 85년이 지난 지금, 러셀의 이런 일화적인 가설들은 마침내 과학적으로 실험해볼 만큼 진지하게 받아들여지고 있다. 그 결과는 문화적 영향을 미치기 시작했는데, 크리스토퍼 라이언과 커실다 제타의 『왜 결혼과 섹스는 충돌할까』와 대니얼 버그너Daniel Bergner의 『여성이 원하는 것What Do Women Want』 같은 대중서들이 최근 거둔 성공이 그 증거다.[3]

예를 들어 심리학자 안드레아스 바라노프스키Andreas Baranow-ski와 하이코 헤흐트Heiko Hecht의 새로운 경험적 연구는 여성이 우발적인 섹스를 원하지 않는다는 세간의 통념에 도전한다.[4] 과거 1970년대와 1980년대에 심리학자들은 대학생들을 상대로 이성 파트너가 우발적인 섹스를 제안하도록 하는 연구를 하곤 했다. 여학생들은 모두 거절했던 반면, 남학생의 4분의 3은 수락했다.[5] 이는 곧 여성은 생물학적으로 난자와 미덕을 애써 보호하려고 하며 결혼이나 돈에 대한 보답으로서만 섹스를 용인한다는 증거로 해석할 수 있었다. 적어도 그런 관념을 날마다 주입하는 사회적 메시지의 영향 아래에서는 그것이 쉽게 내릴 수 있는 결론이다. 하지만 여성들이 두려워하고 있었다는 해석 또한 가능하다. 사회적으로 낙인찍히는 것이 두려웠다거나 신체적 안전이 걱정되기도 했을 것이다. 1982년에 발표한 잘 알려진 한 글에서 마거릿 애트우드Margaret Atwood는 한 남자 친구에게 남자들이 왜 여자에게 위협을 받는다고 느끼는지 물었을 때의 일을 설명한다. 그 남자는 이렇게 대답했다. "남자들은 여자들이 자기를 비웃을까봐 두려운 거야……. 그들의 세계관을 약화시킬까봐." 하지만 그녀가 가르치는 여학생들에게 여자들이 왜 남자들에게 위협받는 느낌이 드는지 물었을 때 여학생들은 이렇게 대답했다. "남자 손에 죽을까봐 두려운 거죠."[6]

바라노프스키와 헤흐트는 공동 연구에서, 여성들은 일상적인 사회적 상황에서 이성 파트너와의 우발적인 섹스를 제안받았을 때는 거절한다는 사실을 재발견했다. 그러나 그들은 그 연구에서 한 걸음 더 나아가, 만약 대상자들이 신체적 피해나 사회적 낙인으로부터 안전할 거라고 믿는 환경에서 똑같은 제안을 받는다면 어떻게 되는지 시험했다. 여기서는 엄청난 젠더 차이가 사라졌다. 평균적으로 여성들은 10명의 남성 가운데 3명과는 우발적인 섹스가 가능할 것 같다고 했고, 남성들은 여성 10명 가운데 4명을 선택했다. 연구에 참여했던 30명의 여성 중 29명은 제안받은 남성 중 적어도 한 명과는 섹스를 하고 싶을 거라고 말했다.

최근의 연구들 역시 여성이 성적 단혼제를 선호하도록 생물학적으로 구조화되어 있는가 하는 문제와 관련해 복잡한 질문들을 제기한다. 예를 들어 심리학자 메러디스 치버스Meredith Chivers와 어맨다 티머스Amanda Timmers는 연구를 통해 오래된 파트너와의 만남에 관한 에로틱한 이야기는 물론 낯선 사람과의 그런 이야기에도 여성들이 생식기 흥분을 일으킨다는 사실을 발견했다.[7]

버트런드 러셀이 이런 몇몇 발견을 예시했다고 할 수는 있지만, 여성(또는 이 문제에 관한 한 남성도)이 원하는 것에 관해 경험적 데이터 없이 철학적으로 이론을 세운다는 것은 위험한 작업이다. 그렇기는 해도 이런 위험한 작업은 오랫동안 진행되었고 지금도 계속되고 있다. 1884년에 정치철학자 프리드리히 엥겔스Friedrich Engels는 『가족, 사유재산, 국가의 기원The Origins of the Family, Private Property and the State』을 펴냈는데, 그 책에서 사랑, 성, 결혼이 재산이나 상속과 관련한 고민에서 분리될 수만 있다면, 단혼제는 '자연스럽게' 등장할 거라고 가정했다. 남성이든 여성이든 이상적 조건 아래에서는 단혼제를 원하게 되기 때문이라는 것이다.[8] 엥겔스는 "성과 사랑은 본질상 배타적"이지만 당대에는 여성들만 이 배타성을 지키고 있다고 지적한다. 따라서 그는 이렇게 예측했다. "여성에게 남성의 관습적인 외도를 감수하도록 강요하는 경제적 고려사항을 제거한다면, 여성을 남성과 동등한 기반 위에 놓을 수 있을 것이다. 현재의 모든 경험은 이것이 여성을 복혼주의자로 만들기보다는 오히려 남성을 진정한 단혼주의자로 만드는 경향이 훨씬 클 것임을 증명한다." 여기서

'현재의 모든 경험'이 정확히 무엇을 말하는지 분명하지는 않지만, 아마도 엥겔스 자신의 경험이 포함되어 있을 것이다.

부르주아의 단혼제 결혼이 남성의 부계혈통을 보증하고 생물학적 남성 계보에 따른 재산 상속을 확립하기 위해 고안되었다는 생각에서는 엥겔스가 러셀을 앞선다. 그리고 엥겔스는 단혼제의 두 번째 역할은 여성의 무보수 가사노동을 제공하도록 하기 위한 것이라고 덧붙였다. 하지만 여성이 무엇을 원하는가 하는 질문에 관해 이 두 남성은 비록 둘 다 자신의 '경험'을 토대로 한 관념을 보고하고 있었음에도 서로의 생각은 매우 달랐다.

하지만 만약 러셀과 엥겔스 모두가 틀렸다면? 여성(또는 남성)이 원하는 단일한 모델이 없다면? 우리 중 일부는 '자연스럽게' 일부일처제를 원하지만 나머지는 그렇지 않다면? 어쩌면 러셀과 엥겔스는 그냥 알고 지내는 사람들이 서로 달랐고, 그래서 '경험'이 그들에게 그렇게 다른 판결을 내리게 했는지 모른다. 이에 대해 나는 이쯤에서 넘어가겠지만, 나중에는 그것이 중요해질 것이다.

러셀이 여러 면에서 시대를 앞서 나가기는 했지만, 나머지 면에서는 상황이 어디로 향하고 있는지 보지 못했다. 1920년대 영국이라는 배경에서 급진적인 '자유연애' 선언처럼 들렸을 것은 사실 생각만큼 그렇게 자유롭거나 급진적이지는 않았다. 그는 두 남성 사이의 섹스에 도덕적으로 틀린 것은 전혀 없다고 인정했던 반면, 로맨틱한 사랑, 결혼, 자녀 양육은 여전히 이성 커플에 국한된 것으로 생각했다. 사실 이것은 너무도 명백하기 때문에 따로 언급할 필요도 없다고 생각했다. 러셀은 남성에게는 물론 여성에게도 혼전 성관계를 용인해야 하며 결혼이 성적 배타성을 요구해서는 안 된다는 관념을 옹호한다는 점에서 당시로서는 급진적이었다. 하지만 빅토리아 시대 기준에서 그는 성 긍정적이었는지 몰라도, 여전히 그는 사랑이 없는 섹스를 "거의 가치가 없다"고 생각했다. 그리고 궁극적으로는 여전히, 혼외 성관계와 사랑은 사람들이 자신을 위해 적극적으로 선택하고 선호할 수 있는 것이라기보다는 불가피하고 용인할 수 있는 것으로 제시했다.

그것은 사랑일 거야

사랑에 관한 러셀 철학에서 한 가지 특징이 마음에 걸리는데, 나는 아직 그것을 말하지 않았다. 그 한 가지는 지금도 널리 받아들여지는 뿌리 깊은 가정과 관계가 있다. 다시 말해 표면으로 끌고 오기가 좀더 어렵다는 얘기다. 그래서 우선은 에둘러서, 철학자들이 로맨틱한 사랑의 '결합 관점union view'이라고 부르는 것을 통해 그것에 접근하려고 한다.

결합 관점은 로맨틱한 사랑이란 다른 사람과의 결합, 그리고 그런 결합에 대한 열망이거나 또는 둘 중 하나라고 말한다(로버트 노직이 이 관점의 한 예를 제시한다고 생각할 독자도 있을 것이다). 러셀은 다른 사람과의 결합이 로맨틱한 사랑의 결정적 특징이라고 분명히 말하고 있지는 않지만, 틀림없이 그것이 중요한 특징 중 하나라고 생각할 것이다. 그는 사랑은 "에고의 단단한 벽을 깨뜨리면서 둘이 하나로 구성된 새로운 존재를 낳는다"고 쓴다. 그는 "새로운 존재"의 일부가 되어가는 과정에서 자기 자신의 개성을 잃지는 않을까 하는 두려움은 인정하지만, 이 두려움을 "어리석다"고 하는데, "개성은 그 자체가 목적이 아니"며, 개별성의 상실은 실제로 만족스러운 삶을 위해 요구되는 것이기 때문이다. 러셀에게 사랑은 "삶이 주어야 할 최고의 것"이다.

이런 감성은 달콤하게 들리고, 심지어 귀엽게까지 느껴진다. 하지만 그렇지가 않다. 최근에 철학자 엘리자베스 브레이크 Elizabeth Brake가 만들어낸 한 단어는 여기서 러셀의 태도를 이런 말로 설명한다. 연애 규범성amatonormativity.[9] 이 신조어는 라틴어 amare(사랑하다)와 norma(측정되는 것들에 대한 하나의 표준)에서 유래한다. 연애 규범성은 로맨틱한 사랑이 인간적인 삶을 위한 규범적 또는 이상적인 조건이며, 따라서 그것을 포함하지 않는 삶은 불완전하거나 비정상적이라고 말한다. 러셀의 연애 규범적 태도는 그가 상호간의 성적 사랑을 경험해보지 못한 사람들은 "완전한 성장에 이르지 못하고, 세상의 나머지에 대해 일종의 너그러운 온정을 느끼지 못하며, 이런 온정이 없이 행해지는 사회활동이 해를 끼치리라는 것은 의심할 여지가 없다"라고 말할 때 특히 더 두드러진다. 그는 "그에 따른 실망은 그들을 질투, 억압, 잔인성으로 이끄는 경향이 있다"고 한다.

말하기도 끔찍한(그리고 부정확한) 일이다. 심리적으로 건전하고 행복하며, 생산적이고, 사회적으로 가치 있는 사람들 가운데 는 독신인 사람, 사랑에 빠진 경험이 없는 사람도 많다. 더러는 자신이 선택해서, 나머지는 어쩌다가 그렇게 된 사람들이다. 그 중 더러는 부모인 사람도 있다. 더러는 친척이나 친구를 돌보기 도 한다. 대부분은 자기 일을 하는 보통 사람들이다. 그들 모두 가 '실망'한 사람들이며 '질투'하고, "완전한 성장에 이르지 못" 했고 사회에 해롭다고 쓰는 건 얼토당토않은 일이다. 하지만 이 는 로맨틱한 사랑이 만족스러운 삶을 위해 필요하다고 가정한 결과다. 아까도 말했지만 달콤하지도 않고 귀엽지도 않다.

러셀의 연애 규범성은 그것이 그의 이성애 규범성heteronorma-tivity까지 포괄하고 있음을 인정할 때 더욱더 위험해진다. 그가 사랑을 "인간의 모든 경험 중에 가장 비옥한 것"이라고 할 때, 그 말은 그가 다른 지면에서 "한 남자와 한 여자 사이의 진지한 사랑"이라고 한 것을 가리킨다. 비슷한 맥락에서 그는 자녀가 없는 사람을 모욕하기도 한다. "어린아이가 없고 공동생활을 하 지 않는다면 진지한 성관계가 최고의 가능성을 발전시킬 수 없 다." 이 비아냥거림은 개인적으로 나에게도 타격인데, 나는 아 이가 없고 현재 아이를 가질 계획도 없기 때문이다.

러셀은 자신이 생각하는 규범을 벗어난 다양한 일탈을 일축 하고 하찮게 여기는 태도를 유지했다. 그는 자기 자신의 특정한 일탈이 더 널리 받아들여지도록 열심히 논쟁하기는 했지만, 다 른 방식으로 일탈하는 사람들에 대한 배척을 그가 어떻게 재활 용하고 강화하고 있었는지 더 잘 주목할 수도 있었을 것이다.

영웅과 인간

하지만 나는 앞에서 이미 러셀은 대좌 위의 철학자에 속하지 않는다고 말했다. 사실 어느 철학자도, 아니 사실은 어느 인간도 마찬가지다. 그럼에도 철학이 때로는 특정 인물들을 둘러싼 영웅 숭배 문화를 장려하고 있으며, 아무리 끔찍하고 비독창적이며, 지루하다고 해도 그 철학자들의 선언이 자동으로 중요하게 다루어진다는 건 슬픈 사실이다. 위대한 철학에는 해로운 일이다. 불행히도 사랑의 철학은 수백 년 동안 그 문제가 진정한 색깔들을 드러내던 무대였다. 철학이 순수하게 비정치적이고 합리적인 진리 추구 활동이며, 그 안에서 승인과 정전화canonization는 지위나 계급, 젠더, 인종 또는 다른 무엇도 아닌, 순전히 '공로'에 근거해서 부여된다는 주장은 그 영향을 보강하고 또 감추곤 한다.

사실 철학의 오랜 역사는 남성들의 생각으로 의제를 설정하고, 그에 따라 여성의 작업은 그것의 정전화에서 부차적이거나 전혀 아무것도 아닌 위치로 다루어온 오랜 역사를 지니고 있다.[10] 독자 여러분에게 사이먼 메이Simon May의 『사랑의 역사 Love: A History』라는 책을 소개하고 싶다.[11] 이 책에서 메이는 표지에서 약속하는 것처럼 "서구 사상 2,000년"을 추적한다. 이 책은 배울 점이 많은 인상적인 책이다. 하지만 문제가 있다. 『사랑의 역사』는 특정 사상가들에게 초점을 맞춘 10개 장을 포함하고 있다. 비록 두 사람을 다루는 장이 두 개 있기는 하지만,

대부분 한 인물에 한 장이 할애되어 있다. 그래서 모두 12명이 한 장의 제목에 어엿하게 등장하는 영광을 누린다. 그리고 예외 없이 12명 모두 백인 남성이다. 사실상 그들은 우리가 '유주얼 서스펙트usual suspect'라고 부를 만한 인물 모음이다. 플라톤, 아리스토텔레스, 루크레티우스, 오비디우스, 스피노자, 루소, 슐레겔, 노발리스, 쇼펜하우어, 니체, 프로이트, 프루스트까지. 책 표지는 이 책이 "사랑에 관해 다르게 생각했던 아주 다양한 철학자들과 작가들"을 탐색한다고 광고하면서 독자에게 철학에서 무엇을 '다양성'으로 간주하는지 궁금하게 만든다.

메이의 『사랑의 역사』에서 여성 사상가들은 그 나름의 장을 얻지 못하는 반면, 여성은 논의의 주제로 등장한다. '이상으로서의 여성들'이라는 제목의 한 장이 있고, '여성들'이라는 찾아보기 항목이 있는데, 여기에는 '지적 존재'나 '유혹녀' 같은 부제가 붙어 있다. 반면에 '남성'이라는 찾아보기 항목은 없으며, 내가 알기로 남성들이 '지적 존재' 또는 '유혹남'인지 아닌지 하는 문제가 자주 논의되지는 않는다. 메이의 책은 그것이 만들어내지는 않았으되 지속하는 데 도움을 준 한 패턴을 반영한다. 그 패턴을 이해하는 것은 사랑의 철학사를 이해하는 데 중요하다. 만약 우리가 그것에 주의를 기울이지 않은 채 해석한다면, 우리는 사랑의 철학이 여성들에 의해서라기보다는 여성들에 관해서 행해진다는 인상을 간직하게 될 위험이 있다.

철학에서 여성의 목소리를 평가절하하고 배제해온 책임이 무엇에 있는지 정확히 알기는 어렵지만, 여러 요인이 복합되어 있다는 것은 거의 분명하다. 최근의 연구는 이것이 부분적으로는 '천재' 또는 '걸출함'과 남성다움 사이의 뿌리 깊은 연상에서 비롯된다고 주장하고 있다.[12] 이런 연상이 의도적이거나 의식적이지는 않을지 몰라도, 만약 사람들에게 눈을 감고 '천재'를 떠올려보라고 한다면, 누구나 아인슈타인, 다윈 또는 다빈치 같은 사람을 떠올리곤 할 것이다. 우리가 어느 정도 위대한 철학자라는 것을 천재라는 것과 연관시킨다면, 그리고 천재라는 것을 (백인) 남자라는 것과 연관시킨다면, 어쨌거나 위대한 철학자로 여성이 떠오를 것 같지 않다고 한들 놀라운 일은 아니다.

분석철학이 가진, 특히나 남성적 활동으로서의 이미지는 분석적 전통의 창시자인 러셀이 그의 저작에서 '철학'으로 분류하는 것과 모종의 관계가 있을지도 모른다. 그가 사랑, 결혼, 가족, 젠더 등 흔히 여성의 일이라 여기는 것을 논의하는 『결혼과 도덕』을 철학이 아니라고 범주화하면서 논리학, 수학, 정신처럼 흔히 남성의 일이라 여기는 것에 따로 철학이라는 표를 붙인 것이 과연 우연의 일치일까?

심지어 지금도 『결혼과 도덕』 같은 책을 '진짜' 철학의 출입금지 구역으로 여기는 사람들이 있다. 내 생각에 철학은 그렇게 제한을 받지 않는다. 단지 그 철학하는 사람들만 제한받을 뿐이다. 철학 자체는 이 영역 내에 현실화되지 않은 무궁무진한 잠재력을 가지고 있다.

월계관과 손으로 얼굴 가리기

내가 이야기하고 있는 이런 상황은 우리가 나누는 집단적 철학 대화에 영향을 끼쳐왔다. 어떻게 영향을 끼쳤는지 알아보기 위해 사랑에 관한 '정전'이라는 철학의 어두운 면을 잠깐 돌아보자. 프리드리히 니체Friedrich Nietzsche는 『즐거운 학문*The Gay Science*』에서 "나는 우리가 남성과 여성의 사랑에서 동등한 권리를 말해야 한다는 주장을 절대 받아들이지 않겠다. 그런 동등한 권리란 없다"라고 말한다.[13] 그는 사랑은 남성의 경우와 여성의 경우가 같지 않다는 해묵은 이야기를 들먹이며 이 견해를 뒷받침한다. "여성이 사랑이라 이해하는 것은 매우 명확하다. 몸과 정신의 완전한 항복(단순히 헌신이 아닌)이다. 어떤 동기도 없고, 어떤 의구심도 없다……. 여성의 사랑은 한마디로 신앙이다. 여성에게는 다른 누구도 없다." 니체는 여성은 "누군가 자신을 소유물처럼 취하고 받아들이기를 원한다"라고 덧붙이고는 사랑에 빠진 '완벽한' 여성과 노예 사이의 매우 뚜렷한 유사점을 그려낸다. 이와는 대조적으로 남성이 사랑에 빠질 때는 여성으로부터 헌신과 항복을 원한다고 생각한다.

이런 말이 아주 낯설고 끔찍하게 들리겠지만, 니체의 전반적인 사고에는 아주 꼭 들어맞는다. 『선과 악의 저편*Beyond Good and Evil*』에서 그는 여성의 불가해성을 이야기하고 여성의 본성은 남성의 본성보다 더 '자연적'이라고 말한다(이 고정관념은 나중에 베티 프리던이 여성의 신비로 규정하게 된다). 니체는 또한 여

110

성이 느끼는 '수치심의 원인'이라는 기다란 목록을 제시하고 "여성의 위대한 예술이란 허위이며, 주요 관심사는 외모와 아름다움"이라고 폭언을 서슴지 않는다.[14] 오늘날까지도 정전으로 여겨지는 철학자가 그런 여성 혐오적 발언을 했다는 것이 충격으로 다가올 수는 있지만, 무엇이 철학의 정전에 속하는지에 관한 결정이 한편으로는 철학이 주로 남성의 활동이라는 인식과 나란히 이루어져왔다는 점을 염두에 두면 조금 이해가 갈 것이다.

니체의 남성관과 여성관을 이해한다면, 그의 또 다른 저작 『이 사람을 보라Ecce Homo』에서 그가 내린 사랑의 '정의'를 살펴봐도 좋겠다. "사랑은 그 수단으로 보면 전쟁이다. 그 토대로 보면 사랑은 두 성性에 대한 치명적 혐오다."[15] 이는 해묵은 상투어다. '해묵은'이라는 말은 문자 그대로 아주 오래됐음을 뜻한다. 로마 시인 오비디우스는 거의 2,000년 전에 똑같은 의견을 피력했다. 오늘날 그런 의견들은 남성 권리 활동가들의 웹사이트에서 명맥을 잇고 있다. 사랑이 성 전쟁이라는 생각은 사실 『이 사람을 보라』에 나오는 사랑에 관한 가장 기이한 선언도 못 된다. 그 자리를 차지할 만한 유력한 선언은 불임인 여성을 제외한 모든 여성이 자신을 사랑한다는 니체의 주장이다. 만약 어느 웹사이트에서 출처를 밝히지 않고 소개된 이런 심리를 우연히 보게 되었다면, 그것이 위대한 철학자의 생각이라고 여길 독자는 거의 없을 것이다.

정전의 반열에 오른 수많은 영웅이 다 그렇듯, 니체에게도 그런 여성 혐오적 문장에서 그가 한 말의 속뜻은 겉보기와는 다르다고 주장하는 옹호자들이 있다. 일부는 사실은 니체가 페미니스트였다고 말한다. 만약 그렇다면 니체는 페미니즘을 설명하는 데 별 소질이 없는 페미니스트였던 셈이다. 그는 여성 해방을 부르짖는 외침들은 결함 있는(즉 불임의) 여성들이 성공한(즉 자녀를 낳은) 다른 여성들을 미워한다는 사실에서 기인한다고 했다. 어쩌면 이런 것들은 맥락에서 벗어났다고 봐야 하지 않을까? 어쩌면 이런 것들은 반어적인 표현이 아닐까? 여성 혐오에 관한 그런 핑계들은 끊임없이 들려온다.

하지만 또 다른 가능성도 있다. 니체는 자신이, 서로 다른 청중에게 그들이 원하는 서로 다른 메시지를 전달하는 방법을 고안해냈다고 생각했다. 그는 두 가지 어조의 정치적 개 호루라기▼를 발명하려고 애쓰고 있었을 수 있다. 이봐, 페미니스트들. 그건 물론 반어적 화법이라고! 이봐, 여성 혐오자들. 마침내 그것을 있는 그대로 말할 만큼 용기 있는 사람이 있다고! 하지만 그런 모호함이 우리가 듣고 싶어하는 내용을 들려주기로 되어 있다고 해도, 나로서는 몹시 불만스러울 뿐이다. 내가 공부했던 철학적 전통에서는 분명하고 신중한 표현을 가치 있게 여긴

▼ dog whistle 사람에게는 잘 들리지 않지만 개를 비롯한 동물들이 잘 들을 수 있는 고주파 신호를 낸다. 은유적으로는 모든 사람이 아닌 특정한 집단이나 사람들만 알아듣도록 전달하는 화법을 말한다. 정치적으로 논란이 있는 메시지를, 그 메시지를 좋아하지 않을 유권자들의 기분을 상하게 하지 않으면서 특정 유권자들에게 전달하려 하는 것을 뜻한다.

다. 그렇게 표현하지 않는 경우 심각하게 잘못 해석될 위험이 있기 때문이다. 심지어 철학 같은 것이 있다는 걸 알기 전에도, 나는 생각하는 바를 말해야 하고 말하는 바는 진심이어야 할 때가 온다는 것을 어머니한테(어머니는 할머니한테) 배워서 알고 있었다.

정전의 반열에 오른 또 다른 철학자, 아르투어 쇼펜하우어는 『의지와 표상으로서의 세계The World as Will and Representation』에서 이렇게 썼다. 우리가 아무리 사랑을 숭고하고 천상의 것으로 생각한다고 해도, 사랑은 사실 "더욱 명확히 결정되고 특화되고, 그리고…… 개인화된 성적 충동"에 지나지 않는다고 말이다.[16] 특히 그것은 이성애적 충동이다. "단순히 모든 한스가 자신의 그레테를 찾는 문제"라는 것이다. 고정관념에 걸맞게 오직 한스만이 그 탐색과정의 행위자다. 그레테는 발견되기만을 묵묵히 기다려야 할 것이다.

쇼펜하우어도 니체와 마찬가지로 자신은 거대한 환상에 구멍을 내고 있다고 보았다. 그러나 그 역시 고정관념들을 재활용하고 있을 뿐인데, 그중 한 예가 이런 것이다. "천성적으로 남성은 사랑하면서 바람피우는 경향이 있고, 여성은 정조를 지키는 경향이 있다……. 여성을 움직이는 것은 본성이므로, 여성은 본능적으로, 깊은 생각도 하지 않고서 미래 자녀를 위한 양육자겸 보호자를 보유하려고 한다." 편리하게도 이 말의 뜻은 "결혼에서 정조란 남성에게는 인위적인 것이요, 여성에게는 자연스러운 것이며, 따라서 간통은 남성 쪽에서보다 여성 쪽에서 훨씬 용서받기 힘들다"는 것이다. 여성과 남성에게 무엇이 '자연스러운' 것인지에 대한 이런 가정은 생물학적으로 우리가 '설계'된 목적에 관한 오늘날의 논의를 예감한다. 특히나 쇼펜하우어가 특히 번식을 위한 인간의 충동과 본능, 다시 말해 동인動因을 강조하는 모습은 오늘날 헬렌 피셔가 제기한 사랑의 형이상학을 예고하고 있다. 결국 쇼펜하우어는 여러 면에서 그보다 한참 앞서 발생했고 그보다 수명이 길었던 사회 규범의 대변인이었을 뿐이다. 그의 성차별주의는 무비판적이며, 그의 이성애 규범성 역시 마찬가지다.

문제는 니체와 쇼펜하우어가 'A급' 철학자라는 사실이다. 철학계의 유명인사인 그들은 '천재'로 여겨진다. 그들의 사상은 로맨틱한 사랑, 인간 본성, 여성, 그리고 철학 자체에 대한 인식을 형성해왔다. 『사랑의 역사』에서도 니체와 쇼펜하우어는 저마다 한 장을 차지하고 있다.

두 사람 모두 러셀처럼 다양한 형태의 사회적 특혜를 받은 수혜자였다. 그들은 백인이었고, 남성이었으며, 중간 계급 또는 상층 계급이었다. 그러나 어떤 면에서는 이런 배경 때문에 그들의 철학적 위치는 오히려 불리해졌다. 특권을 누리는 사람은 그 특권에 영향받는 것들에 대해 비판적 통찰을 하기 힘들어질 수 있다. 그 특권의 수혜자가 아닐 때 그 특권의 작용이 훨씬 쉽게 눈에 띄고 잘 이해된다는 간단한 사실 때문이다. 특권의 혜택은 종종 그 존재조차 알아차리지 못하게 만든다. 그들은 결코 그것을 의식할 필요가 없다. 이 문제가 더 심각해지는 건, 한 사회구조 내에서 누군가 차지한 유리한 위치가 오직 그 사람의 장점과 노력 덕분이라기보다 특권의 덕으로 여긴다면 매우 불편할 수 있기 때문이다. 따라서 특권의 혜택은 그것을 무시하도록 하는 강력한 동기가 되기도 한다. 만약 로맨틱한 사랑이 성차별주의와 이성애 규범성, 그리고 여러 가지 특권과 밀접하게 연관된 시대에 어떻게 작용했는지 이해하고자 한다면, 특권은 철학적 방해물일 뿐이다.[17]

이 모든 것의 결과, 오늘날 사랑에 관한 위대한 철학을 하기 위해 우리는 그냥 철학의 정전만 볼 게 아니라 더 많은 자료를 찾아봐야 한다. 그리고 철학 내에서 흔히 손꼽히는 유력한 후보들 너머를 바라봐야 한다. 더욱 흥미롭고 덜 떠들썩한 목소리들을 찾기 위해서는 오랫동안 반복되어 바싹 말라버린 피곤하고 낡은 문장들 사이로 길을 내야만 한다.

무엇이 중요한지에 대한 감각

사랑에 관한 철학의 역사에는 니체와 쇼펜하우어 같은 사람들만 있는 건 아니다. 시몬 드 보부아르Simone de Beauvoir는 젠더에 관한 광범위한 철학적 고찰의 일부로서 로맨틱한 사랑을 이야기했고, 오늘날 철학에서 중요한 위치를 차지하는 사랑과 젠더를 이해하기 위한 개념적 자원들을 발전시켰다. 가장 널리 알려진 저작 『제2의 성The Second Sex』에서, 보부아르는 처음으로 사회 구성물로서 젠더 관념을 발전시켰다. 그녀는 "여자는 태어나는 것이 아니라 만들어진다"라는 유명한 선언으로 그 관념을 요약했다.[18] 보부아르는 우리가 여성성과 결부시키는 다양한 특질, 이를테면 나약함, 무지함, 지도자로서의 부적격성 등을 짚어낸다. 그리고 여성을 '타자他者'로 취급하는 현상을 논의했다. 여기서 타자란 그 자체로 완전한 주체로서 규정되기보다 남성에 대한 관계나 남성과 구별되는 것들로 규정된다는 뜻이다. 이어서 그녀는 특정한 생식기를 가지고 태어난다고 해서 그런 것들이 자연적으로 또는 생물학적으로 결정되지는 않는다고 주장했다. 대신에 그런 것들은 우리가 성장하는 동안 우리를 둘러싼 사회에 의해 부여된다. 예를 들어 사회가 여자아이들의 교육보다 남자아이들의 교육을 훨씬 더 진지하게 여긴다면, 여성들이 덜 지적으로 느껴지는 것도 놀랄 일은 아니다. 이는 선구적인 젠더 철학자 메리 울스턴크래프트Mary Wollstonecraft의 이전 저작에도 등장하는 중요한 테마다.

보부아르가 로맨틱한 사랑을 바라보는 관점은 장밋빛으로 물들어 있지 않다. 『제2의 성』 중 「연애하는 여자」라는 장에서 그녀는 니체를 예로 들면서, 여성에게 사랑이 무엇과 같은지 설명하는 니체의 관점은 비판적으로 말하면, '자연적' 질서라기보다는 매우 문제가 많은 사회에서의 사랑을 묘사하는 것과 사실상 크게 다르지 않다는 점을 지적한다. 보부아르가 보기에 로맨틱한 사랑은 여성에게나 남성에게 모두 해롭고 위험하다. 여성에게 그것은 한 남성의 삶과 정체성에 흡수됨으로써 그 자신을 바치도록 부추긴다(그렇지 않으면 여성적이지 않은 것으로 비칠 위험이 있다). 하지만 그것은 실존주의자로서 보부아르가 '진정한' 삶에 필요하다고 여기는 모든 것에는, 특히 자신의 길을 선택할 자유에는 파괴적이다. 더욱이 로맨틱한 사랑에 빠진 여성은 남성 파트너를 더할 나위 없을 만큼 이상화하도록 교육받는다. 그러지 않는 이상 그 남성에게 자신을 바치는 것은 너무도 분명하게 비이성적일 것이기 때문이다. 하지만 어떤 남성도 더할 나위 없을 만큼 이상적이지 않다. 따라서 가부장제의 로맨틱한 사랑에서 주어진 남성의 역할을 제대로 해낸다는 건 필연적으로 실패할 수밖에 없고, 궁극적으로 사랑은 남성에게도 매우 해로운 것이 된다. 그러나 보부아르는 낙관주의의 징후를 가미한다. 그녀는 언젠가 여성과 남성이 동등한 존재로서 서로에게 다가갈 수 있게 된다면, 사랑은 치명적인 위험이라기보다는 삶의 원천이 될 거라고 말한다.

철학자들은 젠더 외에도 많은 주제를 고려하면서 사회 구성에 관한 생각을 발전시켜왔다. 예를 들어 루셔스 아웃로Lucius Outlaw, 찰스 밀스Charles Mills를 비롯한 많은 이는 인종 관념이 사회 구성물이라고 주장해왔다. 이 책에서 로맨틱한 사랑을 하나의 사회 구성물로서 논의하는 나는, 이런 개념적 자원을 발전시키고 다듬어온 그 철학자들에게 크게 빚지고 있다.[19]

그뿐 아니라 훨씬 더 오래된 텍스트 중에서도 사랑의 철학에 관한 매력적인, 그리고 때로는 고정관념을 거부하는 저작을 찾을 수 있다. 플라톤은 다양한 종류의 사랑을 자기 철학의 중심에 놓았는데, 사랑에 관한 가장 유명한 저작인 『향연』의 중심에 여성 사랑 철학자를 놓았다는 점은 흥미롭다. 그 책에 등장하는 소크라테스는 디오티마라는 여사제(아마도 플라톤이 아는 누군가를 허구화한 인물일 것이다)를 가장 진지하고 독창적인 사랑론의 원천으로 인정한다. 디오티마의 사랑론은 현대인들에게는 복잡하고 이상하지만, 그 이론에서 흥미로운 특징 중 하나는 모든 인간이 신체적으로나 정신적으로 임신을 하는데, 사랑이 그들의 자손(그것이 자식이든 예술이든 철학이든)을 낳는다는 생각이다.

현재로 돌아오면, 철학자들은 여전히 사랑이 무엇인지 알아내려 애쓰고 있다. 철학자 베릿 브로가드Berit Brogaard는 최근의 저서 『로맨틱한 사랑에 관하여On Romantic Love』에서 로맨틱한 사랑이 감정의 일종이라는 관점을 옹호했다.[20] 사랑에 관한 이와 같은 고전적인 철학적 관점은 사랑이 충동이라는 피셔의 주장을 포함해 수많은 도전에 맞닥뜨린다. 브로가드는 로맨틱한 사랑의 감정이 합리적일 수도 있고 비합리적일 수도 있다는 한 판본을 발전시킨다. 하지만 그녀는 그 감정이 비합리적이기가 불가능하다고 생각하는데, "합리적인 사랑은 행복에 이르"지만 "비합리적인 사랑은 그렇지 않"기 때문이다.

그 밖에도 현대의 몇몇 철학자 역시 사랑의 합리성과 온당함에 관심이 있는데, 나는 이런 경향이 흥미롭다. 심리학자 앤 벨과 로버트 스턴버그가 그것을 맥락에 맞춰보도록 우리에게 도움을 줄 수 있을 것이다. 인간 본성이 근본적으로 합리적이라 여기는 계몽주의 관점이 사랑 역시 이상적으로는 합리적이라는 관념과 어떻게 상통하는지에 관한 이들의 논의를 기억하는지? 사랑의 철학자들이 사랑의 합리성과 이성에 초점을 맞추는 현재의 경향은 오늘날 철학 현장에서 인간 본성에 대해 무언가 계몽주의식 개념이 은밀히 작용하고 있는 건 아닌가 생각하게 만든다.

나로서는 합리성과 사랑의 관계를 고려할 때, 버트런드 러셀이 언젠가 어느 텔레비전 인터뷰에서 했던 말에 이끌리곤 한다. 그는 미래 세대에게 어떤 메시지를 전하고 싶으냐는 질문을 받았는데, 그가 고른 두 가지 중 하나가 "사랑은 현명하고 미움은 어리석다"였다. 나는 여기서 그가 선택한 단어가 의미심장하다고 생각한다. 그는 사랑은 '합리적'이라거나 '이성적'이라고 말하지 않았다. 사랑은 '현명하다'고 했다. 왜 그랬을까?

자, 우리는 여기서 뒤로 물러나 '철학'이라는 단어를 생각해볼 수 있을 것이다. philosophy는 그리스어에서 사랑을 뜻하는 단어(접두어 philo-는 '다정한 애정'을 뜻하는 philia와 관련이 있다)와 지혜를 뜻하는 단어 sophia에서 비롯된 것이다. 전형적으로 합리성과 이성(지혜가 아닌)을 중심 무대에 세우는 현대 분석철학을 헤쳐 나갈 때는 항상 그 정의를 염두에 두는 것이 도움이 된다. 이런 현상은 사랑의 철학을 넘어서도 마찬가지이고, 논리적·과학적이며 정치와 무관한 활동으로서 분석철학의 자기 개념과 밀접한 연관이 있다.

나는 합리성과 이성의 팬이다. 그리고 합리성과 이성이 지혜

의 요소일 수 있다고 생각한다. 하지만 그것들이 지혜의 전부
는 아닐 것이다. 통찰 또한 지혜의 중요한 한 부분일 수 있다. 창
의성, 독창성, 그리고 종종 간과되는 특성이지만 무엇이 중요한
지를 파악하는 감각도 포함될 것이다. 이 마지막 특성에 관해서
는 누구나 할 말이 있으며, 수많은 정보와 견해들 사이에서 길
찾기가 가장 큰 난제가 되는 이 시대에 사랑에 관해 생각할 때
는 특히 중요하다. 사랑을 이해하는 것과 관련해 개인적인 합리
성과 사리분별에 관해 질문할 공간은 분명히 있을 거라고 생각
한다. 하지만 벨과 스턴버그, 보부아르, 그리고 여러 철학자의
영향을 받은 나는 더 크고 사회적인 시야를 유지하는 것 역시
중요하다고 본다.

　이번 장의 두 가지 교훈을 다시 정리하면서 마무리해보자.
첫째, 철학자들도 사랑을 포함한 모든 것에 관해 끔찍한 선언
을 하는 것을 피할 수 없다. 사랑 생물학, 사랑 심리학, 사랑 사
회학, 그 밖에 사랑에 관해 진행되는 모든 대화가 그렇듯이, 종
종 사랑 철학은 무비판적인 가정들과 순간적인 통찰이 뒤엉킨
생각 꾸러미에 지나지 않는다. 나는 중고품 세일 창고의 옷가지
더미를 뒤지듯, 그 안을 뒤적거린다. 거기서 몇 가지 귀한 것을
찾아냈지만 아무 쓸모가 없는 것들도 많이 발견한다. 그리고 그
보석 같은 옷가지, 특히 버트런드 러셀조차도 집에 가져가서 깨
끗이 빨아야만 기분 좋게 걸칠 수 있을 것 같은 느낌이다. 철학
은 사랑의 본질을 더 잘 이해하고 싶은 모든 이에게 제공할 만
한 막강한 도구지만, 철학자들이 사랑에 관해 한 말을 읽을 때

는 주의를 기울여야 한다. 여러분이 지금 손에 들고 있는 책을 읽을 때도 마찬가지다.

두 번째 교훈은 내가 흥미로운 보석들을 발견하기는 했지만 내가 찾고 있는 것은 아직 발견하지 못했다는 것이다. 무엇이 중요한가 하는 나의 감각은 계속해서, 지금 당장 사랑의 철학자에게 당면한 가장 다급한 과제는 이 책의 핵심 딜레마에 대한 만족스러운 해답을 찾는 것이라고 주장하고 있다. 사랑이 어떻게 생물학이면서 사회 구성물일 수 있는가? 그 작업이 아직 남아 있다. 이제 본격적으로 그 문제를 다뤄볼 시간이다.

4장

사랑은 사랑이 하는 것이다:
사랑의 이원성

What Love is

죽는 것들은 모두 동등하게 섞이지 않았던 탓……

— 존 던John Donne, 「새 아침The Good-Morrow」

모든 걸 가졌으니

사랑에 관한 생물학 이론과 사회학 이론 모두 내 마음을 깊이 울린다. 사랑하는 사람을 생각하면서 내 심장박동이 빨라지는 걸 느낄 때나, 떨어졌다가 함께 있게 되어 아드레날린이 솟구치는 걸 느낄 때, 나는 생물학적 관점에 이끌린다. 내가 경험하고 있는 이 사랑에는 사회적으로 구성된 어떤 것도 없다. 이는 자연적인 현상일 뿐이다. 나에게 무슨 일이 일어나고 있는지 이해하고 싶다면, 내 두뇌와 내 신체가 하는 일을 이해해야 한다. 생물학과 심리학에서 일어난 발전 덕택에, 사랑에 빠진 한 인간은 나머지 모든 인간과 같다는 사실이 날이 갈수록 더 분명해지고 있다. 다시 말해 사랑에 빠진 인간은 생물학과 복잡한 진화사를 지닌 동물이라는 얘기다. 우리의 이런 특징은 자연적이다. 그 특징은 발견할 수 있다. 만약 우리가 과학을 충분히 잘한다면, 그것을 알아내게 될 것이다.

그런 한편으로 내가 보편적인 단혼제라는 사회 규범에 좌절할 때나 두 관계를 맺고 있다는 것이 내가 '진정으로' 사랑하고 있지 않다는 뜻이라는 말을 들을 때, 로맨틱한 사랑은 우리가 집단적으로, 사회적으로 만드는 것이라는 사실이 분명해 보인다. 우리가 그것을 단혼제로 하자고 선택했는지 몰라도, 반드시 그렇게 할 필요는 없다. 이처럼 함께 묶어서 '로맨틱한 사랑'이라고 이름 붙인 전통과 기대의 꾸러미가 존재하며, 그것이 우리 사회에 특정한 구조를 부여한다. 하지만 역사, 사회학 또는 문화인류학을 조금이라도 알게 되는 즉시, 우리는 이것이 한 사회가 자신을 조직할 수 있는 유일한 방법은 아니라는 것을 분명히 이해하게 된다.

이것은 곧바로 이 책의 처음 두 개 장에서 제시된 딜레마로 나를 데려간다. 생물학이 하나의 사회 구성물이 아닐진대 사랑이 어떻게 생물학이면서 사회 구성물일 수 있을까? 이 딜레마는 우리에게 대강 다음과 같이 배열된 일련의 선택지를 제시한다(이런 것들은 완벽하게 정렬되지는 않지만 광범위하게 서로 관련되어 있다). 우선 우리는 하나의 자연현상으로서 사랑에 접근할 수 있을 것이다. 우리는 사랑이 우리 종에서 보편적 또는 거의 보편적이라는 가정에서 출발할 수 있을 것이다. 자연과학의 방법론을 이용해 그 종에 속한 개체들을 연구함으로써 사랑에 관해 더 알아보려고 시도할 수 있을 것이다. 한편으로는 사랑이 특정한 문화적 맥락에 맞게 국지화되어 있다는 가정에서 출발해, 하나의 사회 구성물로서 사랑에 접근할 수 있을 것이다. 인문학과 사화과학의 방법론을 이용해 여러 사회를 연구함으로써 사랑에 관해 더 알아보려고 할 수도 있을 것이다.

두 방법 모두를 취하려 시도한다는 건 유혹적이다. 사랑은 생물학이면서 동시에 사회 구성물이라고 말하는 것 말이다. 사실 사랑에 관한 상당히 많은 이론이 처음에는 그렇게 하려고 시도하는 것처럼 보인다. 하지만 자세히 들여다보면, 실망스럽게도 보통은 전혀 그렇게 말하고 있지 않거나, 그것이 어떻게 가능한지 한 마디도 설명하지 않는 게 현실이다. 두 방법 모두를 취하려는 욕구는 매우 흔하지만 기대한 만큼 해내기는 훨씬 더 어렵다.

로맨틱한 사랑이 생물학적이면서 사회적이라는 생각에 동의하는 한 가지 방법은, 사회나 문화가 사랑이 표현되는 방식을 형성하지만 사랑 자체는 근원적으로 생물학적 현상이라고 말하는 것이다.[1] 그러나 이는 사랑에서 사회적 측면의 중요성을 대단치 않게 여기면서 사랑을 단순한 표현으로 깎아내린다. 문화가 표현을 형성한다는 것은 누구나 아는 자명한 이치다. 내가 지키려고 하는 지혜(로맨틱한 사랑이 하나의 사회 구성물이라는)는 자명한 이치가 아니며 표현에 관한 것도 아니다. 그런 몸짓 또 하나는 문화(이를테면 예술과 문학)가 사랑이 어떠해야 하는지에 대한 단서를 보여줄 수 있다고 말하는 것이다.[2] 하지만 이것 역시 문화의 역할을 푯말 세우기로 깎아내린다. 문화는 그저 우리에게 실제의 생물학적 행동이 있는 곳을 가리키는 화살표를 제시하는 푯말이 되어버린다.

한편으로는 사회학적인 것과 생물학적인 것 모두에 대해 동의하면서 궁극적으로는 사랑에 관한 사회적 이론을 선택하는 이들도 있다. 이 전략 가운데 하나가 비록 인간은 생물학에 자극받기는 하지만 로맨틱한 사랑은 사회적 발명품이라고 말하

는 것이다. 이런 부류의 접근에서는 사랑의 생물학이 단지 역사적 전구체로 격하된다.[3]

세 번째의 흔한 전략은 단순히 사랑이 생물학이자 사회라고 말하면서 이것이 만들어내는 모순된 모습을 해결하기 위한 어떤 것도 하지 않는 것이다.[4]

물러서라: 내가 형이상학을 시도하겠다!

아직 해야 할 일이 있다. 그것은 개념적인 작업이다. 우리는 사랑에 관해 무엇이 실제이고 무엇이 그렇지 않은지, 무엇이 자연적이고 무엇이 그렇지 않은지 생각하는 우리의 방식들을 재검토해야 해야만 모순적인 상황처럼 보이는 것을 이해할 수 있을 것이다. 사실 그것은 형이상학자들이 하는 부류의 일이다.[5]

나는 로맨틱한 사랑의 새 이론을 제안한다. 그 중심에는 로맨틱한 사랑은 이원적 성격을 가진다는 생각이 있다. 다시 말해 로맨틱한 사랑은 현대의 사회적 역할을 구현하는 오랜 생물학적 기제다. 그러나 실제의 개념적 작업은 사랑의 이원적 성격이 어떻게 맞물려 있는지 알아내는 것이다. 여기서 TV 쇼에서 한 역할을 하는 배우를 생각하면 도움이 된다. 여러분은 그 쇼를 보면서 그 인물에 관한 다양한 면을 주목할 것이다. 어쩌면 그의 오만한 행동이나 나머지 인물들과 복잡하게 얽힌 관계 같은 것 말이다. 그런 동시에 그 배우에 관해서도 다양한 사실을 주목하게 될 것이다. 이를테면 그의 이글거리는 눈이나 거의 불안감을 주는 얼굴의 비대칭 같은 것 말이다. 우리가 그 쇼를 보면서 배우의 특징은 물론 등장인물의 특징을 주목한다는 사실에는 전혀 이상한 점이 없다. 하지만 우리가 실제 보고 있는 것이 어느 쪽인지, 등장인물인지 배우인지 묻는다면 이상해질 것이다. 우리가 배우와 배역 사이의 관계를 이해하는 순간, 그것은 바보 같은 질문처럼 느껴진다.

로맨틱한 사랑도 이와 같다. 오랜 세월 진화해온 우리의 생물학적 기제(신경경로와 화학반응들의 집합)는 지금 **현대 사회**라고 불리는 쇼에서 로맨틱한 사랑이라는 배역을 연기하고 있다. 우리는 이 쇼의 전개를 지켜보면서, 사회적 역할(사실상 '등장인물')에 관한 다양한 것들을 주목할 수도 있다. 아마도 그것이 한 사회를 핵가족으로 구성하는 방식, 또는 그것이 젠더와 복잡하게 얽힌 관계 같은 것 말이다. 동시에 우리는 생물학('배우')에 관한 다양한 것들을 주목하기도 한다. 이를테면 도파민의 개입이나 그것과 연루된 두뇌 영역이 그렇다.

중요한 점은 그 어떤 것도 다른 하나를 배제한 채 이 두 가지 사랑의 성격 중 어느 하나가 실제 사랑의 본질이라고 결정하지 않는다는 것이다. 물론 우리는 '로맨틱한 사랑'이라는 말을 사회적 역할을 이야기할 때만 쓰기로, 또는 생물학적 기제를 이야기할 때만 쓰기로 결정할 수는 있을 것이다. 하지만 그 말의 현재 의미는 모호하고 부정확하다. 그것은 어느 한 가지 해석을 강요하지 않는다. 완전한 이야기는 사랑의 이원성을 다루어야 할 것이다.

사랑의 생물학적 기제는 자연스러운 어떤 것, 우리가 창조하기보다 발견하는 것, 주로 자연과학이 연구하는 것이다. 그것은 우리가 시간과 장소에 상관없이 일관된다는 의미에서 인간적 '보편성'이라고 기대할 수 있는 어떤 것이지만, 물론 우리 생물학의 다른 측면들이 그렇듯, 그럼에도 우리는 여전히 개인 간의 차이를 예상할 수 있다. 그것은 우리가 하나의 종으로 진화해온 과정을 이해하는 것이 중요하다고 인정하면서도 개인들을 연구함으로써 탐색할 수 있는 어떤 것이다.

반면에 사랑의 사회적 역할은 적어도 부분적으로는 인공물이며, 사회를 구성해나가는 과정에서 우리가 만든 것으로서, 주로 인문학과 사회과학에서 연구하는 것이다. 그리고 그것은 특정 시간과 장소에 국한된다고 여겨지는 어떤 것이지만, 한편으로는 문화의 나머지 측면들이 그렇듯 시간과 장소에 상관없이 그 영향이나 유사성을 예상할 수도 있다. 그것은 다양한 범위의 개인적 관점 수집 또한 중요하다는 걸 인정하면서, 사회학을 연구함으로써 탐색할 수 있는 어떤 것이다.

이 모든 것이 뜻하는 바는 무엇일까? 사실 그것은 로맨틱한 사랑이 사회 구성물이라고 말하는 것이 옳다는 얘기다. 그리고 로맨틱한 사랑이 생물학적 현상이라고 말하는 것 역시 옳다는 얘기다. 무엇보다 중요한 것은, 우리가 그렇게 말하는 것이 모순이 아니라는 사실이다. 이는 우리가 TV 화면을 가리키면서 "윌리엄 새트너다!"라고 말하고는 곧바로 "커크 선장이네!"라고 말하는 것이 모순이 아닌 것과 같다. 화면에 나타난 게 무엇일까? 커크 선장 역할을 하는 윌리엄 섀트너다. 사랑이 무엇일까? 현대의 사회적 역할을 구현하는 오랜 생물학적 기제다. 이 진술에서 절반을 생략한다면, 여러분은 전체 그림을 보고 있지 않은 것이다.

누가 이 쇼를 이끄는가?

사랑의 이원성을 인정하는 것은 시작에 불과하다. 우리는 곧바로 몇 가지 중요한 후속 질문을 해야 한다. 가장 중요한 질문은 사랑의 어떤 측면이 사회적 성격에 속하고, 어떤 측면이 생물학에 속할까 하는 것이다. 우리는 "이동광선을 쏴줘, 스카티!"라는 대사가 한 등장인물(커크 선장)을 위한 대본의 일부라는 걸 알지만, 우리가 보는 TV 화면 속에서 그 대사를 말하는 특정한 입은 한 배우(윌리엄 섀트너)의 입이라는 것도 안다. 우리는 그 둘 사이의 상호작용이 어떻게 위대한 텔레비전 쇼를 만들어낼 수 있는지 이해한다. 사랑에 관해서도 똑같이 생각할 필요가 있다. 무엇이 사회적 대본에 해당하는지, 무엇이 생물학적 배우가 하는 것인지, 그리고 이런 것들이 어떻게 상호작용을 하는지 밝혀내야 한다. 무엇보다도 우리가 사랑의 성격을 통제할 방식에는 어떤 것이 있는지, 그리고 미래에 사랑이 무엇이 될 수 있는지 이해하기 위해서는 이것이 중요하다.

통제라는 관념을 생각해보자. 사랑이 부분적으로 사회적 성격을 가진다는 걸 이해할 수 있다면, 로맨틱한 사랑이 현재 사회적 삶을 구성하는 특정 방식을 비판적으로 검토하기 위한 문이 열린다. 우리는 현실적이고 실질적인 변화의 가능성을 인정한다. 그 예로 페미니스트들은 로맨틱한 사랑이 해로운 젠더 규범을 만들고 유지하는 역할을 한다고 비판해왔으며, 퀴어 이론가들은 그것이 동성애공포증을 정당화하는 역할을 한다고 비판해왔다. 이런 노력들은 대본상의 현실적 변화를 이끌어냈다. 사회적 수준에서 사랑이 무엇이며 무엇을 하는지 하는 문제에 실질적 변화가 일어난 것이다.

그러나 사랑의 생물학에 관해서도 그런 통제가 가능한지는 그만큼 명확하지 않다. 우리 두뇌의 화학작용은 현대의 사회구조가 등장하기 아주 오래전에 진화했으며 아마도 그보다 더 오래 지속될 것이다. 우리는 사랑의 생물학적 측면을 구분함으로써 사회적 변화 속에서도 무엇이 지속되는지 이해할 수 있다. 이것은 그 자체로 매력적이지만, 우리가 통제할 수 있는 것과 그렇지 않은 것과 관련해 실용적인 함의도 있다. 때로는 우리가 우리의 생물학을 앎으로써 실현 가능한 부류의 변화에 대해 그 한계를 밝힐 수 있을 것이다(적어도 우리가 우리의 생물학을 대체할 수 있을 때까지는). 다른 면에서 사랑의 생물학은 변화의 동기를 제공할 수 있다. 이에 대해서는 나중에 다시 이야기하기로 하자.

하지만 우리가 주의를 기울이지 않으면, 사실상 생물학이라는 증거가 전혀 없는 요소들까지 너무도 쉽게 생물학의 문제로 돌려버릴지도 모른다. 우리 인류에게는 아무런 현실적 근거나 증거가 없으면서도 그것이 당시의 지배 이데올로기에 들어맞는다는 이유로 '옳게 느껴지는' 이런저런 '생물학적' 이론을 내놓았던 오래되고 당혹스러운 역사, 아직 끝나지 않은 역사가 있다. 인종에 관한 생물학적 이론은 노예제나 대량 투옥을 정당화하기 위해 이용된다. 젠더에 관한 생물학적 이론은 강간을 정당화하거나 여성의 교육이나 재산 박탈을 정당화하는 데 활용된다. 일단 우리가 이데올로기적으로 현상유지에 투자한다면, 그것이 만물의 '자연적' 질서임을 생물학으로 증명하기 위해 엄청난 노력을 기울인다는 것은 역사가 증언하는 바다.

이렇게 해서 지배 이데올로기가 그 자체를 강화하는 것이 가능해진다. 편견과 불의가 어떤 생물학적 또는 자연적 원인 탓이라고 돌려진다면 결국 비판이나 도전에 영향받지 않게 된다. 예를 들어 여성은 남성보다 수학과 정치학에서는 뒤떨어지지만, 자녀 양육과 빨래에서는 낫다는 식으로 생물학적으로 남성과 다르다고 우리 스스로 확신할 수 있다면, 우리는 여성이 무보수의 반복되는 가사노동을 도맡는 사회구조를 정당화할 수 있다. 그것이 사물의 '자연적' 상태이기 때문이다. 이런 상황을 바꾸려는 모든 시도는 '자연에 반하는 것'이며, 결국 자연을 거스르는 것은 모두를 비참하게 만들 것이고 필연적으로 실패할 수밖에 없다. 생물학을 바꿀 수는 없기 때문이다.

우리는 사랑의 철학을 제대로 하고 싶다고 하면서도, 위험을 무릅쓰고 이런 역사를 무시한다. 젠더와 인종이 그렇듯, 로맨틱한 사랑은 가치, 정치적 신념, 정서의 강력한 중심이다. 이것은 사랑의 생물학적 실제를 발견하려는 시도와 관련해 퍼펙트 스톰을 만들어낸다. 이미 우리는 사랑이 '자연적으로' 어떠한지를 설명하는 몇 가지 이데올로기 편향적 설명을 본 바 있다. 예를 들어 사랑이 "모든 한스가 자신의 그레테를 찾는 일"에 관한 모든 것이라는 아르투어 쇼펜하우어의 논제와, 단혼제는 여성보다 남성에게 훨씬 더 "부자연스럽다"는 그의 주장을 돌이켜보라.

더욱 최근의 예를 덧붙이자면, 임상심리학자이자 커플 치료사인 수 존슨Sue Johnson은 『사랑 감각Love Sense』에서 일반적으로 인간은 생물학적 설계에 따라 자연적으로 단혼제가 어울린다고 선언한다.[6] 이 선언을 위한 논의에서, 그녀는 애착과 유대에서 옥시토신의 역할을 강조하면서 우리를 초원들쥐와 비교한다. 초원들쥐는 짝을 이루어 살고 그 짝과 함께 새끼를 키우는데, 그 유대과정에 중요한 역할을 하는 것으로 보이는 옥시토신을 분비한다. 하지만 초원들쥐는 일부일처제가 아니다(적어도 성적으로는). 존슨은 그러나 인간에게는 자연적으로 일부일처제가 어울린다는 자신의 주장과 그 사실이 충돌한다고 생각하지 않는다. 이 대목에서 그녀의 추론은 명쾌하지 않은데,[7] 이는 현재 단혼제라는 문화적 규범을 강화하려는 이데올로기적 요구가 개입되었을 수 있음을 암시한다.

충분하게 검토되지 않은 이데올로기와 우리가 '자연적' 또는

'생물학적'이라고 부르고 싶은 것 사이의 혼선은 종종 아주 깊은 곳에서 일어나며 안에서는 그 자체를 볼 수 없게 만든다. 그렇다고 우리가 사랑의 생물학에 절망해야 한다는 뜻은 아니다. 그저 위험을 인식하는 자세, 질문하는 철학적 마음가짐을 가지고 그것에 접근하려고 노력해야 한다는 뜻이다.

인공 첨가물 없음

내 말의 의미를 이해하기 위해 헬렌 피셔의 생물학적 사랑 이론으로 돌아가보자.[8] 피셔는 로맨틱한 사랑은 우리의 진화사에서 "남성과 여성이 선호하는 개인에게 저마다의 짝짓기 관심을 집중하도록" 하기 위해 등장했으며, 따라서 "우리 조상들이 적어도 한 자녀의 유아기 동안 같이 양육하며 배우자와 함께 살 수 있게끔 남녀 애착을 위한 두뇌회로가 발달했다"고 말한다. 우리는 이 문장에서 곧바로 로맨틱한 사랑과 번식의 밀접한 관계를 볼 수 있다(여기서 제시되는 사랑 이론은 이번에도 K-I-S-S-I-N-G 라임에서 보는 것과 크게 다르지 않다). 그뿐 아니라 '남성과 여성', '남녀 애착'과 같은 문구를 아무 의심 없이 배치함으로써 사랑과 이성 간 결합 사이의 직접적인 연관성을 전달한다.

피셔는 나아가 로맨틱한 사랑의 진화를 번식과 관련한 특정 젠더 역할과 결부시킨다. 그녀는 우리의 진화적 조상들에게 이족보행이 등장하면서 "여성들에게 문제가 생겼다. 그들은 아기를 등에 업고 다니는 대신 품에 안고 다닐 수밖에 없게 되었다"
고 말한다. 그렇게 되자 이 여성들은 "아기를 먹이고 보호하는
걸 도와줄 배우자를 필요로 하기 시작했다. 적어도 그들이 아기
를 안고 먹일 동안 말이다." 여기서 사랑의 진화적 기원은 여성
이 자녀 양육에서 주된 역할을 맡고 있었고, 이로 인해 여성은
궁핍해지고 남성에게 의존하게 되었다는 생각에 묶이게 된다.
피셔는 여성의 이런 궁핍함에 대한 진화의 해결책으로서 핵가
족과, 따라서 로맨틱한 사랑을 위한 두뇌회로의 진화를 제시한
다. 이에 따라 그녀는 '남녀 간의 애착'은 보통 한 아이가 유아기
를 보낼 만큼의 시간인 약 4년 동안 지속되는 '로맨틱한 사랑'의
결과라고 규정한다.

　피셔는 또한 로맨틱한 사랑을 일부일처제와 강하게 결부시키
는데, 일부일처제는 거꾸로 여성의 궁핍함과 연결된다. 그녀는
이족보행의 시작과 함께, 암수 한 쌍의 관계 형성은 우리 여성
조상들에게는 '필수적'이 되었다고 말한다. 반대로 남성에게는
그것이 '실용적'인 것이 되었을 뿐이다. 이와 관련된 실용성은
"어떻게 한 남성이 하렘의 여성들을 보호하고 필요한 물품을
제공할 수 있겠는가?" 같은 말로 나타난다. 하지만 나는 이런
식의 수사학적 질문이 무엇을 입증하기 위한 것인지 알 수 없는
데, 이 모델은 인간을 포함한 많은 종에서 종종 나타나곤 하기
때문이다.

　요약하자면, 사랑의 진화적 기원에 관한 피셔의 설명 전체는
젠더, 번식, 이성 간의 성, 단혼제를 둘러싼 규범에 젖어 있다.

이 모든 규범은 사실 우리의 현재 문화적 배경에 친숙한 규범이다. 하지만 실제로 여성의 궁핍함이 자연질서의 일부이며 로맨틱한 사랑을 위한 진정한 진화적 토대라는 생물학적 증거는 무엇일까? 피셔는 한 아기를 품에 안고 다녀야 하는 이족보행 호미니드를 떠올리고, 그녀가 남성 공급자에게 의존하지 않으면 살아갈 수 없다고 상상하며, 거기서 이론을 펼쳐나간다. 하지만 이 그림의 '자연스러움'은 우리가 현재 우리 자신에게서 발견하는 사회적 조건에 많은 것을 의존하고 있을지 모른다. 오랜 세월 동안 여성은 재산 소유나 교육, 가정 밖에서의 일 등등이 제한되었던 탓에 여성은 궁핍하고 의존적이라고 생각하는 것이 '자연스럽게' 보였을 것이다. 우리는 여성이 모든 시간 양육하는 데만 적합한 반면에 남성은 사업을 관리한다고 이해하도록 조건화되어 있다. 우리는 관직 선출이나 CEO 임명 같은 큰일과 관련해서나, 복도에서 누구를 위해 문을 열고 있을 것인지 판단하는 사소한 일을 할 때 어디에서나 이런 패턴을 본다. 그리고 우리가 과학을 하고 있을 때도 그것을 보게 될 것이다.

철학자로서 나는 사랑이 무엇인지 이해하는 데 생물학과 사랑의 진화가 중요하다고 생각하게 되었다. 바로 그 때문에 그것들을 바로잡는 것이 중요하다고 생각한다. 이는 곧 '자연스럽게' 느껴지는 것보다는 증거가 실제로 보여주는 것을 길잡이로 삼아야 한다는 뜻이다. 피셔의 가설은 '자연스럽게' 들릴지 몰라도 나에게는 수많은 의문을 불러일으킨다.

예를 들어 피셔는 우리 조상들의 이족보행은 약 350만 년 전에 시작되었다고 추정하고, 로맨틱한 사랑으로 인정할 만한 것은 언어가 등장한 후인 180만 년 전에서 100만 년 전 사이에 진화했다고 제시한다. 언어의 등장으로 유년기가 길어졌고, 따라서 더 오랜 기간 파트너와의 지속적인 관계가 필요해졌다는 것이다. 하지만 이족보행의 시작과 사랑의 진화 사이에 100만 년이 넘는 시간이 흘렀다면, 그 시간 동안 호미니드가 충분히 진화를 계속할 수 있도록, 양손으로 아기를 안고 다니는 문제에 대해 다른 해결책이 있어야 했을 것이다. 유아기가 연장되었다면서 그에 대한 해결책은 연장할 수 없었다는 건 무슨 말인가? 그리고 만약 이족보행이 여성 조상들에게 그 정도로 크게 문제가 되었다면, 어떻게 남성만 이족보행을 하도록 진화하지 않았을까? 보편적인 이족보행의 발달은 오히려 자녀 양육이라는 이 일이 이미 협동 작업이었다는 가정을 더 잘 뒷받침하는 게 아닐까?

더욱이 이족보행이 아기를 안고 다니는 어머니들의 삶을 연장된 기간만큼 힘들게 만들고 있었다면, 아기 띠 같은 단순한 테크놀로지의 발명보다 더 효율적이었을 전혀 새롭고 근본적인 생물학적 동인이 진화하지 않았을까? 실제로 고고학자 티모시 테일러Timothy Taylor는 최근에 낸 저서 『인공적 유인원The Artificial Ape』에서 다양한 조사를 근거로, 아기 띠는 180만 년 전보다 더 이전에 발명되었다고 추정한다.[9] 그가 맞는다면, 피셔가 로맨틱한 사랑이 진화하고 있었다고 추정하는 180만 년 전부터 100만 년 전까지의 시기에 아기를 업고 다니는 대신 안고 다녀야 했던 이족보행 어머니들의 문제는 이미 해결될 수 있었을 것이다.

심지어 테크놀로지를 접어두더라도, 더 단순한 방식, 이를테면 탁아소에서의 협동적인 사회적 양육 같은 방식으로 해결할 수 있는 문제에 전혀 새롭고 기본적인 생물학적 동인을 진화시킨다는 것은 매우 극단적인 해법이었을 것이다. 어떤 문제에 대해 효율적인 대안이 가능할 때, 진화가 엄청나게 강력한 접근법을 취하는 경우가 얼마나 자주 있을까?

표준 모델이 표준으로 등장하다

추측하건대, 사랑의 진화에 관한 실제 이야기는 이족보행 어머니가 양손으로 아기를 안아야 했다는 것보다 훨씬 더 복잡한 이야기일 것이다. 한 가지 가능한 이야기는 성인들의 협력이 우리 종에게 유익하며, 이런 이유로 우리는 핵가족 단위를 포함하는, 그러나 핵가족에 한정되지 않는 협력집단을 형성함으로써 사회적 유대를 장려하는 전반적인 두뇌 메커니즘을 진화시켰다는 것이다. 그렇다면 로맨틱한 사랑의 생물학적 기제는 다양한 형태의 사회적 유대와 협동을 장려하도록 진화한 여러 메커니즘이 서로 겹치고 얽힌 복잡한 체계의 일부라고 이해할 수 있다. 이것이 실제 일어나는 일들을 더 잘 설명해줄 것이며, '전통적인' 핵가족과 함께 나머지 다양한 모델이 공존하는 현상도 설명해줄 것이다. 그리고 로맨틱한 사랑이 단 하나의 문제, 그것도 이미 다른 수단으로 해결 가능한 문제에 대한 강력한 진화적 반응이었다고 생각할 필요도 없을 것이다. 다시 말해 로맨틱한 사랑은 더 큰 협동적 진화 전략의 일부로서 등장했을 것이다.

반면에 내가 '표준 모델' 접근법이라고 부르는 것은 사랑의 성격에 관한 피셔의 철학적 작업의 길잡이가 된다. 이는 어떤 것을 하는 한 가지 방식이 '표준'이며 나머지 모든 것은 일탈이라는 생각이다. 피셔에게 '표준 모델'은 이성 간의 핵가족 모델이며, 현재 우리의 문화적 맥락에서 친숙한, 번식과 관련된 젠더 역할과 단혼제의 규범으로 완성된다. 나는 이미 번식과 관련한 젠더 역할에 대해서는 조금 이야기한 적이 있다. 지금은 단혼제 문제를 살펴보기로 하자.

우리가 진화하고 유아기가 더 길어지기 시작하면서, 한부모의 양육은 매우 힘들어졌을 거라는 데 동의해보자. 문제는 어째서 우리에게 가장 친숙한 단혼제의 결합이 그 과제에 대한 기본 해답이라는 걸까? 많은 사회는 여러 방식의 자녀 양육을 마련해왔다. 예를 들어 어떤 사회는 복혼제의 가족 단위를 형성한다. 복혼제는 전형적으로 가부장적 일부다처제다. 한 남성이 여러 명의 아내를 두지만 그 역은 없다. 하지만 대부분의 단혼제 사회가 여성들이 그 남편에게 통제받는 가부장적 일부일처제를 실행해왔다는 사실을 염두에 두자. 여기서 피셔는 복혼제가 인간의 사회조직을 위한 '부차적 전략'이라고 하지만, 실로 그런지 아닌지는 인류학자들 사이에서 논란이 있다. 복혼제가 주된 인간적 전략이라고 믿는 인류학자들도 있다. 또한 세 번째 전략, 즉 집단적인 사회적 접근이 자연상태에서 자녀 양육이라는 과제에는 단혼제나 복혼제 가족 단위보다 더 나은 전략일 수 있으며, 이런 집단적 접근법이 우리가 진화해온 과거에서 '주된' 전략이었을 수 있다.[10] 더욱이 여성이 다수의 남성 파트너를 두는 일처다부제 사회도 존재한다. 이런 사회는 훨씬 드물지만, 최근의 조사는 그런 경우가 예전에 생각하던 만큼 드물지 않았으며, 전 세계에서 나타난다는 사실을 밝혀냈다. 흥미롭게도 일처다부제는 대체로 젠더가 바뀐 가부장제를 탄생시키지는 않으며, 평등주의적 사회에서 더 흔히 나타난다.[11]

아이를 키우는 일은 힘들다. 우리가 익히 알고 있는 인간의 장점, 즉 협동을 통해 자녀 양육을 가장 잘할 수 있다고 결론짓는 것은 작은 한 걸음이다. 하지만 인간이 아이를 키우기 위해서 협동하게 될 방법에 관해 왜 하나의 '표준 모델'이 있다고 생각해야 하는지 그 이유는 분명하지 않다. 심지어 그보다 더 불분명한 것은, 아마도 피셔가 생각하는 것처럼, 그 표준 모델이 하필 오늘날 여기서 문화적으로 지배적인 모델일까 하는 것이다. 하지만 우리가 피셔의 표준 모델을 거부한다는 것이 곧 다른 모델을 표준으로 결론지어야 한다는 의미는 아니다. 크리스토퍼 라이언과 커실다 제타는 『왜 결혼과 섹스는 충돌할까』에서 이렇게 말한다. "진화의 무도덕적 작용은 간직할 수 없는 비밀을 가진 종을 만들어왔다. 호모 사피엔스는 뻔뻔스럽게, 부정할 수 없이, 불가피하게 성적으로 진화해왔다."[12] 나아가 그들은 일부일처 단혼제는 우리 본성에 반하기 때문에 하나의 투쟁이라고 주장한다.

여기서 우리는 다른 이론과 마찬가지로 인간 '본성'에 대한 또 하나의 만능 사이즈 주장을 마주한다. 마치 피셔는 파란색이 인간의 자연적인 눈동자 색깔이라고 주장하고 있고, 이어서 라이언과 제타는 초록 눈동자를 가진 사람도 많다는 걸 주목하고서 초록색이 인간의 자연적인 눈동자 색깔이라고 맞서는 형국이다. 일부 사람들은 실제로 단혼제를 끔찍한 투쟁으로 여기지 않는다. 그들은 그것이 완벽하게 '자연스럽'고 기쁘고 옳게 느껴진다고 말한다.

심리학자 라파이엘 울로다스키Rafael Wlodarski와 존 매닝John Manning, 로빈 던바Robin Dunbar는 새로운 연구에서, 인간의 '짝짓기 전략'과 관련해 두 가지 서로 다른 '표현형'이 있다는 생각을 옹호했다. 그들은 남성과 여성 모두 두 유형으로 나뉘는 사례를 구성하는데, 남성의 57퍼센트가 난교를 선호하는 반면 여성은 43퍼센트가 선호한다. 이들은 「머물 것인가, 떠돌 것인가? 남성과 여성 모두의 대안적 짝짓기 전략 형태에 대한 증거Stay or Stray? Evidence for Alternative Mating Strategy Phenotypes in Both Men and Women」라는 2015년 논문에서 이 연구 결과를 제시했다.[13] 그러나 제목이 암시하듯, 이 논문은 관계 선호의 두 가지 모델만을 비교할 뿐이다. 하나는 장기적인 단혼제적 유대고, 다른 하나는 단기적인 난잡한 유대가 그것이다. 웬일인지 평생 지속되는 비단혼제적 유대에 대한 선호는 보이지 않는다. 일련의 단기적 단혼제를 선호하는 사람들도 없다. 사실 저자들은 관계의 수와 지속성은 서로 다른 것임을 깡그리 망각하고서, 마치 '장기적'과 '단혼제적'이라는 말이 동의어인 것처럼 "인간은 사실 단기적 (난잡한) 짝짓기 표현형과 장기적 (단혼제적) 짝짓기 표현형으로 구성되어 있다"는 식의 주장을 하고 있다. 두 개의 장기적 관계를 유지하며 다자간 연애를 하는 독자인 나에게, 그들은 그저 개념을 혼동하는 것처럼 보인다.

우리가 쉽게 이해할 수 있는 단순한 모델을 찾으려는 것은 유혹적이지만 로맨틱한 사랑의 실제는 단순하지 않다. 복잡한 상황을 지나치게 단순화하는 것은 좋은 과학이 아니며 좋은 철학도 아니다. 나는 인간관계에서 하나의 표준적인 모델이 우리 생물학 속에 내장되어 있다는 확신할 만한 증거를 아직 보지 못했다. 두 가지 유형을 가정한다는 것은 옳은 방향으로 내딛는 한 걸음이지만 아주 작은 걸음이다. 하나의 종으로서 오늘날의 인류는 로맨틱함과 관련해서는 매우 다양한 무리다. 우리에게 '자연스럽게 다가오는' 것은 매우 다양하다. 우리의 무한한 다양성은 어느 한두 가지 표준 모델로 축소될 수 없다.

나머지 모두를 배제하고

지금까지 우리는 로맨틱한 사랑에 관한 생물학적 이론을 이용해 어떻게 사랑을 특정 젠더 역할, 단혼제와 연결하는지 보아왔다. 또한 젠더와 단혼제를 다른 것들과 연결하는 데도 로맨틱한 사랑의 생물학적 이론을 이용하는 경우도 있다. 예를 들어 피셔는 여성의 궁핍함이 로맨틱한 사랑이 진화한 이유이며, 따라서 궁극적으로는 우리 조상들이 단혼제를 이루게 된 원인이라고 생각한다. 오늘날 우리는 단혼제란 여성은 간절히 원하지만 남성은 툴툴거리며 동의하는 제도라고 이해하도록 사회적으로 강력하게 조건화되어 있다. 하지만 실제로 여성이 단혼제를 원한다는 주장에 대한 증거는 무엇일까?

오늘날 행해진 일부 조사들은 오히려 그 반대를 주장한다. 여성들이 적어도 남성들만큼이나 단혼제와 투쟁할 수 있다는 것이다. 이성애 여성은 장기간의 단혼제적 관계에서 성욕을 잃게 되는 경우가 남성의 경우보다는 훨씬 많은 것으로 나타난다. 심리학자 디트리히 클루스만Dietrich Klusmann은 2,500명의 참가자의 설문자료를 조사했고, 남성들과 여성들이 관계 초기에는 서로에게 똑같은 욕정을 느낀다는 사실을 발견했다. 그러나 관계가 진행될수록 "여성들에게서는 성욕이 감소하지만 남성들의 경우는 그렇지 않았다."[14] 또 다른 조사도 여성의 성적 특질이 전형적으로 기존에 확립된 친밀감을 향한다는 가정에 의심을 품게 만든다. 심리학자 메러디스 치버스와 어맨다 티머스는 이성애 여성의 경우, 오래된 파트너와의 만남이나 낯선 남성과의 만남에 관한 에로틱한 이야기에 종종 생식기 흥분을 일으킨다는 점을 발견했지만, 동시에 피험자들의 친구들에 관한 에로틱한 이야기는 비록 기존의 친밀감이 있음에도 비교할 만한 수준

의 생식기 흥분을 끌어내지 않는다는 점 또한 주목했다.[15]

이른바 여성의 '자연적인' 선호의 증거를 어디서 찾아야 하는가 하는 방법론적인 질문은 중요하다. 단혼제를 선호하게끔, 그리고 그 선호를 표현하게끔 하는 강력한 사회적 압력이 만들어낸 조건들 때문에 여성들이 '자연적으로' 무엇을 선호하는지 찾아내는 일은 복잡하다. 단순히 여성들이 무엇을 원하는지 묻는 것은 자칫 조건화된 답을 끌어내기 쉽다. 오랜 단혼제적 파트너에 대한 욕구 감퇴나 낯선 이의 에로틱한 이야기가 불러일으킨 흥분 같은 것들을 측정함으로써 우리는 사회적 조건화 이면에 감춰진, 약간은 다른 '자연적인' 선호 패턴을 알려줄 간접적 증거를 모을 수 있을 것이다.

또한 우리는 이 대목에서 피셔의 표준 모델 접근법이 지닌 또 다른 문제를 마주해야 한다. 로맨틱한 사랑이 단혼제에 대한 여성의 자연적 욕구에 근거한다는 가정에 질문을 던질 수 있는 것처럼, 우리는 로맨틱한 사랑이 자연적으로 이성애를 통한 번식에 맞춰져 있다는 가정에 질문을 던질 수 있다. 피셔는 『우리가 사랑하는 이유』에서 동성 간의 로맨틱한 사랑에 관해서는 최소한도로 언급하고 약간은 사후 검토하는 듯한 인상을 준다.[16] 사실 그녀의 표준 모델을 고려한다면, 피셔는 동성 간의 사랑을 일종의 종 표준에서의 일탈, 개인적 발달차의 수준에서 설명해야 하는 것으로 취급해야 한다. 예를 들어 그녀는 "모든 문화의 게이들과 레즈비언들 역시 로맨틱한 열정을 느낀다……. 그들은 자궁 속에서 자라는 동안이나 유년기 동안에 열정을 쏟을 다른 대상을 발전시킨다"고 말한다. 피셔의 그림에서 동성 간 사랑은 이성애적 번식을 목적으로 진화한 기제가 개인적으로 불발한 정도로 보인다.

그러나 만약 이성애적 번식을 위한 짝짓기가 처음부터 '표준모델'로 내장되어 있다면 동성 간의 사랑은 개인적 일탈에 대한 설명을 요구할 뿐이다. 우리가 로맨틱한 사랑은 기본적으로 이성 간의 것이라고 생각하게끔 사회적으로 강하게 조건화되었음을 고려한다면, 생물학이 그렇게 되게끔 만들었다고 가정하는 것을 경계해야 한다. 우리는 증거를 볼 필요가 있다. 그러나 이번에도 생물학과 진화에 관해 우리가 진정 무엇을 알고 있는지 들여다볼 때, 대안적인 설명은 얼마든지 찾을 수 있다. 로맨틱한 사랑은 개인 사이의 강렬한(종종 성적으로 굳어지는) 유대를 촉진함으로써 협동을 통해 다양한 활동(중요한 것들이 많지만 특히 양육을 포함하는)을 하도록 진화했다고 가정해보자. 이는 상자 밖의 더욱 포괄적인 이론을 제시한다. 만약 우리가 사랑이란 원래가 번식을 위한 '남성-여성'의 짝짓기에 관한 모든 것이라는 가정에서 출발하지 않는다면, 나중에 일종의 일탈로서 동성 간 사랑을 수용하기 위해 물러설 필요가 없을 것이다.

과학적 방법론은 직감을 믿기보다는 우리 가설에 대한 증거를 찾으라고 권고한다. 로맨틱한 사랑의 과학에서는 이것이 어느 때보다 중요한데, 로맨틱한 사랑의 과학은 정치적으로 의미가 있고, 사회적으로 매우 중요하며, 인간 본성과 젠더, 양육, 그리고 좋은 삶을 만드는 것이 무엇인가 하는 질문과 관련한 우리의 깊은 생각과 밀접하게 연결되어 있기 때문이다. 이 분야야 말로 우리가 정확한 직감을 가지기 무척 힘들지만, 우리의 형편 없는 직감이 계속해서 객관적인 과학으로 제시되는 바로 그런 분야다.

합성 이미지

사랑에 관한 우리의 직감은 갑자기 나타난 게 아니다. 우리가 기억할 수 있는 오래전부터 사랑이 무엇인가 하는 이론은 우리에게 제시되곤 했다. 다시 K-I-S-S-I-N-G 라임을 생각해보자. 그 라임처럼 소박하고 순진해 보이는 것이 사랑이 무엇인지, 그리고 무엇을 하는지에 관한 많은 정보를 담고 있다. 이 라임은 어린이들의 머릿속에 피셔의 표준 모델의 본질에 필적하는 사랑의 이미지를 창조하고 세대에서 세대로 이어지는 동안 그 이미지를 지속하는 역할을 한다.

그리고 나머지 엄청나고 다양한 문화 산물들도 똑같은 목적에 이바지한다. 고급 미술(클림트의 〈키스〉 속 두 인물과 그 젠더화된 신체를 재현한 그림이 얼마나 많은 정보를 전달하는지 생각해보라)과 문학(『로미오와 줄리엣』은 이성 간의 로맨틱한 비극의 궁극적인 고전이다)부터 종교(우리는 아담과 이브의 이야기와 그것이 로맨틱한 젠더 역할에 미친 영향을 해독하며 몇 년이고 보낼 수 있을 것이다), 대중적인 로맨틱 코미디 영화(〈해리가 샐리를 만났을 때〉이지 〈해리가 배리를 만났을 때〉가 아니며, 〈해리가 배리와 샐리를 만났을 때〉는 더더욱 아니다)에 이르기까지 모든 것이 그렇다. 그리고 밸런타인데이가 다가올 무렵의 쇼윈도 디스플레이나 관계 상담란, 약혼반지 광고는 물론이고 '여자가 원하는 것'과 '남자를 붙잡아두는 법'에 관해 원하지도 않았는데 끝없이 쏟아지는 정보들도 마찬가지다. 그런 것들은 끊임없이 넘쳐난다. TV 시리즈 〈제시카 존스Jessica Jones〉에서 "나는 사랑이 처음이지만 사랑이 어떤 건지는 알아. 텔레비전을 보거든!"이라고 말할 때의 킬그레이브는 그 표지에서 멀리 떨어져 있지 않다.[17]

로맨틱한 사랑에 대한 이 모든 재현이 더해져서 로맨틱한 사랑이 어떤 것인지에 대한 합성 이미지가 된다. 내가 합성 이미지라는 은유를 활용한 것은 수많은 개별 재현 작품들이 겹쳐지고, 패턴이나 윤곽이 서서히 나타나는 방식을 연상시키기 위해서다. 턱 모양이 비슷하지만 머리 스타일은 다른 사람들을 찍은 사진 수천 장을 덧씌워서 한 인물의 합성 이미지를 만든다고 상상해보라. 그 합성 이미지에서 턱의 윤곽은 선명한 특징으로 나타나겠지만 머리 부위는 뒤죽박죽 흐릿해질 것이다.

우리는 로맨틱한 사랑의 합성 이미지에서 떠오르는 윤곽들을 살펴봐야 한다. 우리의 문화에 스며든 그 모든 재현을 겹쳐놓았을 때 선명하게 나타나는 특징들 말이다. 이런 윤곽 중 하나가 로맨틱한 사랑이 한 사회를 조직하는 데 기능하는 방식이다. 그것은 막강하고 잠재적으로는 파괴적인 감정과 욕망의 꾸러미를 지배하면서(어쩌면 길들인다고 할 수도 있을 것이다) 그것들을 안전하고 안정적인 핵가족 구조로 돌리는 역할을 한다. 사랑과 섹스, 결혼, 번식의 연결관계는 모두 이것과 연관되어 있다. 그리고 로맨틱한 사랑은 파트너를 고르는 개인에게 선택권을 행사하도록 허용하는 어떤 것으로 떠오르지만, 그 선택이 어떻게, 왜 제한되는지 이해하는 것이 중요하다.[18] 단 하나의 구성물(영구적이고 단혼제적인 이성애 커플, 즉 '전통적인' 핵가족을 이끄는 그런 단위) 내에서 그것의 발전을 장려하는 한편 나머지 모든 형태를 단념시킴으로써 성적 특질과 강렬한 유대관계를 규제하는 것이 로맨틱한 사랑이 하는 역할의 일부다. 특히 인종과 계급을 기반으로 종종 다른 규제가 작용하기도 한다. 여기서 특권적 형태는 결혼처럼 가장 온전하고 쉽게 사회적·법적 혜택에 접근이 가능해서 선호되는 형태다. 다시 말해 잠재적으로 파괴적인 사회의 낙인과 거부의 위험을 최소화하기 위해 우리가 선택해야 하는 형태, 그리고 모든 형태의 예술, 문화, 사회적 삶을 통틀어 가장 널리, 가장 공공연히 대변되고 기념되는 형태인 것이다.

여기서 요점은 단지 이 형태가 나머지 것들을 희생한 대가로 소중히 여겨지고 장려되고 있다는 것만이 아니다. 물론 그것도 중요하지만,[19] 그보다 더 적절한 요점은, 한 가지 특정 형태에 대한 이 모든 재현과 축하가 지금과 같은 모습의 로맨틱한 사랑을 만드는 데 큰 역할을 한다는 것이다. 바로 이런 기제를 통해 우리는 하나의 사회로서, 로맨틱한 사랑에 대한 우리의 합성 이미지에서 떠오르는 뚜렷한 윤곽을 집단적으로 창조하고 유지한다. 그 이미지는 시대에 따라 변하고, 상당한 정도로 우리의 집단 통제를 받는다. 하지만 그것은 사랑이 무엇인지, 그리고 무엇을 하는지를 사회적 수준에서 형성하고 규정하면서, 우리가 따라야 할 대본을 우리에게 내어준다.

작은 생물학이 먼 길을 간다

피셔가 사랑의 생물학에 기인한다고 말하는 특징 가운데 다수는 사실상 사랑이 무엇인가 하는 이야기의 일부일 것이다. 하지만 그 특징들은 사랑의 사회적 대본에서 기인했다는 게 더 타당하다. 실제 생물학이라기보다는 생물학적인 이론을 구축하려 했던 사람은 피셔가 처음이 아닐 것이다. 그리고 마지막도 아닐 것이다. 단혼제적 이성애의 번식을 위한 현재 핵가족 규범의 모든 것이 생물학적 설계에 따라 사랑 속에 프로그램되었다는 설득력 있는 증거는 어디에도 없다. 그럼에도 이런 규범들은 로맨틱한 사랑의 사회적 대본 속 요소요소에 깊이 배어 있다. 그런 규범은 우리의 합성 이미지에서 뚜렷하게 드러나는 윤곽에 속한다. 그렇다고 그것들이 조금이라도 덜 실제적이라는 뜻은 아니지만, 그럼에도 형이상학적이고 실용적인 관점에서 그 차이는 중요하다.

기본적으로 나는 피셔가 말하는 사랑의 생물학 이론 중 한 부분집합에 설득된다. 증거와의 튼튼한 연관성을 볼 수 있는 부분들 말이다. 이것들이 무엇이고 왜 그렇게 중요한지 잠깐 간단히 설명해보자. 우선 나는 로맨틱한 사랑이 종종 특정 두뇌 부위, 특정 화합물과 관련이 있다는 피셔의 증거를 믿는다. 이는 로맨틱한 사랑과 나머지 것들 사이의 물리적 유사성을 이해하는 데 도움이 된다. 예를 들어 옥시토신은 로맨틱한 사랑과 부모의 유대 두 가지 모두와 관련이 있으며, 도파민은 로맨틱한 사랑은 물론 더욱 일반적으로는 보상체계에도 관련이 있다. 이런 식으로 사랑을 생각한다면 인간 생물학의 모든 측면이 그렇듯, 사랑의 생물학도 사람마다 다르다는 점을 상기시킬 수도 있다.

둘째로 나는 생물학적 기제가 수백만 년에 걸쳐 진화한 로맨틱한 사랑과 관련되어 있다는 피셔의 말에 동의한다. 로맨틱한 사랑이 진화했다고 인정하기 위해 우리는 그것이 왜 진화했는지에 관한 피셔의 특정한 설명까지 받아들일 필요는 없다. 이 점이 중요한데, 그 얘기는 사랑의 생물학이 지금 우리가 사는 것과는 매우 다른 조건에서 나타나고 있었음을 뜻하기 때문이며, 바로 그런 이유로 해서 우리는 현대 사회의 요소들을 생물학에 투영하는 것을 경계해야 한다.

이 모든 것을 아는 게 중요한 이유는 지식이 곧 힘이기 때문이다. 사랑의 생물학을 밝히는 작업은 로맨틱 신비를 해체하기 위한 한 걸음이다. 사랑은 알 수 없는 것이라거나 우리가 너무 많이 생각해서는 안 될 마법적인 것이라는 관념의 영향력을 빼앗는 한 걸음이다. 생물학적으로 우월한 인종이나 젠더란 없다고 많은 사람을 확신시키기까지는 오랜 세월에 걸친 진지한 과학적 연구가 필요했다는 사실을 잊지 말자. 사랑의 생물학을 제대로 파악한다면 사랑에는 생물학적으로 우월한 한 방법이 있다는 관념을 풀어헤쳐버리는 데 도움이 될 것이다.

하지만 로맨틱한 사랑은 그 생물학적 개요에 덧붙여 사회적 기능을 가진다. 성인들 사이에 발생하는 이끌림과 애정을 재료로 투입해 핵가족의 핵 비슷한 것을 결과물로 산출하는 기능 말이다. 이런 관점에서 사랑은 한 등장인물을 연기하는 배우와 비슷하다. 사회적 역할이 있고, 그다음에는 그 역할을 하는 생물학적 기제가 있다. 피셔의 연구를 비롯해 나머지 생물학자들의 연구는 중요하지만, 그것은 이 이야기의 절반밖에 말해주지 않는다.

그런데 특정 배우들이 특정 역할을 하도록 선택되는 것은 전혀 우연이 아니다. 배우들은 저마다 한 부분에서는 훌륭한 캐스팅이라고 할 만하지만, 또 다른 부분에서는 역할에 어울리지 않는 특징을 가지고 있다. 이와 비슷하게 우리 안의 특정 생물학적 상태가 로맨틱한 사랑의 사회적 역할을 한다는 것도 전혀 우연이 아니다. 하지만 일부 캐스팅 결정이 다른 결정보다 더 나은 것처럼, 사랑의 생물학과 그것이 연기하도록 되어 있는 사회적 역할 사이에 약간의 부조화가 있을 수 있다. 한 예로 사회는 생물학에 비해 매우 빠르게 변화한다. 과거에는 훌륭한 캐스팅 결정이었을 것이 얼마 안 가 나쁜 결정이 될 수 있다.

우리는 이것 아니면 저것이 사랑의 '실제' 성격이라고 선택해야 한다는 압박감이 없이, 생물학과 사회의 상호작용에 관한 이런 질문들을 탐색할 수 있어야 한다. 이와 반대로 사랑의 생물학 이론과 사회적 이론 모두에 포함된 통찰과 지혜를 조화시켜야 한다. 그 방정식의 어느 절반에 대해 지적 파산을 선고하지 않으면서 생물학 이론에 사회비평을 적용하고 그 역으로도 할 수 있어야 한다. 그리고 그러는 내내 생물학적 수준에서, 사회적 수준에서, 그리고 그 둘 사이의 상호작용에서 나타나는 다양성을 수용해야 한다.

나는 이 모든 것을 수용할 공간을 마련하기 위해 로맨틱한 사랑에 관한 내 이론을 맞춤 설계했다. 우리는 이제 더는 반쪽 이론으로 꾸려나갈 수는 없다. 만약 우리가 큰 그림, 놀랄 만큼의 온갖 다양성을 자랑하는 사랑을 보지 않는다면 말이다.

하나의 답이 없는 반항자

지금까지 내가 로맨틱한 사랑에 관해 아는 게 있다면, 그것이 누구에게나 맞는 만능 사이즈 현상이 아니라는 것이다. 그러나 여전히 질문 하나가 남아 있다. 그것이 나에게 맞는 걸까? 내가 부모님에게 느끼는 사랑은 '로맨틱한' 것일까?

짐작했겠지만 내 대답은 이원적이다. 그렇다와 그럴지도 모르겠다는 것이다. '그렇다'는 생물학적 측면을 말한다. 나의 생물학은 로맨틱한 사랑의 생물학이 그렇다고들 말하는 외형을 닮았다고 제법 확신한다. 공정히 말하면, 나는 아직 내 두뇌 안에서 벌어지는 일을 확인하기 위해 두뇌 스캔을 받아본 적이 없다. 하지만 도파민이, 옥시토신이, 그리고 기타 등등이 제 할 일을 하는 것 같다고 보고할 수 있다. 예전의 나는 단혼제적 일대일의 사랑을 한 적이 있는데, 그때도 느낌이 매우 비슷했다. 그래서 나는 계속 진행할 것이며 그 생물학이 일어나고 있다고 말할 것이다. 배우는 준비되었다.

그 사랑이 내가 사는 시대와 장소에서 로맨틱한 사랑으로 간주될 만큼 올바른 사회적 역할을 하고 있는가 하는 문제라면, 바로 여기서 '그럴지도 모르겠다'는 답을 해야겠다. 나는 잘 모르겠다. 그 사랑이 불가능하지는 않다. 로맨틱한 사랑이 사회 구성물이라는 나의 합성 이미지 이론은 모든 경우에 모든 '규범적' 특징이 모두 존재하지 않아도 된다고 허용한다. 동성의 젠더와 사랑에 빠졌다고 간주되는 많은 커플은 결혼하거나 아이를 가질 계획이 없으며, 또는 다른 방식에서도 그 합성 이미지가 우리에게 제시한 대본을 그대로 따르지 않는다. 하지만 지금 여기서 내 상황을 명확히 재단하기에는 여전히 단혼제는 핵심적 규범에 지나치게 가까울지도 모른다. 이에 대한 한 가지 지표로, 베릿 브로가드는 『로맨틱한 사랑에 관하여』에서 비단혼제적 관계를 사랑의 '중간 사례'로 분류하는데, 상대가 "당신에게 빠진 것만은 아닌" 상황도 이에 포함된다.[20] 어쩌면 단혼제가 아직도 대본 속에 너무도 단단히 뿌리박고 있는 까닭에 현대사회라는 쇼에서 나의 생물학적 배우는 로맨틱한 사랑을 연기하는 것으로 여겨지지 않는다.

하지만 나는 현대 사회의 무엇을 신경 쓰고 있는 걸까? 나는 그냥 태평스러운 반항자가 될 수는 없는 것일까? 사실 그럴 수는 없다. 나는 반항자일 수는 있지만, 태평스러운 반항자일 수는 없다. 내가 살고 있는 사회에서 연애 규범성의 심리적 영향(로맨틱한 사랑을 하고 있지 않다면, 적어도 그것을 기대하고 있지 않다면, 삶을 잘못 살고 있다는 생각)을 피하기란 불가능하다. 나는 지적 수준에서는 그것에 동의하지는 않지만, 내면화된 태도를 버리기는 힘들다. 내가 알고 지내는 거의 모든 사람에게는 그 가정이 너무 지배적이기 때문에, 내가 개인적으로 동의하든 동의하지 않든 상관없이 그것을 무시하기가 힘들다. 똑같은 맥락에서 나는 단혼제 규범을 계속 신경 쓸 수밖에 없는데, 너무나 많은 사람이 그것을 신경 쓰고 있기 때문이다. 그리고 무엇보다도 내 상황이 로맨틱한 사랑의 진정한 경우로 여겨지는지 아닌지 신경 쓰지 않기가 불가능한데, 그렇게 인정받는다는 것이 사람들에게 내 관계를 진지하게 받아들이도록 확신시키는 강력한 방법일 수 있다는 걸 알기 때문이다.

그래서 나는 '그럴지도 모르겠다'가 슬프다. 그러나 나의 철학적 작업은 내가 애초에 원했던 답을 주고 있지는 않아도, 그 이상의 많은 것을 주고 있다. 그것은 실질적인 질문이 무엇인지, 그리고 왜 그런 질문들이 중요한지 알게 해준다. 철학은 이번에도 나에게 쉬운 길을 허락하지 않았다. 내가 바라던 답을 얻었을 경우보다 훨씬 더 많이 철학에 감사하는 마음이다.

이 상황에서 좋은 소식이 있다. 로맨틱한 사랑은 흔히 가정하는 것보다 훨씬 더 포괄적인 현상이 될 잠재력을 가지고 있다. 지금까지 내 생각을 토대로, 나는 사랑이 변화할 여지가 얼마나 많은지 조금씩 이해하기 시작했다. 적어도 사랑의 사회적 역할은 상당히 가단성可鍛性이 있다. 어쩌면 사랑의 생물학 역시 그럴 것이다. 사랑의 생물학은 그런 것들이 비현실적이지 않은 지점까지 진보하고 있다. 지금 당장 내가 사랑에 관해 불만스러워하고 있든 그렇지 않든, 나는 사랑이 앞으로도 영원히 그럴 것이라고 가정하지 않아도 된다. 그리고 그것은 희망적인 생각이다.

그 희망을 가슴에 품고서 앞으로 몇 장에 걸쳐 로맨틱한 사랑이 시대마다 변해온 약간의 과정과 여전히 변해야 할 것으로 무엇이 있는지 살펴보기로 하자.

5장

공사 중:
변화하는 사랑의 역할

What Love is

돌담이 사랑을 막을 수는 없어요.
사랑이 시도하는 건 사랑의 힘으로 이뤄지시요.

— 윌리엄 셰익스피어, 『로미오와 줄리엣』

우리는 어떤 바보일까?

일단 사랑의 이원적 성격을 이해했다면, 우리는 사랑의 생물학 이론과 사회적 이론이 서로 경쟁하고 있다는 관념 전체를 다시 곱씹어볼 수 있다.

경쟁에 관한 그런 생각은 어디서 나왔을까? 어쩌면 사람들 자신이 이분법적 범주로 분류하기를 좋아하는 것인지 모른다. '진보적'인가, '보수적'인가? '남성'인가, '여성'인가? '동성애'인가, '이성애'인가? 심지어 우리는 이분법이 분명히 별 의미가 없을 때조차 그렇게 한다. '고양이형 인간'인가, '강아지형 인간'인가? 이런 현상은 최근 고객에게 두 가지 선택지를 급하게 던지는 커피숍의 팁 넣는 쌍둥이 단지의 형태로 나타나곤 한다. '해'로 하시겠어요, '비'로 하시겠어요? '초콜릿'으로 하시겠어요, '바닐라'로 하시겠어요? 생활의 모든 영역에서 이렇게 하도록 우리를 유도하는 기제는 어쩌면 '사랑은 생물학'인가, '사랑은 사회'인가 중에 선택해야 한다는 생각을 우리에게 주입하는 역할을 해왔을 것이다.[1]

문제는 언제든 그런 선택을 할 때마다, 더욱이 중요한 것에 대해서는 우리가 곧잘 내집단의 일부처럼 느끼고는 다른 선택을 하는 사람들을 외집단으로 만들어버리기가 쉽다는 것이다. 이 것은 우리 자신을 포함한 나머지 모든 사람에게 우리 내집단 이 우월하고 외집단이 열등하다고 과시하고 싶은 유혹으로 우 리를 방해한다. 실제로 우리는 너무도 빨리 그에 반대되는 모든 증거에 대해 불합리한 저항감을 가질 수도 있다.[2]

나는 바리스타의 팁을 보장하기 위해 우리 심리학의 이런 요 소를 활용하는 것에는 전혀 이의가 없지만, 그것이 복잡한 세계 를 이해하려는 우리 노력을 방해하는 것처럼 보일 때는 걱정스 럽다. 사랑에 대한 생물학적 이해와 사회적 이해가 경쟁하는 외 형은 그 두 가지 모두를 약화한다. 외집단이 열등하다는 걸 증 명하려고 애쓰는 과정에서 사랑의 사회 이론가들은 '비과학적' 이고 '무지'하다고 묵살당할 수 있고, 생물학 이론가들은 '세련 되지 못하다'든가 '무비판적'이라고 매도될 수 있다. 우리는 우리 가 속하지 않은 집단의 통찰에서 무언가를 배우는 대신 그저 서로를 이런 바보 저런 바보라 여기고 무가치하게 본다.

우리는 이런 유혹에 저항해야 한다. 그렇게만 한다면 사랑에 관해 얼마든지 더 많은 것을 배울 수 있다. 사랑이 시대에 따라 왜, 어떻게 변하는지 이해하는 것과 관련해서는 더욱 그렇다. 변 화의 과정을 이해하려면 사랑의 생물학적 성격과 사회적 역할 이 어떻게 서로 맞물려 있는지, 그리고 그것들이 분리될 때는 어떻게 되는지 이해해야 한다.

외계인 대 19세기 레즈비언

어딘가 외계 행성에 오늘날의 북아메리카 사회와 매우 비슷한 외계사회가 존재한다고 상상해보자. 그 사회에는 외계인의 로맨틱 코미디, 외계인의 결혼식, 외계인 젠더들(우리와 같은 뚜렷한 번식적 역할과 결부된), 외계인의 서로 아껴주는 관계, 하나의 문화적 규범으로서 외계인의 단혼제적 암수 한 쌍 관계 등등이 가득하다. 다시 말해 지금 여기 우리의 것과 정확히 똑같은 로맨틱한 사랑의 사회적 역할을 구축해온 외계문화를 상상하자는 것이다. 하지만 이 외계인들을 구성한 생물학적 기제는 우리의 것과는 완전히 다르다. 도파민과 옥시토신 대신에 이 외계인들의 두뇌 속에는 아무런 화학물질이 없을 수도 있다. 어쩌면 그들의 머리에는 지렛대와 도르레 장치가 가득할지도 모른다. 아니 어쩌면 그들에게는 아예 머리가 없을지도 모른다.

문제는 이 외계인들이 사랑에 빠질 능력이 있는가, 없는가 하는 것이다. 만약 사랑이 우리 생물학에 속한 어떤 것이라면, 우리는 이 외계인들은 사랑에 빠지지 않는다고 말해야 할 것이다. 그들은 적절한 생물학적 물질로 만들어지지 않았으니까. 아마도 그들은 사랑 비슷한 무언가에 빠질지 몰라도, 그들이 문자 그대로 사랑에 빠진다고 말하는 것은, 만약 그들에게 심장(사실은 없는)이 있을 때 심장이 있을 곳을 움켜쥐고 쓰러지는 일이 가끔 있다는 이유만으로 그들에게도 '심장마비'가 일어난다고 말하는 것과 비슷할 것이다. 심장이 없으면 심장마비도 없다. 두뇌의 화학작용이 없으면 로맨틱한 사랑도 없다. 생물학적 이론은 그렇게 말한다.

반면에 만약 사랑이 사회적 구조라면 우리는 이 외계인들이 사랑에 빠진다고 해야 할 것이다. 그들은 모든 것을 제대로 하고 있으니까 말이다. 그들은 '한 사람'을 만나고 그 한 사람에게 매우 세심히 신경 쓰며 유대를 형성하면서 삶을 쌓아가고, 외계인식의 결혼을 하고 외계인의 자녀를 낳아 같이 키우고 등등의 일을 한다. 연출이 서로 다른 작품에서 서로 다른 배우가 햄릿을 연기할 수 있는 것과 똑같이 서로 다른 존재 안에서 서로 다른 부류의 생물학적 기제가 로맨틱한 사랑 역할을 할 수 있다. 사회 구성주의자들은 그렇게 말한다.

하지만 나는 생물학과 사회 중에서 선택하는 대신에 로맨틱한 사랑은 현대의 사회적 역할을 구현하는 오래된 생물학적 기제라고 말하고 있다. 그렇게 되면 우리의 외계인이 정말 사랑에 빠질 수 있는가 하는 질문에 대한 답은 조금 더 복잡해진다. 답은 그렇기도 하고 아니기도 하다. 이 외계인들은 사회적 수준에서는 사랑에 빠지지만 생물학적 수준에서는 그렇지 않다. 이원적 성격 이론가들에게 이 외계인들이 사랑에 빠지느냐고 묻는 것은 햄릿을 연기하는 서로 다른 두 배우를 보고서 그들이 '똑같은 사람'이냐고 묻는 것과 같다. 여기서도 역시 답은 그렇기도 하고 아니기도 하다. 인물은 같고 배우는 다르니까 말이다.

만약 우리가 문제를 다른 방향에서 바라보면 어떻게 될까? 생물학은 똑같고 사회적 역할이 바뀐다고 한다면? 누군가가 사랑에 빠졌다고 여길 만한 적절한 생물학적 상태에 있지만 로맨틱한 사랑의 사회적 역할이 특정 사람들을 배제한다는 이유로 그 역할을 할 수 없게 저지당하고 있다면? 이 시나리오를 이해하기 위해 굳이 공상과학을 동원할 필요는 없다. 그 예로 19세기 말 영국에서 레즈비언 커플의 상황을 생각해보자. 생물학적으로 말해서 그들은 사랑을 하고 있다. 로맨틱한 사랑과 관련된 그들 두뇌의 일부 영역은 활동적이며, 그들은 옥시토신, 도파민 등등의 영향을 받고 있다.[3] 그러나 로맨틱한 사랑의 사회적 역할에 가해지는 융통성 없는 이성애 규범의 제약 때문에, 이들의 생물학적 상태는 그 제약이 없었다면 할 수 있는 것들을 하지 못한다. 그런 제약들은 이 여성들이 결혼하거나, 공개적인 애정 표현을 하거나, 같이 아이를 키우거나, 핵가족을 이루는 것을 가로막는다. 사회적 규범은 로맨틱한 사랑과 관련된 모든 부류의 유대에 관여할 능력을 심각하게 축소해버린다.

사랑에 관해 사회 구성주의를 옹호하는 심리학자인 앤 벨과 로버트 스턴버그는 이런 사례를 문화에 따라 사랑이 변하는 예로 제시했다. 그들은 19세기 말과 20세기 초에 일부 여성들이 경험하고 글로 묘사했던 관계, 키스와 애무 같은 신체적 요소를 포함하는 감정적으로 강렬한 여성 친구와의 관계를 주목한다. 그러나 그 여성들은 이것을 사랑의 경험으로 분류하지 않았다. 당시 로맨틱한 사랑의 사회적 역할은 동성 간의 사랑을 허락하지 않았다. 그것은 논의조차 되지 못했다. 로맨틱한 사랑은 명백하게, 그리고 결정적으로 '이성 간의 사랑'으로 생각되었다.

이후 영국 사회에서 로맨틱한 사랑의 사회적 역할은 줄곧 확장되어 레즈비언의 로맨틱한 사랑을 포함할 여지가 생겨났다. 2014년부터 영국 여성들은 선택만 한다면 다른 여성과 결혼할 수 있다. 차별은 계속 남아 있지만, 이는 200년 사이에 사랑의 사회적 역할에 커다란 문화적 변화가 일어났음을 말해준다.

마음을 탈옥시켜라

역사를 조금 안다면 사랑의 사회적 역할이 시대에 따라 변화해 왔다는 것을 배우게 된다. 그러나 왜, 그리고 어떻게 변하는지 이해하기 위해서는 더 많은 노력이 필요하다.

19세기 레즈비언들을 현재 우리의 관점에서 설명할 때, 우리는 "그들은 서로 사랑하고 있었다"고 말하고 싶을 것이다. 우리 관점에서 그들은 모든 조건을 충족하기 때문이다. 그들은 지금 여기 존재하는 것과 같은 사랑의 사회적 역할을 하기에 완벽하게 적합한 상태에 있었다. 단지 그런 상태가 기존의 이성애 규범성이 지배하던 당시에 구축되어 있던 사랑의 사회적 역할을 할 수 없었을 뿐이다. 19세기 이후 퀴어 피플의 방식을 바꿀 생물학적 변화는 없었다. 사회가 변했고 그 안에서 사랑의 사회적 역할이 변했을 뿐이다. 19세기 레즈비언들을 고려하면 이 변화의 과정에서 성패가 무엇에 달려 있는지 분명해진다. 이는 가상의 외계인들을 고려할 때와는 다르다. 그것은 우리에게 선택권과 책임이 있음을 말해준다. 우리는 배제·억제·탄압으로 나아가는 방식으로, 또는 포괄·표현·평등으로 나아가는 방식으로 사랑의 사회적 역할을 구축할 수 있다.

사회적 제약은 강력할 수 있지만, 사랑의 생물학 역시 강력하다. 퀴어 피플을 배제하는 사랑의 사회적 역할을 구축하려는 결의가 아무리 막강하다고 해도 퀴어 연애의 생물학적 기제를 꺼버리지 못했다. 시간이 흐르자 생물학이 승리했다. 사회적 역할은 사랑의 생물학적 실제에 더 잘 어울릴 만큼 확장되었다. 이는 내가 로맨틱한 사랑을 순전히 사회적으로 구축된 현상으로 여기지 않는 것이 중요하다고 생각하는 이유다. 사랑의 생물학과 그 사회적 역할 사이를 오가는 복잡한 왕복운동을 볼 수 있다는 것은 사랑의 사회적 역할에 왜 이런 변화가 일어나는지, 사랑이 왜 그 생물학의 고집에 따라 사회적 제약으로부터 벗어나는지 이해하는 데 중요하다.

하지만 이런 식의 사회적 변화에 대한 동기로서 사랑의 생물학을 이해하기 위해서는 우리 사랑의 생물학에서 그런 이해를 흐리게 만들 일종의 이데올로기 기반의 가정을 떨쳐내야 한다는 점을 명심하자. 지금 우리가 아는 사랑의 신경화학은 퀴어 연인이나 퀴어가 아닌 연인에게서 보이는 것이 거의 똑같다. 이는 사랑이 실체에 관한 생물학적 이야기의 일부이며, 이것이 퀴어의 사랑을 사회적으로 포용하자는 주장의 토대를 제공한다. 그러나 지금까지 우리가 사랑은 이성 커플에게 국한된 생물학적 필요성의 문제라고 가정해왔다면, 우리는 그 질문을 연구해

볼 동기조차 갖지 않았을 것이다. 오히려 더는 연구도 하지 않은 채 퀴어 연애를 사회적으로 포용하기를 거부하기 위한 '생물학적' 토대를 우리 자신에게 제공했을 것이다.

사람들은 온갖 이유로 로맨틱한 사랑의 사회적 역할로부터 배제당해왔다. 퀴어라는 사실은 사회계급이나 종교, 인종집단 등등의 이유와 함께 그중 하나다. 수상쩍은 '생물학'은 걸핏하면 그런 배제를 위한 구실을 공급했다. 그럼에도 진정한 사랑의 생물학은 왜 이런 배제의 관행 중 이느 것도 궁극적으로 지속될 수 없는가 하는 바로 그 이유를 제공한다. 로맨틱한 사랑의 역할을 둘러싼 이런 사회적 제약 중 어떤 것도 사람들이 아드레날린, 도파민, 옥시토신 등등의 쇄도를 경험하는 걸 막지 못했다. 사람들(생물학적으로 말해서)은 그들이(사회적으로 말해서) 사랑하지 못하게끔 거부되었을 때도 계속 사랑에 빠진다.

지금쯤 여러분은 사랑의 생물학이 과연 이런 식으로 고집스러운지, 그러니까 우리가 생물학적 결정론의 태도를 채택해야 하는지 고민하고 있을 것이다. 다시 말해 사랑의 생물학은 우리가 그것을 통제하거나 속박하기 위해 사회적 수준에서 기울이는 모든 노력을 압도하고 결국에는 승리할 거라고 결론지어야 할까?

연인들은 사랑할 것이다

우리는 이런 생물학적 결정론의 태도를 "연인들은 사랑할 것이다"라는 말로 요약할 수 있다. 이는 사랑은 그냥 일어난다는 관념을 단적으로 보여준다. 사랑은 자연의 생물학적 힘이며 누구의 통제도 받지 않고, 따라서 우리는 사실상 이를 바꾸거나 억제하기 위한 어떤 것도 할 수 없다. 예를 들어 사랑에 빠진다는 것이 사람들을 강박적이고 불안정하게, 또는 그 자신이나 다른 이들을 위험하게 만든다 해도, 또는 그것이 여성을 더 나은 둥지 제작자로, 남성을 더 나은 공급자로 만든다 해도 그것이 사랑이 작용하는 방식이다. 연인들은 사랑할 것이다.

무비판적인 생물학 결정론은 위험하다. 일부 사람들은 젠더 역할에 관해서도 생물학적 결정론을 적용한다. 그들은 남성이 여성보다 생물학적으로 더 경쟁적이고 공격적이며 불충실하다는 둥 이야기하면서 남자들이란 원래 그렇기 때문에 무슨 수로도 이를 바꿀 수 없다고 말할 것이다. 그런 다음 그들은 이 관념을 바탕으로 해로운 행동들이 '그저 자연적인' 것이며, 따라서 억제할 수 없다는 근거로 그런 행위를 대단치 않게 여기는 현 상태를 유지하고 정당화할 수 있다. 사실 젠더에 관한 생물학적 결정론과 사랑에 관한 생물학적 결정론은 나란히 간다. "연인들은 사랑할 것이다"는 "소년은 소년일 것이다"와 깔끔하게 나란히 정렬되는 경향이 있다.

극단적인 경우, 이 두 가지는 폭력 범죄를 정당화하거나 변명하는 데 활용될 수도 있다. 치정범죄와 그와 관련된 '도발' 정당 방위라는 관념은 부정한 아내를 폭력적으로 살해하거나 상해를 입힌 남성들, 또는 그들의 아내와 부정을 저지른 남성들, 또는 두 경우 모두에게 관대함을 보장하기 위해 지나치게 많이 남용되어왔다. 그런 태도의 이면에는 오랜 성차별의 역사가 있다. 18세기 초 영국의 고등법원 수석재판관은 다른 남자의 아내와 가지는 성관계를 '최고의 재산침해'(여성은 재산이었으므로)라고 불렀으며, '질투는 남성의 분노'이기 때문에 당사자의 아내와 간통을 저지르는 현장에서 잡힌 누군가를 폭력적으로 죽이는 것을 살인으로 간주해서는 안 된다고 말했다. 수석재판관 자신의 더욱 생생한 말을 빌리면, "만약 남편이 간통자를 칼로 찌르거나 그 머리를 날려버렸다 해도, 이는 고작 과실치사일 뿐이다."[4]

그런 태도는 어느 정도까지 바뀌어왔다. 예를 들어 여성을 재산이라고 노골적으로 묘사하는 경우는 전보다 줄었다. 적어도 지금은 수석재판관이라는 사람이 공개적으로 소리 내어 말하지는 않는다. 일부 맥락에서는 법도 바뀌었지만, 그건 아주 최근의 일이다. 2010년 이후 영국 법에서 '도발' 정당방위는 더는 존재하지 않는다. 이런 변화를 설명하면서 언명된 목표는 "남편에게 살해당하고도 다시 비난받는 여성에게 가해지는 부당함을 종식하기 위해서"였다.[5] 캐나다는 2015년에 도발 정당방위를 "피해자의 행위가 기소 가능한 범죄를 구성하여…… 5년 이상의 징역을 받을 수 있는 상황"으로 제한했다. 이 행위는 또한

"평범한 사람의 자제력을 빼앗을" 만한 그런 것이어야 하며, 피고인은 "갑자기 그리고 격분이 식을 만한 시간이 있기 전에 그 행동을" 했어야 성립된다. 그때까지 캐나다 법은 두 번째의 두 가지 조건만을 요구했다. 다시 말하면 원칙적으로는 남편이 아내를 죽였는데, 온전히 그 아내에게 권리가 있는 법적 행위(이를테면 남편으로 하여금 그녀가 바람을 피우고 있다고 오해할 만한 무언가를 말하는 등의)를 가지고 아내 살해에 대한 부분적 정당방위로 이용할 수 있다는 뜻이다.[6]

미국 법률협회가 제정한 모범형법전은 '도발'이라는 단어를 드러내놓고 쓰지는 않지만 "합리적인 설명이나 변명이 있는 극단적인 정신적·감정적 동요의 영향 아래" 저지른 살인에 대해서는 관용을 허락하고 있다.[7] 이는 어떤 남성이 그 아내나 여자 친구를 살해하고서는, 그녀가 자신을 떠났기 때문에, 자신을 사랑하지 않았기 때문에, 이혼을 계획했기 때문에, 다른 남자와 춤을 추었기 때문에 등등의 이유로 "극단적인 정신적·감정적 동요"를 주장하는 사건에서 판사가 살인보다는 과실치사 판결을 내리는 것을 가능하게 하고 있다.[8] 도발의 언어는 전미양형위원회US Sentencing Commission가 제시한 연방 양형 지침에서 더욱 직접적으로 언급되는데, 이 지침에 따르면 "피해자의 잘못된 행동이 범죄 행위를 도발하는 데 상당한 정도로 기여했다면 법원은 범죄의 성격과 상황을 반영해 지침 범위 이하로 감형할 수 있다."[9]

한편 도발은 퀴어 남성에 대한 치명적 폭력의 변명으로 이용되기도 한다. 영국에서 '남색'(특히 아들을 상대로 한 다른 남성의)에 맞닥뜨렸을 때 폭력적으로 변한 남성들은 수세기 동안 도발 정당방위의 구실들을 써먹어왔다. 현대의 사례들 가운데 '게이 패닉'은 이성애 남성이 달갑지 않게 접근해오는 퀴어 남성을 죽이고서 변명하는 데 쓰이는 도발 정당방위다. 그러나 법학자 카일 커컵Kyle Kirkup이 지적했듯이,[10] 특히 성적 지향성 때문에 유발된 분노로 누군가를 죽이는 것은 혐오범죄로 해석될 수 있을 것이다. 이런 관점에서 보면 동성애공포증은 정당방위의 근거가 아니라 오히려 그 반대, 즉 가중처벌 요인으로 이해되어야 한다.

이 문제에서 진전은 더디다. 2014년 캘리포니아는 '게이 패닉' 정당방위와 그에 상응하는 '트랜스 패닉' 정당방위(트랜스 피플 살해를 변명하기 위해 비슷하게 적용된)의 적용을 중단시켰다. 캘리포니아 형법전은 "갑작스러운 다툼이나 치정에 사로잡힌" 살인사건에서는 과실치사 판결을 허용하고 있지만, "피해자가 피고인에 대해 원하지 않는 비강제적 로맨틱한 접근이나 성적 접근을 해온 상황의 경우를 포함해, 만약 사건이 피해자의 실제적이거나 인지된 젠더, 젠더 정체성, 젠더 표현, 성적 지향성을 발견했거나 알았거나, 잠재적으로 밝힐 가능성에서 비롯되었다면, 도발은 객관적으로 합리적이지 않다"는 점을 언급하도록 수정되었다.[11] 미국의 나머지 주에서는 그런 보호장치가 없다.

변화의 속도가 매우 더딘 이유는 '인간 본성', 특히 사랑, 성 또는 로맨스와 관련된 모든 것에 대한 견고한 사고방식들이 변화에 극단적으로 저항하기 때문이다. 모름지기 연인들이란 '자연적으로' 이러이러한 모습이라는 것에 관해 깊이 박힌 사고방식은 설사 우리가 의식적으로는 그런 생각에 동의하지 않을지라도 우리의 무의식적 사고에서 완전히 제거하기가 매우 어려울 수 있다.[12] 그런 한편으로 로맨틱한 관계들은 치명적인 폭력이 끊임없이 일어나는 중대한 현장이다. 여기서 여성이 폭력을 당하는 비율은 상당히 높다. 2013년 미국에서 살해자와의 관계가 기록된 여성 피살자들 가운데 36.6퍼센트가 남성 파트너 손에 죽었다. 남성 피살자 245명이 아내나 여자 친구에게 살해되었다고 기록되었던 반면, 남성의 경우보다 무려 4배가 넘는 992명의 여성 피살자가 남자 친구나 남편에게 살해당했다.[13]

폭력을 용인하는 태도와 그토록 강력하게 결합되어 잠재적으로 위험한, "연인들은 사랑할 것이다"라는 태도와 관련해 우리는 무엇을 해야 할까? 비판적 사고와 도덕적 판단으로 무장하고서, 우리 안에 깊이 굳어버린 것과 관계된 모든 주장을 다루어야 한다. 비판적 사고가 필요한 이유는 우리 안에 내장된 것에 관한 이런 주장들이 단지 오류일 것이기 때문이며, 도덕적 판단이 필요한 이유는 '자연적'이라는 모든 것이 좋은 관념은 아니기 때문이다. 우리는 '자연적인' 질병을 인위적인 의학적 개입으로 치료한다. 우리는 정당한 이유가 있을 때면 우리의 '본성'을 뛰어넘으려 노력한다. 불충실한 배우자를 죽일 만큼 충분한 분노를 느끼는 것과 관련해서는 정당한 이유가 있다. 로맨틱한 사랑의 사회적 제도에서 퀴어 피플을 배제하는 것과 관련해서는 합법적인 이유가 전혀 없다. 이 두 가지 경우에서 모두 '본성'은 우리가 관찰하는 것보다는 우리가 상상하도록 조장되어 온 것에 더 크게 기인한다고 생각한다. 하지만 이 모든 것은 비판적 사고와 도덕적 판단을 통해서만 이해할 수 있다. 우리는 그것을 해야 한다. 생물학은 답으로 통하는 어떤 지름길도 아니다.

생물학만이 생물학이다

올곧은 사랑의 생물학 이론가들은 사랑의 성격에 관한 모든 것을 생물학적인 측면 위에 놓는다. 그들에게 "연인들은 사랑할 것이다"라는 결정론적 사고는 항상 쉽게 손닿는 거리에 있다. 올곧은 사회 구성주의자들은 모든 것을 사회적 측면 위에 놓는다. 그들은 항상 "연인들은 사랑할 것이다"라는 관념에 반론을 제기할 준비가 되어 있다.

그러나 이원성 이론가는 이런 간단한 선택사항 중 어느 것도 가지고 있지 않다. 이원성 이론가는 무엇이 사랑의 생물학에 속하고, 또 무엇이 사랑의 사회적 대본에 속하는지 파악해야 한다. 그녀는 남성 살인자들이 그 파트너의 행동에 충분히 자극받아 격분했다면 관대하게 처벌해야 한다는 관념에 도전하면서도, 단지 사회적 수준의 사랑에서 퀴어 피플을 배제한다고 해서 퀴어 피플에게서 사랑의 생물학을 근절하지는 못한다는

172

것을 인정할 수 있다. 나는 "생물학만이 생물학이다"라는 슬로 건을 염두에 두는 것이 도움이 된다고 생각한다. 물론 그것은 동어반복이지만, 그 회계장부에서 무엇이 진짜 생물학적 측면 이며 무엇이 그렇지 않은가 하는 질문에 초점을 맞추는 한 방 법이기도 하다. 퀴어 연애의 두뇌화학은 생물학적 측면에 속한 다. 폭력적 살인자에 대한 관대한 선고는 생물학적 측면이 아 니다.

헬렌 피셔가 로맨틱한 사랑은 우리의 이족보행 여성 조상이 궁핍했고 아기 때문에 양손 모두 쓸 수 없었기 때문에 진화했 음을 생물학적 사실의 문제로서 주장할 때, 우리는 "생물학만 이 생물학이다"라는 말을 염두에 두어야 한다. 로맨틱한 사랑 과 여성의 궁핍함을 연결 지으면서 결국 그 장부의 사회적 측면 으로 빠질 가능성은 충분하다. 사랑의 역사에는 사실상 사회적 편견에 불과한 것을 '본성'으로 돌리려는 시도들이 곳곳에 존재 한다. 1967년 미국 대법원에서 인종 간 결혼을 금지하던 반인 종통혼법을 획기적으로 뒤집게 된 러빙 대 버지니아 판결이 있 었다. 그것은 하급 법원 재판관의 판결에 항소해서 얻어낸 결과 였는데, 그 판사는 인종 간 결혼 금지는 만물의 자연질서(그는 그것이 신의 의지라고 했다)를 따르는 것이라고 하면서 악명을 얻 었다.[14]

전능하신 신께서 백인, 흑인, 황인, 말레이인, 홍인 등의 인종을 창조하셨고, 그들을 서로 다른 대륙에 놓으셨다. 그리고 그분이

하신 배치에 간섭하는 게 아닌 이상 그런 결혼에는 아무런 명분이 없을 것이다. 그분이 인종을 분리하셨다는 사실은 인종들이 섞이도록 의도하지 않으셨음을 말해준다.

사실 인종 간 결혼 금지는 사랑의 사회적 역할 이야기에서 별개의 한 장이다. 지금 보면 다른 식의 주장을 하려는 시도는 우습게 보일 수 있지만, 그것은 먼 옛날이야기가 아니다. 백인과 흑인 간 결혼을 찬성하는 비율이 50퍼센트 넘게 올라간 것은 불과 1990년대 중반의 일이었다.[15]

사라지는 사랑

로맨틱한 사랑은 같은 '부류'(젠더를 예외로 하고)의 두 사람을 결합시켜야 한다는 변치 않는 관념이 존재한다. 이는 로맨틱한 사랑의 사회적 역할에서 중요한 측면이었고, 어떤 맥락에서는 지금도 마찬가지다. 그 역할은 종종 다른 사회계급, 다른 종교, 다른 인종집단 등등 다른 부류의 사람들 사이의 사랑을 배제하는 제약 속에 구축되어왔다.

2001년 임상심리학자 마리아 루트Maria Root는 약 200여 명의 피험자를 분석하고 인터뷰한 내용을 토대로 『사랑의 혁명: 인종 간 결혼Love's Revolution: Interracial Marriage』을 출간했다.[16] 루트의 논의는 인종 간 관계와 동성관계, 이 두 가지에 대한 사회적 태도가 어떻게 로맨틱한 사랑의 사회적 역할을 구축하는 데 이바지했는가 하는 문제와 관련해 우리에게 몇 가지 단서를 준다. 비록 그 두 경우가 중요한 여러 면에서 서로 다르고 서로 다른 상황을 만든다는 데서 교차하기도 하지만, 루트는 중요한 유사성을 주목한다. 그녀의 연구에 참가한 사람들 사이에서 두 부류의 관계 모두 "법적인 결과로 이어지거나 더 높은 도덕적 권위로서 종교의 발동"으로 이어졌으며, 둘 다 "그 합법성과 성공, 행복의 잠재성을 깎아내리기 위해 단순한 성적 관계라고 종종 일축되었다"는 점을 주목한다. 여기서 루트는 지배 이데올로기에 도전하는 모든 관계의 합법성과 가능성을 훼손하기 위한 공통의 전략, 즉 사랑으로 인정하기를 거부하는 경향을 또렷하게 짚어낸다.

사랑의 사회적 역할은 성인의 매력과 애정을 가지고 안정적인 핵가족 단위 비슷한 무언가를 산출하는 것이다. 퀴어 피플 사이에 또는 다른 인종으로 분류된 사람들 사이에 가족 같은 유대를 형성하려는 움직임에 저항하는 곳에는 그런 사람들 사이의 로맨틱한 사랑이라는 관념에 대해 그에 상응하는 저항이 있다. 이는 단순한 반감의 형태를 띨 수도 있지만, 더욱 강력하게는 그런 사랑이 너무 많다는 부정의 형태를 띨 수도 있다. 그렇게 되면 모든 퀴어 간 또는 인종 간 관계는 사실상 성적 매혹의 문제일 수밖에 없다는 결론으로 이어진다. 일반적으로 섹스에 대한 부정적인 태도 때문에, 이는 반감과 무례함을 초래한다. 이때 바람직하고 일어날 수 있는 결과는, 그런 압력 속에서 정상적인 사회적 지원이 없다면 그 관계가 안정적인 가족 단위를 만드는 사회적 기능을 다하지 못하는 것이다. 앞서 2장에서 살펴본 벨과 스턴버그의 사회 구성주의 관점에서, 우리는 이것을 탐탁지 않은 사랑의 표명을 근절하기 위한 사회의 조절 메커니즘 중 하나로 규정할 수 있다.

이렇듯 사랑의 인정을 거부하는 태도를 제대로 이해하기 위해서는 사랑이 무엇이고 무엇을 하는지와 관련해 사회적 수준에서 그 의미를 이해해야 한다. 때로 사랑을 부정하는 행위는 연인들이 하는 말을 명백하고 의도적이며 노골적으로 무시하는 태도로 나타난다. 가족 성원들은 퀴어 커플이나 인종 간 커플을 향해 그들은 사랑을 하는 게 아니라고, 그건 단지 욕정, 혼란이며 또는 사탄이 벌이는 일이라고 말할 것이다. 이보다 더욱 미묘하고 더욱 교활하게 사랑을 사라지게 하는 방법도 있는데, 그 가능성 자체를 인정하지 않는 것이다. 그러나 그것들 모두 똑같은 목적, 즉 현 사회구조의 파열을 피하는 데 도움이 된다. 사랑을 변화시킨다는 것은 우리의 사회적 세계를 변화시킨다는 뜻이며, 그런 만큼 앞으로도 많은 지역에서는 늘 달갑지 않은 일일 것이다.

인종 간 사랑과 퀴어 연애의 최근 역사를 살펴보면서, 우리는 로맨틱한 사랑의 사회적 역할에 몇몇 중대한 변화가 있었으며 아울러 지배적인 사회적 합의에서 그에 상응하는 파열이 있었음을 알 수 있다. 나머지 변화들도 있었고 앞으로도 있을 것이다. 그러나 이런 변화로도 중요한 개념적 문제에 우리의 주의를 끌어내기에는 충분하다. 로맨틱한 사랑의 역할이 사회적 수준에서 로맨틱한 사랑이 무엇인지를 규정한다고 했을 때, 이는 곧 그 역할에 어떤 변화가 일어난다면 로맨틱한 사랑이 파괴되어 다른 무언가로 대체된다는 의미가 아닐까? 로맨틱한 사랑이 계속해서 구축되고 재구축되는 과정에 있다면 어떻게 시간이 지나도 그것이 하나일 수 있을까?

하긴 많은 것(사실상 대부분의 것)이 시간이 지남에 따라 변화하면서도 여전히 하나이자 똑같은 것으로 남는다. 예를 들어 여러분은 다른 사람이 되지 않더라도 머리색을 바꾸거나 견해를 바꿀 수 있다. 변화는 일상적이며 반드시 어떤 것을 다른 것으로 대체하지는 않는다. 사회적으로 구축된 것들에 대해서도 마찬가지다. 축구 경기를 예로 들어보자. 그것은 사회 구성물이다. 우리는 축구 규칙과 전통을 결정함으로써 축구 경기의 내용을 만든다. 그러나 축구 경기는 다른 규칙이 더해지면서 시대에 따라 뚜렷하게 변할 수 있다. 그래도 우리는 그것을 여러 변화를 거치며 지속된 하나이자 같은 것으로 생각한다.

그렇다면 우리는 정확히 무슨 이유로, 축구가 규칙이 바뀔 때마다 훼손되어 다른 게임으로 대체된 것이 아니라 시간이 지나면서 변화해온 동일한 게임이라고 말하는 걸까? 그것은 두 가지 요인 때문이다. 첫째, 변화는 거대한 도약이 아니라 사소하고 점진적으로 일어난다. 둘째, 이 작고 점진적인 변화들은 항구성을 배경으로 일어난다. 어느 시대든 축구의 규칙 대부분은 변하지 않고 있으며, 이런 이유로 주변적인 것들에서 약간의 조정이 가능해진다.

　로맨틱한 사랑의 사회적 역할도 마찬가지다. 우리는 사랑의 사회적 역할에서 모든 측면을 한꺼번에 대체할 수 없었고 지금도 그것을 예전의 것과 똑같은 현상으로 여긴다. 하지만 항구성을 배경으로 작고 점진적인 변화를 만들 수 있다. 그렇게 해서 사랑은 훼손되고 대체되는 게 아니라 진화하고 있는 것이다.

　우리는 로맨틱한 사랑이 늘 그래왔듯 계속 변화할 것이라고 예상해야 할 것이다. 어느 한 사람, 어느 책 한 권, 어느 영화 한 편이 하룻밤에 사랑의 사회적 역할을 바꾸지는 않을 것이다. 변화는 점진적일 것이다. 그렇더라도 일어날 것이다. 그리고 이는 사랑의 이원성을 이해하는 것이 그렇게도 중요한 한 가지 이유다. 사랑의 생물학에 대한 이해 하나만으로 무장한다면, 사랑을 자연적이고 객관적인 것, 상대적으로 우리가 영향을 미칠 수 없고 변하지 않는 것으로 생각하기 쉽다. 그것은 사회적 수준에서 사랑이 변화해나갈 방식을 예측하고 책임 있게 계획할 개념적 수단을 우리에게서 빼앗아버린다. 그래서 결국 우리는 그런 변화를 알아차리지도 못하고 비틀거리게 된다.

　그와 반대로 사회 구성물로서 사랑에 대한 이해 하나만으로 무장한다면, 우리는 실제 일어날 수 있는 변화, 우리가 어떤 부류의 생명체인지를 고려했을 때 더 잘 어울릴 만한 변화들에 대한 소중한 통찰을 갖추지 못하게 될 것이다. 이를테면 우리는 관계가 끝났을 때 몇 달 동안 가슴앓이를 하는 대신 '그냥 털어버릴' 수 있는 그런 것으로서 로맨틱한 사랑을 집단적으로 재현하도록 사회적 변화에 영향을 주고 싶을 수 있다. 그러나 생물학적인 현실은 많은 사람이 타인과 로맨틱한 관계를 맺을 때 그 두뇌는 상당한 화학적 변화를 겪으며, 이런 변화가 지대하고 지속적인 효과를 가진다는 것이다. 생물학적 애정관계가 이럴진대 그저 우리의 사회적 규범을 바꿈으로써 그것을 무효화할 수 있는 것으로 만든다는 건 선택사항이 아니다. 우리의 생물학은 사회적 변화가 할 수 있는 것에 어느 정도 제약을 가하며 그런 변화가 언제 어떻게 성공할 수 있는지와 관련한 단서를 준다.

미래에 우리는 약이나 좀더 급진적인 개입을 활용해 직접 사랑의 생물학에 간섭하는 방법을 발견할 것이다. 그에 대해서는 나중에 더 이야기하겠다. 하지만 사랑의 이원성을 이해하는 매우 중요한 작업을 회피할 방법을 찾아내지는 않을 것이다. 우리는 이 이원성을 인정해야만 사랑이 언제 잘못되는지, 그 문제가 사회에서 비롯되는지 생물학에서 비롯되는지, 또는 두 사람이 맞지 않아서인지 알아내기를 바랄 수 있다.

이 작업은 반드시 이루어져야 한다. 현재의 상태에서는 로맨틱한 사랑이 여러 가지로 우리의 기대를 저버리고 있기 때문이다. 그 가운데 몇 가지를 살펴보기로 하자.

6장

변해야 할 것들

What Love is

내 심장을 쥐어짜고, 두 손을 뻗어, 희망을 붙잡습니다.

— 크리스티나 로제티Christina Rossetti, 「구렁텅이에서De Profundis」

비굴하게 순종적인 여성들,
그리고 달콤한 사랑 이야기들

사랑과 결혼은 말과 마차처럼 같이 간다는 말이 있다. 말이 끄는 마차는 생물학적 유기체를 인간이 발명한 테크놀로지에 인위적으로 붙들어 맴으로써 생겨났다. 그 결합이 성공을 거둔 것은 역사의 특정 시기, 특정한 사회적 맥락에서 사람들이 가지고 있던 특정한 목적에 부합했기 때문이다. 그러나 시대는 변해왔다. 요즘 말과 마차를 함께 본다는 건 드문 일이다. 마차는 자동차로 진화했다. 그 결합에서 생물학적 반쪽은 별로 변한 게 없다. 말은 마차를 끄는 임무에서 벗어나도 그냥 말이다.

역사의 특정 시기에, 특정 목적을 위해, 몇몇 사회는 로맨틱한 사랑을 '전통적' 결혼에 붙들어 매었다. 나는 여기서 '전통적'이라는 말에 굳이 따옴표를 붙였는데, 유럽 문화에서 사랑해서 결혼하는 것은 최근에야 '전통적'인 일이 되었기 때문이다. 더욱 전통적으로 보면, 결혼은 한 남자가 한 여자를 다른 남자에게 주는 재산 거래였다. 이는 결혼생활에서 사랑이 없었다는 뜻이 아니다. 물론 사랑은 재산 거래로 시작된 관계 속에서도 싹틀 수 있다. 하지만 우리는 로맨스에 지나치게 많은 의미를 부여해 지난 시대의 부부간 사랑의 아름다운 이야기로 해석하지 않도록 경계해야 할 것이다.

　리사 그룬왈드Lisa Grunwald와 스티븐 애들러Stephen Adler는『결혼을 위한 책*The Marriage Book*』에서 그런 이야기를 소개하는데, 이들은 그 이야기를 "가장 독특한 영감의 선물" 중 하나라고 설명한다.[1] 그것은 어느 로마인이 자신의 아내를 위한 송가에서 전하는 이야기다. 그는 자기 부부의 훌륭한 결혼생활과 아내에 대한 애정, 아내의 죽음에 대한 슬픔을 묘사한다. 이야기의 중심 대목은 그 부부에게 아기가 없었고 어쩌면 그녀가 불임이기 때문이라는 이유로, 누구보다 순종적인 아내가 남편에게 이혼을 제안하고 심지어 아이를 낳아줄 다른 여성을 데려온다는 것이다. 그런 다음 그녀는 "자매와 의붓어머니의 의무와 지조"를 받아들여 그 아이들을 키우는 일도 도울 것이다.

　얼마나 놀라운 사랑의 희생인가, 우리는 그렇게 생각하도록 유도된다. 하지만 더 면밀히 들여다보면, 우리는 그 송가가 그 아내의 '지조'와 '순종'을 얼마나 강조하고 있는지 주목하게 된다. 이런 것들은 그녀의 '가정적 덕목'의 기다란 목록에서 첫 번째 항목이다. 그리고 우리는 그 남편이 성미가 급하다는 걸 알 수 있는데, 아내가 다른 여인을 찾아보라고 했을 때 그는 "거의 자제력을 잃을 정도로 벌컥 했다"고 말한다. 사실 그가 극단적 감정 앞에서 자제력을 잃는 것은 이 송가에서 반복되는 테마다. 그는 또 아내의 죽음에 책임이 있다고 언급하고, "[그의] 자제력을 비틀어 떼는" 슬픔에 잠겨 있다.

　우리는 이 부부의 관계에서 하나의 관점밖에 알지 못한다. 남편은 분명 그 관점에 만족하고 있었다. 만약 그 아내가 자기 말에 남편이 또다시 감정을 주체하지 못하고 무슨 일을 벌일까 하는 걱정 없이 허심탄회하게 우리에게 말할 수 있다면, 과연 뭐라고 했을지는 상상에 맡길 수밖에 없다. 노골적으로 성원 중 한 사람의 '순종'과 비참한 자기희생에 바탕을 둔 이런 관계를 두고 고대 로맨틱한 사랑의 감동적인 예라고 하기가 망설여진다.

이 이야기는 사실 유익하다 할 수 있는데, 우리가 달콤한 사랑 이야기라는 장밋빛 렌즈를 통해 볼 때는 이런 고대의 젠더 고정관념도 조금은 용인할 만하게 보인다는 것을 상기시켜주기 때문이다. 만약 우리가 사랑에 빠진 여인의 최고 덕목은 비굴한 순종이라는 관념을 생각 없이 재활용하고 낭만화한다면, 로맨틱한 관계 내에서 여성 학대와 억압을 조장하는 셈이다. 이로마 남자가 생각하는 훌륭한 아내의 개념에 녹아든 젠더 고정관념은 수천 년 이후의 시대를 사는 우리에게도 여전히 남아 있다. 바로 그것이 로맨틱한 사랑의 사회적 역할에서 바뀌어야 할 측면이다.

마음에 들면 반지를 끼워주어라 — 그리고 그녀보다 많이 벌어라

우리 시대의 로맨틱한 사랑은 결혼과 매우 강력하게 연관되어 있어서 2015년 미국 대법원의 결혼 평등에 관한 판결은 "결국 사랑이 이겼다"(전 대통령 버락 오바마의 당시 페이스북 업데이트) 같은 말과 #lovewins(이는 곧바로 트위터에서 가장 유행하는 해시태그가 되었다) 등으로 선언되었다. 이 무렵 지구를 방문한 외계인이 있었다면 사랑과 결혼은 근본적으로 같은 것이라고 결론지을 수 있었을 것이다. 사실 대법원의 판결문은 이런 인상을 확인시켜준다.

어떤 결합도 결혼보다 심오하지 않으니, 결혼이야말로 사랑, 정절, 헌신, 희생, 가족이라는 지고의 관념을 구현하기 때문이다…… 결혼은 죽은 뒤에도 지속될 사랑을 구현하며…… [이 사건에서 이혼신청인들의] 소망은 문명의 가장 오랜 제도에서 배제당하고 외로이 살도록 선고받는 것이 아니다. 그들은 법 앞에서 평등한 존엄을 요구한다. 헌법은 그들에게 그 권리를 부여한다.

위의 글은 얼핏 좋게 보일 수 있다. 하지만 다시 읽어보면 결혼의 대안(즉 사랑의 대안)은 외로운 삶이라는 것을 알 수 있다. 그 메시지는 암울하고, 매우 분명하다. 우리가 이 진술을 현대적 지혜의 아름다운 선언으로 축하할 때, 우리는 달콤한 사랑 이야기 속에서 포장되어 제시되는 매우 심란한 관념을 기꺼이 받아들이고 있음을 보여줄 뿐이다.

유럽과 북아메리카의 일부 지역에서, 결혼하지 않은 채 파트너와 함께 '죄악 속에서' 사는 것은 버트런드 러셀의 시대만큼 비난받을 일은 결코 아니다. 그러나 사랑이 결혼으로 이어지기 마련이라는 생각은 현대 사회생활에서도 여전히 중심적인 특징이며, 몇 편의 로맨틱 코미디를 보아온 사람에게는 누구나 친숙하듯, "너희 둘은 언제 결혼할 거야"라고 묻는 가족들의 질문에 부담을 느끼거나, 비욘세가 "그것을 좋아한다면 반지를 끼워야 한다"고 말했을 때의 의미를 이해할 것이다.

사랑과 결혼이 근본적으로 같은 것이라는, 또는 여러분이 올바른 삶을 살고 있다면 그럴 것이라는 가정은 사랑하면서도 아직 결혼할 수 없는 사람들, 사랑하면서도 결혼은 바라지 않는 사람들, 결혼했지만 배우자로부터 학대만 당하는 사람들에게는 피해를 준다. 사랑과 결혼의 이런 융합은 로맨틱한 사랑에서 변화가 필요한 또 하나의 측면이다.

이는 젠더 고정관념과 완전히 분리된 별개의 문제가 아니다. 사실 그 둘은 밀접하게 연관되어 있다. 지난 200년 동안 로맨틱한 사랑은 결혼으로 이어질 뿐 아니라 젠더화된 특정의 부부 형태로도 이어진다고 여겨져왔다. 남편은 가정 밖에서 일하고 공적 생활에 참여하는 반면, 아내는 무보수 양육과 가사노동을 무제한으로 제공하는 것이다. 이것은 사멸한 고정관념이 아니다. 이성애 결혼에서 여성 역시 가정 밖에서 일한다고 해도, 여전히 기본적으로 양육의 대부분을 책임지고 있다. 여성은 가사 전반에 걸쳐 남성보다 훨씬 더 많은 일을 한다.[2] 남성들은 그에 상응하는 재정적 '제공'을 해야 한다는 기본적인 기대를 받는다.

2015년 『쿼털리 저널 오브 이코노믹스*Quarterly Journal of Economics*』에 실린 한 논문에서, 매리엔 버트런드Marianne Bertrand, 에

미어 카메니카Emir Kamenica, 제시카 팬Jessica Pan은 아내는 남편보다 더 많이 벌어선 안 된다는 완강한 관념을 설명했다.[3] 그들은 미국에서 1970년부터 2011년까지의 소득 데이터를 분석했는데, 1970년 데이터에서 아내의 벌이는 가계소득의 10퍼센트 미만을 차지하는 경우가 다반사였다. 1980년부터 줄곧 가계소득에서 아내가 벌어들이는 몫은 아무리 커졌다고 해도 50퍼센트 이하였다. 심지어 2008~2011년을 포괄하는 가장 최근의 데이터에서도 아내가 가계소득의 절반 이상을 벌어들이는 경우는 매우 드물다. 설사 아내가 절반 이상을 벌어들인다고 해도, 아주 조금 더 버는 데 그친 경우가 태반이다.[4] 이성애 부부는 아내가 남편보다 훨씬 많이 버는 형태에 강한 거부감을 가진 것처럼 보인다. 젠더의 급료 차이는 이런 현 상태(미국에서 여성은 남성이 1달러 벌 때 평균 78센트를 번다[5])를 강화한다.

설상가상으로 버트런드와 그 공저자들의 데이터 분석은 남편보다 더 많이 버는 극소수 아내들 역시 남편보다 더 많은 가사와 양육 책임을 지는 경향이 있음을 가리킨다. 그들은 집에 오면 '2교대' 근무를 시작한다.[6] 이는 그런 여성들이 젠더 역할에 가하는 위험을 '상쇄'하기 위한 시도를 나타낸다고 저자들은 가정한다. 어쩌면 이 관점에서는 당연하게도, 그들은 또한 이런 형태가 결혼 만족도 하락과 이혼 가능성의 증가로 이어진다는 점을 발견한다.

로맨틱한 관계가 어떤 모습이어야 하는지에 대한 젠더화된 가정은 우리가 주목하지 않는 사이에도 우리 삶에 중대한 영향을 미칠 수 있다. 심리학자 로리 러드먼Laurie Rudman과 제시카 헤펀Jessica Heppen의 흥미로운 한 연구는 자신의 로맨틱한 파트너를 '기사도와 영웅주의' 관점에서(즉 빛나는 갑옷을 입은 기사로서) 생각하는 여성들은 평균적으로 높은 지위의 직업을 추구하는 데 관심이 적으며 소득, 교육, 리더십 목표와 관련해 야망이 덜하다는 사실을 발견했다.[7] 반면 남성들의 로맨틱한 연상은 그런 상관관계를 전혀 보이지 않았다. 하지만 요점은 이것이다. 여성들의 암시적인(말해지지 않고 어쩌면 무의식적인) 연상은 낮은 야망을 예견했지 그들의 노골적인 로맨틱 판타지를 예견한 건 아니라는 것이다. 러드먼과 헤펀은 그들의 연구가 '유리구두' 효과의 존재를 확인한다고 결론짓는다. 즉 로맨틱한 젠더 표준으로의 사회화는 여성의 야망을 비틀거리고 절뚝거리게 만들지만, 그것은 의식적으로 자각하지 못하는 사이에 작용한다. 우리가 신고 있는 유리구두는 잘 보이지 않는다.[8]

시몬 드 보부아르와 함께 사랑 자체에서 사랑 구하기

오랫동안 여성 철학자들은 로맨틱한 사랑과 젠더와의 연관성을 논의해왔다. 시몬 드 보부아르는 1949년에 낸 책 『제2의 성』 중 「연애하는 여자」라는 장에서, 가부장제의 로맨틱한 사랑은 여성들에게 남성 파트너의 정체성에 흡수됨으로써 여성 자신의 소멸을 추구하도록 부추긴다고 주장한다.[9] 실존주의자 보부아르에게 이는 '진정한 삶'에 대한 파문이다.

그러나 중요한 것은 보부아르가 로맨틱한 사랑과 관련된 해로운 젠더 역할을 바꿀 수 있다고 믿었다는 점이다. 그녀의 관점에서 젠더 역할들은 일반적으로 '내장'되지 않기 때문에, 우리 생물학의 일부로서 우리에게 '내장되어' 있는 것이 아니다. 보부아르는 젠더 역할이 사회적으로 구축되었다는 생각을 발전시킨 지적 선구자였다. 나는 그녀의 생각에 덧붙여, 우리가 젠더 역할을 구축하는 과정에서 동시에 로맨틱한 사랑의 일부 윤곽을 구성해나간다고 말하고 싶다. 그 결과 사랑 자체는 사회적 수준에서 젠더화된다. 사랑의 합성 이미지에 강력한 패턴이 등장하면서 남성과 여성에게 사랑의 경험을 다르게 처방한다. 물론 일부 개인들이 젠더 역할을 역전시키는 데 가담하는 경우도 있다. 하지만 역전이 있다는 사실은 젠더 역할이 존재하고 뒤집힐 준비가 되어 있다는 것을 보여준다.

보부아르는 로맨틱한 젠더 역할을 더욱 긍정적인 것으로 전환할 수 있다고 생각했다. 훗날 페미니즘 작가 슐라미스 파이어스톤Shulamith Firestone은 그렇게 낙관적이지 않았다. 파이어스톤은 1970년 저작인 『성의 변증법The dialetic of Sex』에서 로맨틱한 사랑을 "그것의 권력 맥락에 의해 타락한 사랑"이자 남성과 여성 사이의 권력 불균형을 강화하기 위한 "병든 사랑의 형태"라고 불렀다.[10] 그녀가 보기에 문명의 진보는 그 권력 불균형을 위해 생물학적 토대를 파괴하고 있으며, 따라서 사회제도로 그것을 강화하는 것이 필요해졌다. 파이어스톤은 로맨틱한 사랑이 가부장적 핵가족과 함께 그런 제도 가운데 하나라고 생각했다. 이런 이유로 해서 그녀는 로맨티시즘은 "여성들이 자신의 상황을 알지 못하게 방해하는 남성 권력의 문화적 도구"라고 했다. 그녀는 그것은 구제가 불가능하다고 보았다.

심지어 오늘날에도 해로운 젠더 고정관념들이 로맨틱한 사랑과 연관된다. 우리가 파이어스톤처럼, 로맨틱한 사랑은 구제 불능의 것이라고 결론을 내려야 할까? 아니면 보부아르를 따라서 그것이 개선될 수 있다고 생각해야 할까?

여기서 나는 보부아르 편이다. 사회 구성물들은 실질적이지만, 그것들은 역학적이기도 하다. 사실 파이어스톤의 이 저작을 다시 돌아보는 것은 이 시점에 우리에게 어느 정도의 견인력을 준다. 파이어스톤은 로맨틱한 사랑을 '이성 간 사랑'으로 규정했다. 1970년대와 그 이전에는 이것이 이상한 관점은 아니었다. 하지만 로맨틱한 사랑의 사회 구성물은 이미 이 정의가 지나치게 편협해 보이는 시점까지 이동해왔다. 이제 동성 간 사랑까지 포함될 가능성은 훨씬 더 높아졌다.

사랑과 결혼 사이의 규범적 관계처럼, 로맨틱한 사랑과 이성애 규범성의 관계는 젠더 역할의 강화와 관련이 있다. 만약 사랑이 반드시 한 여자와 한 남자를 수반할 필요가 없다면, 그것이 고정관념에 들어맞는 여성스러운 여성과 남성적인 남성을 수반해야 할 필요가 있을까? 사실 올바른 관점에서 보면, 이성애 규범성은 로맨틱한 젠더 고정화의 한 형태에 불과하다. 로맨틱한 사랑의 '대본'에는 두 젠더를 위해 명확하게 규정된 두 역할이 있었다. 거기에 문제를 제기하기 시작하라. 그러면 이성애 규범성과 로맨스에 대한 성차별적 가정 모두에 동시에 도전하게 된다. 그것은 일거양득의 거래다.

하지만 로맨틱한 사랑의 사회적 역할에서 무엇이라도 바꾸기 위해서는 시간과 노력이 필요하며, 행운과 좋은 타이밍이 필요하다는 사실은 말할 것도 없다. 사람들이 소중히 여기던 관념을 버리도록 설득하는 것은 쉬운 일이 아니지만, 어떤 진보든 설레는 일이며, 우리는 최근에 비교적 급속한 변화들을 목격하고 있다. 동성 간 사랑을 포함하는 방향의 대규모 움직임은 내가 사는 동안 내 주변에서 일어나고 있으며, 인종 간 사랑을 포함하는 방향의 비슷한 움직임은 내 이전 세대가 사는 동안 일어나고 있었다.

사랑의 성격에 대한 철학적 성찰이 시의적절한 이유는 로맨틱한 사랑이 그런 정비의 시기에 있기 때문이다. 바로 지금 우리는 사랑이 사회적 수준에서 극적으로 변할 수 있다는 교훈을 배울 준비가 되어 있다. 그 정보로 무장한다면, 계속 변해야 하는 것이 무엇인지 하나씩 밝혀나갈 수 있으며, 작업을 시작할 수 있다. 로맨틱한 젠더 고정화, 아직도 남아 있는 이성애 규범성, 그리고 사랑은 결혼으로 이어져야 한다는 가정이 그 목록의 상위에 있다. 그리고 그것들은 모두 서로 연결되어 있다.

긍정적 변화를 향한 중요한 첫걸음은 로맨틱한 사랑이 곧이곧대로 개인적individual이거나 사적private인 문제가 아님을 인정하는 것이다. 여러분은 로맨틱한 관계와 관련해 집 현관문을 닫

아버리고는 그렇게 하면 사회가 침입하지 못할 거라고 상상할 수는 없다. 그와는 반대로 우리는 우리 자신과 함께 사회를 곧바로 들여온다. 로맨틱 코미디와 로맨스 소설, 시, 그 밖에도 사랑의 실체에 관한 우리의 합성 이미지에 기여하는 수많은 재현물을 문자 그대로 우리 가정에 가져온다. 비유적으로 말해 어릴 적 놀이터에서 K-I-S-S-I-N-G 라임을 불렀던 이후 내내 흡수해온 '규범적 관계'에 대한 온갖 기대를 가져오는 것이다.

변화의 가능성을 의식적으로 떠맡으려면 무엇보다 먼저, 사랑에 빠지기 위해서는 "온 마을이 필요하다"는 말의 의미를 이해할 필요가 있다.

나머지 모든 것은 평등하다

나는 내 평생 로맨틱한 사랑의 합성 이미지가 변해가는 것을 지켜볼 수 있었다. 퀴어 연애에 대한 재현은 전보다 훨씬 더 흔해졌고, '규범적'인 것에 좀더 가까워졌으며, 그 결과 이성애 규범성은 그 합성 이미지에서 더는 그렇게 강한 윤곽으로 보이지는 않는다. 그렇더라도 내면화된 이성애 규범성은 바뀌기 어려운데, 나의 개인적 수준에서 그것을 입증할 수 있다. 나는 서른이 넘어서야 이상한 불일치를 주목하게 되었다. 나는 몇몇 여성, 남성과 데이트하고 있었고 온라인 데이트 프로필에는 내가 여성에게 끌린다고 언급하기도 했지만, '이성애자'가 아닌 다른 어떤 것으로도 내 프로필(또는 나의 자기개념)을 업데이트할 생각은 한 번도 하지 않았다. 일단 그 불일치를 깨닫게 되었을 때, 나는 우스웠다. 그런데 요점은 내가 오랫동안 그것을 인지하지 못했다는 것이다. 나는 내가 이성애자라고 가정하도록 너무 강력하게 조건화되었던 까닭에 그에 반대되는 매우 막강한 증거를 앞에 두고도 계속 그렇게 가정했던 것이다.

비록 우리는 사랑의 사회적 역할에 관한 한 흥미로운 시기에 살고 있지만, 변화는 연속성을 배경으로 일어난다. 이 연속성이 반드시 나쁜 것은 아니며, 시간이 흘러도 로맨틱한 사랑을 하나(파괴되고 대체되기보다는 변화 속에서도 지속되는 어떤 것)로 만드는 것의 일부다. 하지만 이것은 동성 간 사랑을 포함하려는 노력이 종종, 그렇게 노력하는 동안 나머지 로맨틱한 규범들, 특히 단혼제 규범 장려에 도움이 된다고 강조하는 경우가 있었음을 뜻한다.

단혼제는 현재 로맨틱한 사랑의 사회적 역할에서 중심적인 특징이다. 그 역할은 성인의 애정과 매혹을 안정적인 핵가족 단위, 즉 두 사람을 핵으로 하는 단위에 붙들어 매는 것이다. 여기에 퀴어 연애를 포함하도록 하는 효과적인 전략 하나는 로맨틱한 사랑이 두 이성애자 사이는 물론이고 퀴어 사이의 애정과 매혹에도 작용할 때 그 사회적 역할을 더 잘 수행할 수 있음을 보여주는 것이었다. 이렇게 되면, 그런 식으로 단혼제적 핵가족 단위를 더 많이 생산하면서, 그 테두리 밖에 있는 애정과 매혹에서 사회 안정을 해칠 만한 사례를 더욱 줄일 수 있다. 상대적으로 현재의 로맨틱한 사랑의 역할에 잘 들어맞는 동성 간 단혼제 커플의 존재와 도덕적 권리를 강조함으로써 이 작은 변화의 가능성이 생기기도 했지만, 한편으로는 사랑의 사회적 기능에서 나머지 요소들을 유지하고 심지어 강화할 가능성이 열렸던 것이다.

이런 이유로 동성 간 사랑을 포함하는 진보는 종종 다자간 사랑을 계속해서 배제해야 한다는 단호한 보장을 전제로 했다. 그러나 이것 역시 변해야 할 것이다. 일대일이 아닌 사랑에 대한 낙인은 만연하지만 비합리적이다. 심리학자 테리 컨리Terri Conley와 그 공저자들은 최근의 한 연구에서 단혼제적 관계는 "CNM(consensual nonmonogamous: 합의에 의한 비단혼제적) 관계보다 모든 면에서 더욱 긍정적으로 평가"된다는 사실을 발견했다. 여기에는 단혼제와 무관한 모든 요인에 대한 측면도 포함되어 있었다. 그 예로 일대일의 단혼제적 관계를 맺는 개인들은 합의에 따른 비단혼제적 관계를 맺은 개인들보다 매일 치실을 쓸 가능성이 더 높았고 개와 산책할 것처럼 보인다는 사실을 발견했다. 그들은 "모든 연구에 걸쳐 그 결과는 일관되게 CNM을 둘러싼 낙인과 일대일 관계를 둘러싼 후광 효과를 보여주었다"고 보고한다.[11]

그러나 그 혜택을 누리는 사람들에게 이런 식의 후광 효과가 항상 뚜렷하게 보이는 건 아니다. 컨리에게 왜 이런 연구가 중요하다고 생각하는지 묻는 대화에서, 컨리는 사람들이 일대일의 관계야말로 오히려 낙인이 찍힌 선택지라고 말하곤 한다는 얘기를 들려준다. "사람들은 이렇게 말했죠. 글쎄요, 할리우드에서는 모든 사람이 일대일이 아닌 관계를 맺고 있으니, 낙인이 찍힌 것은 결국 일대일의 관계예요……. 우세한 집단이 실제로 자기네가 박해받고 있다고 생각한다면, 그건 정말 정신 나간 상황인 거죠."[12] 할리우드의 진실이야 어떻든, 우리 대부분은 그곳에 살고 있지 않다. 우리에게 비단혼제를 둘러싼 낙인과 사회적 거부는 계산하기도 힘든 엄청난 비용을 지운다. 내 남자 친구의 아버지는 남자 친구가 나와 헤어지기 전에는 날씨를 제외한 어떤 것에 관해서도 그와 대화를 하지 않으려 한다.[13] 우리는 몇 년째 사귀고 있지만 나는 그의 가족 누구도 만나본 적이 없다.

그러나 거부가 유일한 문제는 아니다. 만약 내가 아이를 가진다면, 나는 나의 다자간 관계가 그들을 나에게서 떼어놓을 구실로 이용될 수 있다고 걱정했을 것이다. 나는 내가 두 명의 로맨틱 파트너를 두고 있다는 이유로 누군가 나를 해고하거나, 호텔에 묵지 못하게 나를 거절하거나, 나를 상대로 폭력을 선동하는 것이 법적으로 정당할지 종종 생각하곤 한다. 아직까지 그런 일이 나에게 일어나지 않았다는 건 다행이지만, 대중매체에서 내가 맺고 있는 관계를 이야기할 때는 안전문제를 의식할 만큼 나에게 저주를 퍼붓는 익명의 피드백을 충분히 받곤 한다. 더욱이 세계의 많은 지역에서 간통은 불법이다. 일부에서는 죽음으로 처벌하기도 한다. 적어도 미국에서는 간통법이 적용되는 경우는 매우 드물다.[14] 하지만 나는 관광하러 가고 싶을 뿐인데 미국에서는 나를 범죄자로 취급할 수도 있다고 생각하면 마음이 아주 편하지는 않다.

　비단혼제적 관계를 둘러싼 온갖 낙인은 퀴어 행동주의자들에게도 막강한 실용적 이유를 제공해, 비단혼제와 거리를 둔 채 '전통적인' 단혼제적 로맨스와 매우 흡사한 퀴어 연애의 서사를 장려하게 만든다. 퀴어 다자간 연애주의자들은 이 역학에서 특히나 위험한 처지에 있어서 "모두에게 동성 결혼을 망치고 있다"는 비난을 들으며,[15] 이미 다양한 형태의 낙인이 찍힐 위험에 더해 설상가상으로 퀴어 공동체에서 배척당할 가능성이 커진다.

　물론 로맨틱한 사랑을 일대일로 유지하려는 거센 물결은 퀴어 행동주의에 그치지 않는다. 그 물결은 사방에서 흘러온 지류와 합류되곤 한다. 사회적 보수주의자들은 장뤽 피카르Jean-Luc Picard의 유명한 최후통첩에 깔린 감성에 합류하려고 한다. "선은 여기에 그어져야 한다, 이만큼만, 더는 안 된다!"[16] 미국의 보수주의자 엘리 리라Eli Lehrer는 2013년 〈허프포스트HuffPost〉 블로그에 「게이 결혼은 좋지만 다자간 연애는 나쁘다」라는 아주 미묘하지는 않은 제목의 글을 올렸다.[17] 리라는 그 글에서 "게이 결혼은 최악의 경우에도 사회에 중립적인 반면 다자간 연애는 사회에 매우 분명하게 해롭다"고 설명한다. 이 기사는 여러 가지로 읽기가 힘들다. 리라는 "후진적인 소수의 무슬림들" 같은 말을 거리낌 없이 내뱉곤 하는 그런 작가다. 하지만 현재 우리 목적에 더 적합한 것은 리라가 생각하는 다자간 연애가 무엇일까 하는 것이다. 흥미로운 한 대목에서 그는 이렇게 말한다.

"다자간 연애 사회는 그 정의상, 몫이 돌아갈 '짝'이 충분하지 않을 것이다." 아울러 이렇게 덧붙인다. "언제 어디서나, 이것은 짝을 찾을 희망이 전혀 없는 불만 가득한 이성애 남성들이 상당히 많아지는 결과로 이어진다."

정의상이라니? 리라는 가부장적 일부다처제, 즉 남성들이 다수의 아내를 둘 수 있지만 그 역은 허용되지 않는 사회를 생각하고 있다. 그가 '짝'이라고 가리키는 사람들은 정확히 말하면 여성들이다. 리라의 레이더망에는 여성들이 다수의 파트너를 가질 수 있다는 사실은 아예 없다. 이 실수 하나만으로도 리라의 주장은 그것이 목표한 바와 아무런 접점이 없음을 뜻한다. 그는 다자간 연애를 논의하고 있는 게 아니다. 그는 가부장적 일부다처제를 논의하고 있을 뿐이다.

리라는 몫이 돌아갈 '짝'이 충분한지 아닌지를 고려하면서, 분배를 자유시장에 맡기면 불가피하게도 일부 남성들은 자기 몫을 받지 못할 것이라고 결론짓는다. 그가 걱정하는 것은 그 남성들이 '불만'을 가지게 되고, 그래서 예상컨대 무언가를 공격하거나 사회질서를 어지럽힌다는 것이다. 이런 주장이 그가 처음은 아니다. 이는 오래된 수사다. 나는 그 자체로 결함이 있는 주장이 흥미로운 게 아니라 사람들이 이런 말로 일대일 연애를 논할 때 드러나는 젠더에 대한 태도에 흥미를 느낀다.

여기에는 풀어야 할 엉킨 문제가 많다. 우선 리라는 로맨틱한 문제로 좌절당한 남성들은 누구도 통제할 수 없고 통제해서도 안 되는 끔찍하고 위험한 자연의 힘이라고 생각하는 듯하다. 어쩌면 내가 지나치게 낙관적인지는 몰라도, 내 생각에 그것은 정당하지 않다. 나는 남성에 대해서 그보다는 많이 믿는다. 나는 남성들이 자제력이 있다고 생각하며, 그들이 원하거나 어울린다고 느껴지는 여성을 얻지 못한다고 해서 불가피하게 폭력으로 이어지리라고 가정하지 않는다.

여기에는 남성 혐오에 덧붙여, 여성 또는 '짝'은 이성애 남성들 사이에 공평한 방식으로 분배되어야 할 일종의 재산 또는 상품이라는 이상한 인식이 있다. 일단 여성에 대해 그런 식으로 생각한다면 '몫이 돌아갈' 여성이 충분하지 않다고 생각하는 것도 말이 될 수 있다. 그렇다면 개인의 자유에 간섭할 재분배 정책의 법적 시행을 묵인할 수도 있을 것이다.

또 하나의 유명한 재분배 정책, 구조적으로는 리라가 생각하는 것과 비슷한 정책은 우리가 심각한 경제적 불평등을 용인해서는 안 된다고 주장한다. 어쨌거나 경제적으로 불평등한 사회는 정의상, 결코 몫이 돌아갈 돈이 충분하지 않을 것이다. 언제든 어디서든, 이런 상황은 부자가 될 수 있다는 희망이 전혀 없는 불만스러운 사람들이 심각하게 많아지는 결과를 낳곤 한다. 그렇다면 우리는 불만 가득한 가난한 이들이 사회구조에 가할지 모를 해악 때문에, 국가가 간섭해서 개인이 얻을 수 있는 부의 크기를 제한해야 한다고 결론을 내려야 할까? 이는 물론 개인의 자유에 대한 급진적인 간섭이겠지만, 리라는 마치 그런 상황에서 자원의 적절한 분배를 확립하기 위해 진지한 국가 개입은 적절하다고 생각하는 것 같다.

이 비유는 그 주장 뒤에 놓인 근본적인 실수를 조명하는 데 도움이 된다. 부는 국가가 재분배하기에 알맞은 상품일 수도 있고 아닐 수도 있지만, 여성은 결단코 상품이 아니다. 이런 식의 철학적 엉킴을 풀어나가는 과정에서, 바로 그것이 우리가 잡아당겨야 할 가장 중요한 실이다. 그 실을 당기면 나머지는 곧바로 풀어진다.

잡년의 지위

우리는 지금 돈이라는 주제에 도달했지만, 부와 사회계급은 그 자체로 로맨틱한 사랑의 사회적 기능을 이해하는 데 중요하다. 사람들은 온갖 다양한 이유에서, 자신과 비슷한 사회경제적 지위(특히 교육 수준)에 있는 로맨틱한 파트너를 선택할 가능성이 더 높다.[18] 이 규범에 중대한 변화가 일어난다면 한 사회를 불안정하게 만들 위험이 있을 것이다. 지위 구분을 뛰어넘어 사랑에 기반을 둔 결혼이 흔해진다면, 애초에 지위 구분의 임의성과 부당성이 강조될 뿐 아니라 더욱 큰 규모의 사회적 이동성을 조장하기 때문이다.

그럼에도 로맨틱한 사랑은 계급과 부, 지위의 장벽을 뛰어넘는 예외적인 경우가 될 수 있다고 오랫동안 받아들여져왔다. 이런 관념은 로맨틱한 사랑 자체만큼이나 오래된 것일지 모른다. 신데렐라류의 민담은 적어도 몇백 년 동안 전해져왔다. 다만 신데렐라 이야기 속에서는 젠더가 그 '로맨틱한' 매력의 큰 일부임을 주목하자. 낮은 지위의 남성과 결혼하는 높은 지위의 여성들은 그만큼 조명을 받지 못한다. '귀천상혼貴賤相婚'의 사회제도는 서로 지위가 크게 다른 파트너 사이의 사랑이 가진 불안정 효과를 어느 정도 완화하려고 시도하지만 낮은 지위의 배우자와 그 결혼에서 낳은 자녀들은 높은 지위를 가진 배우자의 재산이나 칭호, 또는 그 둘 다 상속하는 것이 금지된다. 자기가 속한 사회계급 이외의 사람과 결혼하는 비율은 시대와 상황에 따라 크게 다르다.[19] 그러나 사랑은 모든 것을 극복할 수 있다는 기본 관념은 결코 사라지지 않았다. 어떤 면에서 그것은 인종 간 사랑이나 동성 간 사랑 같은 다른 무대에서는 "사랑은 모든 것을 극복한다"는 서사를 위한 모델이 되어왔다.

계급 지위 역시 로맨틱한 사랑의 작용에 더욱 미묘한 영향을 준다. 예를 들어 그것은 로맨틱한 사랑과 관련된 규범을 위반했을 때 받을 수 있는 처벌 방식에 영향을 미친다. 최근에 사회학자들은 여대생들의 슬럿 셰이밍▼과 사회계급의 관계를 연구했는데, 지위가 높은 여성들이 "계급 우위를 주장"하고 "자신이 저질이라기보다는 세련되었음을 확인"하기 위해 낮은 지위의 여성들을 '잡년'이라고 한다는 사실을 발견했다.[20] 로맨틱한 단혼제적 관계의 표준을 위반하는 행위들은 슬럿 셰이밍 메커니

▼ slut shaming 여성에 대해 인정되는 성적 기준을 벗어나는 옷차림이나 행동거지, 연애, 성적 표현을 한다는 이유로 천박하거나 매춘부 같다고 비난하고 모욕하는 것.

즘을 통해 규제된다. 결국 이 연구에서 발견된 사실들은 일대일의 규범을 위반하더라도 높은 사회계급의 울타리 안에 있는 사람은 불이익을 적게 받을 수 있다는 것을 암시한다.[21]

이것은 또 남성보다 여성에게 더 큰 불이익을 준다. 나는 이것을 '잡년 대 종마種馬 현상'이라고 부른다. 난잡한 여성을 구체적으로 폄하하는 단어들의 다채롭고 기다란 목록을 제시하기는 어렵지 않다. 하지만 난잡한 남성을 폄하하는 단어는 뭐가 있더라? '난봉꾼'이나 '잡놈'은 P. G. 우드하우스Wodehouse의 소설에 등장하는 근사한 반영웅처럼 들린다. '바람둥이'나 '선수'는 많은 재미를 즐기는 사람을 가리키는 소리 같다. '포주'는 성노동자를 관리 또는 통제하는 남자이지, 그 자신이 난잡한 사람은 아니다. 나는 실생활에서 '기둥서방'이라는 단어를 쓰는 사람을 단 한 번도 본 적이 없다. '매춘남'은 확실히 여성형 단어에 대한 남성형이다. '오입쟁이'가 가장 그럴싸한 후보일 수는 있겠으나, 그 단어는 '잡년'이 주는 경멸적이고 통렬한 한 방이 없다. 그것이 정체성보다는 행동을 가리키고 있다는 이유 때문이기도 하다. 그리고 '종마'가 남성에 쓰이는 방식과 비교할 만큼, 난잡한 여성을 칭송하기 위해 널리 쓰이는 단어를 나는 전혀 알지 못한다.

일대일 연애의 관습을 따르지 않는다는, 또는 그렇게 인지된다는 이유로 여성, 특히 지위가 낮은 여성을 벌하기 위한 슬럿 셰이밍의 사용은 날이 무딘 무기다. '잡년'이라는 개념은 사랑이나 관계가 아닌 오직 섹스만을 표적으로 삼는다. 그러나 결국

엔 이것이 더욱 효과적인데, 일대일이 아닌 관계는 모두 사랑이 아니라는 관념을 강화하는 역할을 하기 때문이다. 그것은 사랑이 아니라 사실 섹스일 뿐이라는 것이다. 이는 못마땅한 사랑의 형태를 사라지게 하고, 따라서 사랑의 사회적 역할에서 배타적인 모습을 강화하기 위한 흔한 전략이다.

사회적 수준에서 로맨틱한 사랑을 더욱 포괄적으로 만들기 위한 일체의 움직임은 사회 안정을 위협한다. 온갖 부류의 변화에 따르는 전반적인 불안정성에 덧붙여, 사랑은 우리 자신이 누구인지, 어떻게 살아야 하는지 고민하는 과정에서 특정한 위치를 차지한다. 로맨틱한 사랑의 사회적 역할에서 인종 간 관계를 포함하도록 외연을 확장하는 움직임은 인종을 분리·차별하는 사회질서를 크게 뒤흔들고 있다. 동성 간 사랑을 포함하는 것, 그리고 더 일반적으로는 기존의 로맨틱한 젠더 역할에 도전하는 것은 이와 비슷하게 가정 밖에서 일하는 남편을 위해 아내가 가사노동을 제공하기를 기대하는 사회질서를 뒤흔들고 있다.

그러나 일대일이 아닌 비단혼제적 사랑은 흥미롭게 다르다. 그것은 로맨틱한 사랑의 사회적 역할, 그것이 어떤 사회질서에 내장되어 있든, 그 역할의 중심에 직접 타격을 가해 불안정하게 만드는 뚜렷한 위험성을 가지고 있다. 만약 로맨틱한 사랑의 사회적 역할이 다자간 연애를 허용한다면, 애정과 매혹을 안정적인 핵가족 비슷한 단위와 연결하는 그 핵심 기능을 수행하는 데는 확실히 효율성이 크게 떨어질 수 있을 것이다. 퀴어 연애와 인종 간 사랑의 많은 형태는 핵가족의 틀에 끼워 맞출 수 있다. 나머지는 그럴 수 없는데, 이런 것들은 더 큰 포용을 위한 노력 속에서 성공적으로 무시되어왔다. 다자간 연애의 경우, 그중 많은 또는 대부분의 형태를 핵가족의 틀 안에 끼워 맞출 수 없다는 것은 너무도 분명하다. 다자간 연애를 하는 일부 사람들이 핵가족을 형성하고는 있지만, 다자간 연애는 무한히 가능한 구성을 아우르고, 그중 다수는 핵가족 모델과 비슷한 어떤 것에도 노골적으로 순응하지 않는다.

처음에는 사랑, 그다음은 결혼, 이어서 유모차를 탄 아기

변화는 연속성을 배경으로 일어나기 때문에, 로맨틱한 사랑의 사회적 역할에 동성 간 사랑을 포함하는 움직임은 단혼제의 규범을 재확인함으로써 장려되어왔다. 이와 비슷하지만 덜 눈에 띄는 현상 하나는, 이런 변화에 대한 배경의 일부로서 로맨틱한 사랑이 이상적이며 누구에게나 기본값이라는 관념인 연애 규범성의 재확인이었다.

규범적인 일대일 관계가 그렇듯, 연애 규범성은 우리가 동성 간의 경우를 포함하는 비교적 작은 변화를 만들어간다면 로맨틱한 사랑이 그 사회적 역할을 더 잘할 수 있음을 보여주는 데 이용될 수 있다. 여기서 요지는, 우리가 동성 간 사랑을 허용한다면 모두에게 이상적인 상태로서 로맨틱한 사랑을 성공적으로 처방할 수 있다는 것이다. 그렇게 해서 이성 간 사랑이 선택 사항이 아닌 사람들 역시 연애 규범성의 압력에 순응할 거라고 기대할 수 있다. 미국 대법원이 동성 간 결혼을 판결하면서 어떻게 결혼의 대안은 "외로이 살도록 선고받는" 것이라는 메시지를 슬쩍 집어넣었는지 돌이켜보자.

이번에도 예측할 수 있다시피, 연애 규범성은 젠더에 따라 다른 영향을 미친다. 남성들은 '확고한 독신남'의 지위를 열망할 수 있지만, 여성들은 '늙고 미친 고양이 아줌마'가 되리라는 전망을 받는다. 심지어 '노처녀spinster'라는 간단한 단어도 어떤 식으로든 아주 이상하며, 따분하고 성생활이 전혀 없는 여성을 암시한다. 운이 좋아야 미스 마플▼이고, 운이 나쁘면 미스 해비섬▼▲인 것이다.[22]

연애 규범성은 너무도 흔해서 보통 주목하는 일 없이 넘어간다. 심지어 극단적인 연애 규범성의 경우라 해도 눈썹 하나 까딱하지 않을 만큼 놀랍지 않을 것이다. 이는 카페에서 나누는 대화나 로맨틱 코미디, 대중가요에만 국한되지 않는다. 그러나 "누군가 당신을 사랑할 때까지 당신은 아무도 아니에요" 같은 가사에 담긴 막강한 메시지를 간과하지 말자. 무심한 연애 규범성은 학문적 연구에서도 일상적이다.

예를 들어 로맨틱한 사랑과 중독의 이론적인 비교를 논의하

▼ Miss Marple 애거사 크리스티의 추리소설 주인공.
▼▲ Miss Havisham 찰스 디킨스의 소설 『위대한 유산』에 등장하는 괴상한 여인.

는 최근의 한 논문에서 마이클 레이노Michel Reynaud와 공저자들은 '사랑의 열정'을 "인간에게 보편적이고 필요한 상태"로 설명한다.[23] 언급된 단어를 주목해보자. 열정적 사랑은 그저 흔한 정도가 아니다. 그것은 '보편적'이다. 그리고 그것은 그냥 좋은 게 아니라 '필요'하기까지 하다. 이제 이런 상상을 한번 해보자. 어쩌면 이미 그런 상황에 있는 독자라면 상상할 필요가 없을지도 모르겠지만, 지금 여러분은 사랑하고 있지 않으며 사랑할 계획도 없다고 말이다. 여러분은 가족과 친구, 공동체와의 관계 속에서 행복하므로 로맨틱한 사랑이 여러분이 삶에서 원하는 어떤 것이라고 생각하지 않는다. 그런데 이 과학자들은 한마디로 여러분을 존재하지 않는다고 이론화했고, 아울러 여러분의 삶을 부적절하다고 분류한 것이다.

연애 규범성은 너무도 만연하기 때문에 직접 영향을 받는 사람들의 경우가 아니라면 대체로 그것이 보이지 않는다. 나머지 모든 사람에게 그것은 벽지와 같은 것이 된다. 그 무늬가 아무리 이상하고 보기 흉할지라도 날마다 항상 그 자리에 있는 것이다. 만약 그것을 주목할 이유가 없다면, 여러분은 그것을 주목하지 않을 것이다. 그러나 만약 여러분이 진정 삶의 선택에서 다양성을 허용하고 존중하고 싶다면, 우리는 로맨틱한 사랑의 합성 이미지에서 연애 규범성을 제거하는 작업을 해야 한다.

그러나 단혼제적 일대일 관계의 경우가 그렇듯, 연애 규범성에 대한 모든 도전은 로맨틱한 사랑의 사회적 기능의 한가운데를 겨냥하는 뚜렷한 불안정화의 위험을 제시한다. 로맨틱한 사랑이 성인의 애정과 매혹을 안정적인 핵가족 단위와 연결하는 역할을 한다면, 사람들이 여러 명의 로맨틱 파트너를 두거나, 누구와도 로맨틱한 관계를 맺지 않는 상황을 피하기 위한 보호 수단이 필요할 것이다. 전자의 과제는 단혼제적 관계 규범에 해당하고 후자는 연애 규범성에 해당한다. 그것들은 우리 모두 똑같은 핀들을 향해 똑같은 레인 위를 굴러가도록 하는 것이 목적인 볼링장의 쌍둥이 도랑 같다.

한편으로 그것들은 사랑의 사회적 역할에서 똑똑히, 정확히 보기가 가장 힘든 측면이기도 한데, 가장 기본적인 것들이기 때문이다. (특권층에 의한 특권의 유지를 포함하는) 사회 안정은 우리의 삶과 우리의 사랑을 구성하는 사회 장치의 깊은 핵심을 대중이 인지하지 못해야만 가장 잘 유지된다. 그것은 우리가 깊은 핵심에 자리잡은 규범들을 '자연'이나 '생물학'에 돌림으로써 그것을 불가피한 것으로 받아들이게 될 때는 더욱 효율적이다.

이 논의를 마무리 짓기 위해, 현재 사랑의 사회적 역할에서 변해야 할 측면을 한 가지만 더 언급하고 싶다. 지금으로서는 사랑과 번식 사이에 강력한 규범적 관계가 성립한다. 구체적으로 이성 간 결혼에서 생물학적 자녀의 생산이 그것이다. 최근 30대 초반에 결혼한 여성이 된 나의 경험에는 내가 곧 남편과 더불어 생물학적 자녀들을 갖게 될 거라는 만연한 기대가 함께 따라왔다.

사랑이 진지해지자마자, 그리고 특히 한 커플이 결혼했을 때 생물학적 아이들이 지평선에 떠오르는 이런 기본적인 기대는 성인들에게나 아이들에게나 모두 해로울 수 있다. 그런 이유로 사람들은 자신이 원해서라기보다는 그저 남들의 기대 때문에 아이를 갖게 될 수 있고, 생물학적 자녀를 원하지 않거나 가질 수 없는 사람들은 남들에 비해 부족하거나 실패했다는 느낌을 받기도 한다.

우리가 이번 장에서 살펴본 나머지 모든 문제가 그렇듯, 번식의 규범 역시 젠더화되어 있다. 물론 1929년에 버트런드 러셀이 지적했듯이, 그것이 올바른 방식으로 젠더화되어 있는지는 결코 분명하지 않다. 러셀은 남성보다 여성이 더 아이를 원하는 것 같다는 사람들의 통념을 주목했지만 이렇게 말했다. "내 생각이지만, 정확히 그 반대인 것 같다…… 아이를 세상에 데려오기 위해서 어쨌거나 여성은 산고와 고통, 그리고 아름다움을 잃을 가능성에 직면해야 하는 반면 남성은 전혀 그런 걱정을 할 이유가 없다."[24] 통계는 그의 의심을 확인해준다. 경제학자 머리나 애드셰이드Marina Adshade는 2015년 『글로브 앤드 메일』에 실린 한 기사에서, 캐나다 종합사회조사통계에 "귀하는 이미 태어난 자녀와 현재 임신 중인 자녀를 포함해 얼마나 많은 자녀를 계획하고 계십니까?"라는 질문에 대한 캐나다인들의 대답 데이터가 최근 10여 년 동안 포함되어 있었다고 지적했다.[25] 그 질문을 처음 했던 때가 1990년이었다. 당시는 나이나 결혼 여부에 상관없이 아이를 원한다고 대답했던 남성이 여성보다 많았다.

그러나 2011년 무렵에는 아이를 원하지 않는 남성의 비율은 거의 두 배로 늘었다. 애드셰이드는 이와 관련해 러셀이 가능성으로도 생각하지 못했을 근거를 바탕으로 가설을 세웠다. 남성이 자녀 양육의 책임을 진다는 것이다. 이 데이터에 대한 애드셰이드의 진단은 간단했다. "남성들은 여성이 모든 희생을 기꺼이 감당할 의사가 있는 한 늘 아이를 원하곤 했다. 오늘날의 부모들이 그런 희생을 전보다 고르게 나누는 이상, 아이를 갖고 싶어하는 남성이 적어졌다고 해도 아무도 놀라지 않을 것이다."

여기서 더욱 일반적인 교훈을 끌어낼 가치가 있다. 사회적으로 처방되었다는 의미에서 규범적인 것이 꼭 통계적으로 표준적일 필요는 없다는 것이다. 규범적으로는 여성이 남성보다 아이를 더 원하지만, 그렇다고 이 패턴이 통계적으로 표준적이라는 의미는 아니다. 마찬가지로 규범적으로 처방된 삶의 선택이라 할 완벽한 이상형의 핵가족은 사실 보기 드물다. 어쩌면 이는 놀랄 일이 아닐 것이다. 만약 그것이 모두에게, 아니 우리 대부분에게 진정으로 '자연적'이고 바람직하다면, 모두를 그것과 연결하기 위한 이 모든 사회적 규범과 불이익이 우리에게는 거의 필요 없을 것이다.[26]

합성 이미지의 변화

내가 사는 시대와 장소에서, 로맨틱한 사랑의 사회적 역할, 즉 우리의 모든 문화적 재현, 규범, 서사가 여러 겹 중첩되어 떠오르는 합성 이미지는 피해를 초래하고 바뀌어야 할 몇 가지 특성 속에 구축되어왔다. 나는 이번 장에서 그중 몇 개만을 검토했다. 사랑은 결혼과 생물학적 번식으로 이어져야 한다는 규범적 가정, 로맨틱한 일대일의 단혼제적 관계 표준, 연애 규범성, 그리고 이 모든 것에 스며들면서 한편으로는 그 자체를 더 해롭게 하는 로맨틱한 사랑에 대해 고정화된 젠더 역할 등이 그것이다.

이런 사회 규범들이 함께 작용해 로맨틱한 사랑을 '전통적' 핵가족 단위 창조를 위한 강력한 힘으로 만들고, 그 조준경의 십자선에 잡힌 사람 누구에게나 명백한 피해를 준다. 핵가족 모델은 많은 이에게는 좋게 작용한다. 그것이 여러분과 여러분이 아는 사람들에게 성공적일 때는, 모두의 삶을 주조할 형판으로서 크게 쓰인 성공이라는 글자를 상상하는 건 기분 좋은 일일 수 있다. 사실 이 상상의 투영은 굉장히 흐뭇한 일이어서 다른 어떤 것을 '정상'으로 받아들인다고 상상하는 것은 불안하고 심지어는 두려운 일이 될 수 있다. 그러나 진지하게 생각해보면, 핵가족은 좋은 삶이란 어떤 모습일 수 있는지에 대한 나머지 모든 모델을 깎아내리거나 지워버릴 권리가 전혀 없다.

나는 여기서 이 모든 변화의 기저에 놓인 한 가지 테마를 주장하고 싶다. 그중 어떤 변화도 로맨틱한 사랑의 역할을 제한하거나, 현재 거기에 포함된 사람을 로맨틱한 사랑에서 배제하지 않는다는 것이다. 만약 여러분이 이성애자이며 일대일 관계를 맺고 완벽하게 '전통적인' 결혼을 원한다면, 나는 얼마든지 그렇게 하라고 말한다. 로맨틱한 사랑의 사회적 역할은 여러분에게 완전하게 열려 있어서 여러분이 마음껏 선택할 수 있어야 한다. 사실 여러분은 여러분의 손을 강제하는 규범들이 풀린다고 해도 언제나처럼 그 선택을 할 수 있다. 하지만 '전통적'인 것이 여러분이 쉽게 접할 수 있는 관계의 유일한 특색이라는 이유만으로 그것을 선택하게 된다면, 그건 정확히 선택이라 할 수 없다. 그것은 '검정이기만 하다면 어떤 색'의 모델 T라도 가질 수 있다는 헨리 포드의 유명한 제안과 더 비슷하다.

다음 장에서 나는 사랑의 미래로 돌아간다. 그전에 사랑의 과거를 거칠 것이다. 우리는 사랑에 대한 우리의 합성 이미지에 끊임없이 더 많은 겹을 덧씌우고 있다. 낡은 겹들은 색이 바래고 있다. 진정 우리가 원한다면, 궁극적으로 우리는 사랑의 사회적 역할에서 해로운 특징들을 하나하나 들어낼 수 있을 것이다.

그러나 사랑의 사회적 역할에 이런 변화를 주는 것이 개인적으로는 가능하다고 해도, 우리가 정말 모든 변화를 이루어낼 수 있을까? 만약 우리가 그렇게 한다면 로맨틱한 사랑에서 남아 있는 게 있을까? 그리고 이 모든 것이 사회적 수준에서 진행되는 동안, 생물학적 수준에서 우리가 사랑에 관해 무엇을 할 수 있을까, 또는 해야 할까?

7장

그 또한 사랑이다:
과거를 거쳐 미래로

What Love is

우리는 사랑에 애태우는 스무 명의 아가씨,
우리 의지와는 반대로 사랑에 애태우죠.
앞으로 스무 해가 지나도 여전히 우리는
사랑에 애태우는 스무 명의 아가씨.

— W. S. 길버트Gilbert, 〈페이션스Patience〉

지나친 평온은 좋지 않다

싸구려 같다는 건 알지만, 평온을 위한 기도를 좋아한다고 고백해야겠다. 우리는 누구나 우리가 바꿀 수 없는 것을 받아들일 평온함과 우리가 할 수 있는 것을 바꿀 용기가 필요하다. 또한 그 차이를 알 수 있는 지혜도 필요하다.

정신과 의사 토머스 루이스Thomas Lewis와 패리 아미니Fari Amini, 리처드 래넌Richard Lannon은 이렇게 쓴다. "우리는 사랑의 본성을 바꿀 수는 없지만, 그 명령을 무시하거나 그 벽 안에서 번성하기를 선택할 수는 있다. 그렇게 할 지혜가 있는 이들은 자신의 마음에 귀를 기울일 것이다." 그들은 이 철학적 테제를 『사랑을 위한 과학A General Theory of Love』에서 발전시킨다.[1] 이들은 구체적으로 로맨틱한 사랑을 말하는 게 아니라 전반적인 사랑의 애착을 말하고 있다. 이들의 관점에서 사랑의 애착은 '변연계', 즉 감정이나 욕구와 관계가 있는 두뇌 부위에 뿌리를 두고 있다.[2] 그러나 루이스와 공저자들은 사랑을 온전히 이해하려면 과학은 물론 예술의 역할도 중요하다고 강조한다. 그들은 "둘 다 우리가 세계와 우리 자신을 알게 해주는 은유"라고 말한다.

『사랑을 위한 과학』은 여러모로 훌륭한 책이며, 나는 예술과 과학 모두를 장착하려는 그 방법론적 노력에 동조하는 바다. 그러나 나로선 그 책이 불만스러운 몇 가지 이유가 있다. 한 가지는 그 이론이 로맨틱한 사랑의 이원성을 설명하지 않는다는 것이다. 다시 말해 사회적으로 구축된 측면을 무시한다. 저자들은 예술을 단서의 한 근원으로 여기면서도 사랑의 성격에 관한 진지한 설명은 오직 두뇌체계에 관한 것이 전부다. 또 한 가지 이유는, 사랑은 궁극적으로 은유를 통해서만 접근할 수 있다는 생각 때문이다. 그 은유는 특히 우리가 그 본성을 성공적으로 거부할 수 없지만, 우리가 "그 벽 안에서 번성"하고 싶다면 그것을 받아들여야 한다는 생각과 결합되어 있다. 그러나 이는 로맨틱 신비와 비슷한 관념이며, 우리가 뛰어넘어야 할 것이다. 물론 이론을 더 쉽게 이해시키기 위해 때로는 은유를 활용하지만 내가 이 책에서 제시하는 이론은 은유가 아니다. 나는 내 능력껏 로맨틱한 사랑에 관한 문자 그대로의 진실을 발견하고 말하려 노력하는 중이다.

무엇보다도 나는 우리가 사랑의 본성을 바꿀 수 없다는 생각에 동의하지 않는다. 적어도 로맨틱한 사랑은 우리가 바꿀 수 있다. 우리는 끊임없이 그 사회적 성격을 다듬고 재규정하고 있다. 그 과정은 느리고, 얼핏 볼 때 항상 인지할 만한 것은 아니었지만 점진적인 변화는 늘 일어나고 있다. 지금 로맨틱한 사랑이 100년 전과 비교해 사회적으로 얼마나 달라졌는지 생각해본다면 그것은 쉽게 알 수 있다.

이것을 알아차리는 것이 중요한 이유는, 그 진행과정에 대해 우리가 집단적 책임을 공유하기 때문이다. 우리는 로맨틱한 사랑을 선한 힘으로 만들 책임이 있다. 우리는 '대본'을 바꾸어 사랑이 더 나은 모습이 되도록 할 책임이 있다. 우리가 할 수 있는 것은 아무것도 없고, 우리가 만들 수 있는 변화는 없다는 결정론적 사고에 의존하는 것은 우리의 책임을 저버리는 길이다. 그것은 로맨틱한 사랑의 해로운 고정관념을 우리가 통제할 수도 바꿀 수도 없는 자연의 힘으로 여기고 항복하면서 "연인들은 사랑할 것이다"라고 말하는 것이다. 그것은 지나친 평온이다.

사랑에 대한 생물학 이론도 이 결정론적인 태도를 따라선 안 된다. 사회적 수준에서는 물론 생물학적 수준에서도 사랑의 본성을 대체하는 것이 가능하다는 사실이 분명해지고 있기 때문이다. 사실, 이 생각에는 권위 있는 역사가 있다.

마법의 종류

사랑의 생물학에 진지하게 개입한다는 건 최근에서야 현실적으로 들리기 시작했다. 그러나 약이나 로션, 향유, 연고, 또는 기본적으로 우리가 구할 수 있는 물질로 사랑을 유도하거나 치유한다는 생각은 오래전부터 있었다. 미술이나 문학, 약학에서는 그런 생각이 수천 년 동안 만연해 있었다. 오늘날과 같은 로맨틱한 사랑의 사회적 역할이 고대에도 존재했다고 가정하기는 어렵지만, 사랑의 생물학은 확실히 옛날에도 존재했다. 그리고 사람들은 설사 그것이 마법에 의존한다는 의미라고 해도 사랑의 생물학을 통제하고 싶어했다.[3]

아마도 그 가능성은 우리의 집단 상상력을 강하게 사로잡곤 했던 것으로 보이는데, 누군가의 사랑을 통제하는 능력이야말로 막강한 것이기 때문이다. 어쨌거나 플롯 구성에 관한 한, 사랑의 마법은 한도 끝도 없다. TV 드라마 〈버피와 뱀파이어Buffy the Vampire Slyer〉에서 버피의 바보 같은 남자 친구 잰더가 그를 쫓아다니는 서니데일 고등학교의 여학생 전체의 마음을 얻는 에피소드를 생각해보라. 도니체티의 〈사랑의 묘약L'elisir d'amour〉에서는 순진한 시골 총각 네모리노가 미심쩍은 '박사'로부터 값비싼 사랑의 약을 구입하는데, 싸구려 보르도 포도주에 불과한 이 특별한 사랑의 묘약은 사실 매우 효과가 있었다. 『해리포터와 혼혈왕자Harry Potter and the Half-Blood Prince』에서는 '사랑'의 묘약과 그 해독제가 모두 등장한다.

플롯 장치로서 사랑의 묘약이 지금도 신선하게 다가오는 이유는 사랑의 생물학을 바꾼다는 오랜 흥미를 이용하기 때문이다. 하지만 그런 생각이 픽션에만 존재하는 건 아니다. 그것을 진정한 가능성으로 다룰 때는 더욱더 매혹적으로 다가온다. 그것은 우리가 사랑, 삶, 인간 조건을 어떻게 이해하는지 참으로 많이 보여주기 때문이다. 만약 사랑에 대한 생물학적 개입이 실로 우리의 미래라고 할 때, 그것과 관련된 과거를 안다면 우리는 더 잘 준비하고 미래를 마주할 수 있을 것이다.

오랜 세월 동안 사람들은 우리의 몸과 정신은 네 가지 '기질' 또는 네 가지 체액으로 조절된다고 믿었다. 네 가지 체액이란 혈액, 점액, 흑담즙, 황담즙을 말한다. 고대 그리스의 의사 히포크라테스Hippocrates(히포크라테스 선서는 그의 이름을 딴 것이다)가 이 관념을 공식화했지만, 아마 그런 생각은 훨씬 전부터 내려오고 있었을 것이다. 물론 현대 과학은 네 가지 기질 이론을 폐기했지만, 우리의 어휘 속에는 그 울림이 아직 남아 있다. 예를 들어 우리가 어떤 사람을 묘사하면서 '멜랑콜리'하다고 했을 때, 우리는 한때 신체 내의 흑담즙(그리스어에서 melancholia는 검다는 뜻의 melas와 담즙을 뜻하는 khole의 합성어다)이 지나치게 많은 탓이라고 생각했던 한 기질을 가리키는 셈이다.

여러분이 신체 내의 물리적 물질들이 우리 감정이나 행동의 원인이 된다고 생각하는 순간, 사랑에 대한 생물학적 개입은 실행 가능한 것으로 다가올 것이다. 16세기와 17세기에 네 가지 기질 이론을 믿었던 의사들은 '성애적 사랑'이 혈액과 관련이 있다고 생각했다.[4] 그들은 흰 빵, 달걀, 감자 같은 특정 식품이 사람을 더욱 '다혈질'(쾌활한, 다혈질을 뜻하는 sanguine은 피를 뜻하는 라틴어 sanguis에서 왔다)로 만들고, 따라서 더욱 '호색적'으로 만들도록 도울 수 있다고 믿었다. 반대로 물리적으로 식힌다는 것은 혈액을 억누르는 것, 따라서 일체의 호색적 경향을 억누르는 것이라고 믿었다.

병든 상태와 건강한 상태

생물학적 개입은 종종 사랑을 제거하거나 '치료'하는 데 초점을 맞추곤 했다. 사랑을 '치료'해야 할 어떤 것으로 보려면 우선은 그것을 병으로 여겨야 하는데, 이 또한 역사가 깊다. 사랑이 심각한 물리적·정신적 증후군의 근원이라는 관념의 기원은 사랑 자체만큼이나 오래된 것으로 보이며, 몇몇 시대에는 '상사병'을 매우 심각한 의학적 질병으로 다루었다.

우리는 고대 그리스 시인 사포를 떠올림으로써 사랑의 질병이 된 과정을 짚어볼 수 있을 것이다. 그녀는 기원전 600년경에 살았으며 서정적 연애시를 발명했다고 여겨지는 인물이다. 서정적 연애시는 로맨틱한 사랑의 합성 이미지 형성에 줄곧 중대한 역할을 해왔던 예술 형식이다. 사포는 자신의 가장 유명한 시에서 열정적인 사랑과 그에 관련된 질투를 적나라하게 묘사한 듯한 것을 제시한다.[5] 그녀는 그 증상을 자세히 묘사한다. 심장이 두근거리고, 정신이 아뜩해지면서 열이 나고, 보거나 말할 수 없으며, 귀가 울리고, 땀이 뚝뚝 쏟아지고, 온몸이 떨리고 안색이 창백해진다. 사실상 죽어가는 것 같다. 따지고 보면 멜로드라마도 새로운 발명품이 아니다.

셰익스피어 역시 사랑을 심각한 병으로 제시했다. 예를 들어 그는 「소네트 147」에서 좌절당해 절망하는 사랑의 경험을 전달하기 위해 노골적이고 오래가는 의료적 상상력을 활용한다. 시인은 "내 사랑 열병과 같아 / 병 더 키울 것을 염원하며"라는 시구로 시작하더니, 죽고 싶을 만큼 차오른 욕망을 언급하고, 이성이 자신을 떠나버려 자신의 생각과 말은 흡사 "미친 사람과 같으며", "치료가 늦었다"고 말한다. 이런 부류의 감성은 1885년에 이르면 이미 충분히 진부해져 W. S. 길버트는 오페라 〈미카도The Mikado〉의 대본에서 그런 감성을 패러디하는데, 코코는 카티샤를 향한 '사랑'을 "느리지만 확실하게 내 장기들을 태우는 백열의 열정"이라고 묘사한다.

흥미로운 것은 셰익스피어의 「소네트 147」이 사랑을 물리적 질환('열병')으로 제시하면서 시작하지만, 이후의 비유는 우리가 오늘날 정신병으로 분류할 만한 것('미친')으로 바뀐다는 점이다. 그러나 그의 동시대인들은 열병과 광기 모두 네 가지 기질의 불균형으로 해석하곤 했기 때문에 셰익스피어에게는 이런 차이가 별로 의미 없었을 것이다. 그렇더라도 사랑이 일종의 광기라는 관념이 발전하는 데 미친 그의 역할은 결코 작지가 않다. 『뜻대로 하세요As You Like it』의 등장인물 로절린드는 이렇게 말한다. "사랑은 순전히 광기일 뿐이죠. 그래서 정말이지 미치광이들과 마찬가지로 어두운 방과 채찍이 제격이지요. 그런데 그들이 이런 식의 처벌과 치료를 받지 않는 까닭은, 그 광기가 너무나 흔해서 채찍질하는 자들조차 사랑에 빠지기 때문이죠." 이 대목이 생생하게 보여주듯, 사랑과 정신병과의 연관은 정신병과 관련해 매우 혼란스러운 관념을 가져올 수 있다.

셰익스피어가 처음으로 사랑과 광기를 연관 지은 것은 아니었다. 플라톤의 『파이드로스Phaedrus』에서 등장인물 소크라테스는 에로스를 광기의 한 형태로 설명한다. 물론 늘 그렇듯 여기서 우리는 에로스가 로맨틱한 사랑과 같다고 가정하는 것을 매우 조심해야 할 것이다. 소크라테스는 에로스는 이성적 삶에서 벗어난 것이라고 일축한다. 하지만 나중에 가서는 그 말을 사과하는데, 에로스는 사실 광기의 유익한 형태일 수 있다고 말한다. 그럼에도 그는 이 점에 관한 자신의 견해를 "그냥 영리하기만 한 이들은 믿지 않겠지만 진정 현명한 이들은 받아들일 것"이라고 말한다.[6]

소크라테스의 진술과 진술의 철회에서, 그리고 어쩌면 특히 '영리한' 이들과 '현명한' 이들의 구분에서, 플라톤은 사랑에 관해 이어진 이후의 철학사를 줄곧 꿰뚫어왔던 사랑과 합리성 사이의 복잡한 춤을 예시했던 것 같다. 그것은 이 책 역시 꿰뚫고 있는데, "그것을 지나치게 생각하는 것"에 대한 초반의 걱정에서, "사랑은 현명하다"며 미래 세대에게 조언하는 버트런드 러셀의 신중한 언어 선택에서, 그리고 인간 본성에 대한 계몽주의적·낭만주의적 개념에 사랑이 그 자신을 내장하는 서로 다른 방식 속에서 이어진다. '광기'로 제시될 때 사랑은 합리성의 반대다. 그렇다고 지혜의 반대는 아닐 것이다.

어쨌거나 여러분은 다음 번 디너파티에서 친구들에게 이런 문제를 낼 수 있을 것이다. 플라톤, 셰익스피어, 퀸, 비욘세(마지막 두 명은 〈사랑이라는 미친 짓Crazy Little Thing Called Love〉과 〈사랑에 미쳤어요Crazy in Love〉라는 곡에 책임이 있다)를 통합하는 철학적 관념 하나를 말해보라고 말이다. 광기로서의 사랑이라는 관넘은 지금도 아주 만연하며, 오랜 세월동안 사랑을 병으로 여기고 치료하는 주요 출발점이 되어왔다.

사랑은 치료된다

20세기 영국의 교수 로렌스 밥Lawrence Babb은 르네상스 저작에 나타난 사랑의 의료화에 관해 글을 쓰면서 "의학 저술에서 사랑은 두뇌 질병으로 논의되며 광기, 우울, 공수병, [그리고] 광란 발작과 함께 놓인다"고 말한다.[7] 그는 눈에 띄게 사랑을 병으로 취급하는 르네상스 저작의 몇몇 대목에 우리의 관심을 끌어들이는데, 그중에는 프랑스 의사 앙드레 뒤 로랑André du Laurens이 쓴 16세기 의학 문서의 한 대목이 있다. 뒤 로랑은 『우울증의 해부Anatomy fo Melancholy』의 저자 로버트 버턴Robert Burton을 인용해 "사랑우울증에 대한 최후이자 최선의 치료법은 [피해자들이] 욕구를 가지도록 내버려두는 것"이라는 견해에 동의하면서 이렇게 덧붙인다. "이 치료과정은 실행되어서도 안 되며 항상 실행 가능한 것도 아니다. 그것은 신과 인간의 법칙에 반하기 때문인데, 우리는…… 훌륭한 의사의 노력에 의지해야 할 것이다."[8]

의료산업은 늘 열정적으로 중요한 몫을 하려고 해왔다. 뒤 로랑의 시대에 사혈은 흔히 제안되는 치료법이었다. 인정하건대 사혈은 당시 거의 모든 병에 대해 의학이 제안하는 해결책이었는데, 만약 '색욕'은 혈액이 너무 많아 네 가지 체액의 균형이 무너진 탓이라고 생각한다면 사랑의 치료에 사혈을 이용하는 것도 어느 정도는 말이 될 수 있었다. 음식을 덜 먹고 바삐 지내는 것 또한 사랑우울증 치료법으로 추천되었다.

밥은 르네상스 시대 의사들이 대체로 사랑 병을 '중대한 문제'로 생각했다고 보고한다. 그들은 오늘날 우리가 치료적 개입과 생물학적 개입이라고 부를 만한 것을 혼합한 처방을 제시했다. "전자는 주로 연인이 사랑하는 사람으로부터 마음을 돌리거나 사랑을 미움이나 혐오로 바꾸기 위한 전략을 포함하며, 후자는 개선책이나 예방책으로 이용할 수 있는 것으로 사혈, 약, 운동, 식이요법을 포함한다."

직접적인 생물학적 개입과 마찬가지로, 사랑을 '치료'하기 위한 치료적 개입 또는 행동적 개입은 오래된 것이지만 지금도 우리에게 남아 있다. 로마 시인 오비디우스의 「사랑의 치료법 Remedia Amoris」은 자신에게 관심이 없는 여성으로부터 헤어나기 위해 애쓰는 청년들을 위한 로마 시대의 조언 칼럼과 같다. 오비디우스는 허브나 마법에 휘둘리지 말라고 말한다. 법, 전쟁, 사냥, 여행 등으로 시간을 채우려고 애써라. "사랑은 일로 대체된다. 바쁘게 지내면 안전할 것이다."[9] 그는 몇 가지 식이요법도 제안하는데, 양파를 피하라는 금지 명령이 들어 있다. "그것이 다우니아에의 것이건 리비아 해안에서 왔건 메가라에서 났건" 원산지에 상관없이 모든 종류의 양파를 피해야 한다.

사랑을 '치료'한다는 이 모든 생각의 의의를 이해하기 위해서는 그 뒤에 놓인 동기, 이데올로기, 가정들을 알아봐야 한다. 오비디우스는 그 시대 사람들이 사랑을 '치료'하려 애쓰면서 무슨 생각을 하고 있었는지와 관련해 우리에게 소중한 단서를 준다. 사실 이런 생각들은 우리 시대에도 여전히 작용하고 있다. 오비디우스의 조언 가운데 일부는 오늘날 '남성 권리 활동가'나 이른바 '픽업 아티스트'라는 유혹 전문가의 웹사이트에 올려도 전혀 어색하지 않을 것이다. 예를 들어 그는 남성들에게 조언하기를, 한 여성에게 매력을 느낀다면 그게 무엇이든 "나쁜 쪽으로 돌리라"고 한다. 예를 들면 이런 식이다. "만약 그녀의 가슴이 풍만하다면 뚱보라 부르고, 피부가 검은 편이라면 검둥이라고 불러라. 호리호리한 여성의 마른 모습도 비난의 대상으로 만들 수 있다. 만약 그녀가 단순하지 않다면 주제 넘는다고 나무랄 수 있다. 그녀가 정직하다면 단순하다고 말할 수 있다." 오비디우스는 또한 여성들이 잘하지 못하는 것을 하게 만들어 스스로 당황하게 만들라고 권고한다. "여성의 목소리가 작으면 노래를 부르도록 강요하고, 팔을 놀리는 법을 모르면 춤추게 만들어라." 아울러 아침 일찍 찾아가 그녀가 제대로 옷을 입을 시간을 주지 않으면 그 '불운한 여성'이 '자기 자신의 결점에' 낙담하게 만들 수 있다고 제안한다.

오비디우스가 그렇게 말하며 아이러니나 패러디를 시도하고 있었을 수도 있고 아닐 수도 있다. 프리드리히 니체처럼 오비디우스도 때로는 이런 식의 변명을 하곤 했다. 어느 쪽이든 그가 수천 년 전에 이런 글을 썼다는 사실은 사랑과 젠더에 대한 이

런 태도들이 얼마나 독창적이지 않은지를 비춰준다. 그 옛날에
도 사랑은 최소한으로 느끼고 돌보는 쪽이 승자가 되는 젠더화
된 전쟁터라고 생각하는 것이 이치에 맞았다. 물론 만약 그것이
여러분이 생각하는 사랑이라면, '치료법' 찾기는 여러분에게 승
리 전략으로 다가올 것이다. 하지만 나는 이것이야말로 여러분
의 사랑 개념에, 그리고 여러분의 세계관에 무언가 잘못되어 있
다는 사실상의 징표라고 주장하고 싶다.

무능과 중독

사랑과 정신병을 연관시키는 것은 사랑을 병으로 여기는 시작
점 중 하나다. 그 밖에도 적어도 두 가지 시작점이 있다. 사랑과
무능을, 그리고 사랑과 중독을 연관시키는 것이다.

우선 무능부터 생각해보자. 어쩌면 이와 관련해 가장 흔한
연관은 "사랑은 눈먼 장님이다"라는 관념이다. 이는 시각장애를
은유적으로 활용해 인식의 결여를 포착하는 한 예다. 이것이
항상 부정적으로 나타나지는 않는다. 정의正義 또한 종종 장님
으로 묘사되어, 편견을 끌어들일 수 있는 부적절한 곁눈질은 아
예 할 줄 모른다는 걸 암시하기도 한다. 그러나 "사랑은 눈먼 장
님이다"라는 말은 약간은 다른 의미를 함축하고 있는데, 여러분
이 사랑에 빠졌을 때는 연인의 심각한 결점 같은 것이나 그 관
계가 결코 잘 풀릴 수 없는 이유를 모른다는, 또는 "보지 못한

다"는 뜻이다. 그렇기에 이 시각장애 은유의 활용은 시각장애인들이 중요한 문제와 관련해 무지하거나 인식을 결여하고 그 탓에 나쁜 결정을 내리는, 달리 말해 "여기저기 걸려 비틀"거리는 사람들이라는 해롭고 부정확한 고정관념을 내포하고 있다.

우리는 그 은유에서 차별적인 꾸러미를 수입하지 않고도 사랑은 종종 인식의 결여를 포함한다는 관념을 구제할 수 있다. 이는 사랑의 기능이 쉽게 발휘되도록 도울 수 있다. 여러분이 연인의 결함을 주목하지 않고 있을 때 핵가족 유대는 더 쉽게 형성된다. 그러나 한편으로 그것은 여러분의 파트너가 실제 어떤 사람인지 제대로 알지 못한 채 감정적 또는 경제적으로 사고를 친 후에 닥칠 수 있는 불행이나 학대 같은 익숙한 문제적 결과들을 동반한다.

사랑과 시각장애, 사랑과 정신질환의 연관처럼 사랑과 중독과의 연관도 하나의 상투어가 될 만큼 매우 공고히 구축되어 있다. 록 가수 로버트 파머Robert Palmer는 1980년대의 유명한 히트곡 〈사랑에 중독됐어요Addicted to Love〉에서 사랑 중독에 관해 노래하면서 2,500년 전 사포의 시를 연상시키는 방식으로 그 다양한 증상을 소개했다. 하지만 우리는 지금 일부 부류의 사랑과 일부 부류의 화학적 중독 사이에 실제로 물리적·신경화학적 유사성이 있음을 배워나가고 있다.

신경과학자 루시 브라운Lucy Brown은 2010년의 한 공동 논문에서 이런 유사성 가운데 몇 가지를 조명했다.[10] 그녀는 최근에 사랑에 거절당한 젊은이들의 두뇌를 조사한 연구에서 "십중팔구 그 집단은 다른 사람에 대한 최대치의 '중독'을 보인다"고 보고한다. 연구원들은 피험자들의 복측피개영역이 더 활발히 활동하고 있었음을 발견했는데, 이는 로맨틱한 사랑의 초기 단계에서 종종 보이는 현상이기도 하다. 결국 이는 연인에게 거부당한 후에도 "연인을 보는 것이 여전히 보상을 주는" 일임을 말해준다. 그러나 더욱 충격적인 점은 최근 거부당한 피험자들 역시, 지금까지 코카인 중독자들의 갈망과 관계가 있다고 밝혀진 두뇌의 특정 영역에서 높은 활동 패턴을 보였다는 사실이다.

우리는 사랑우울증이 혈액의 과잉에서 나온다는 관념으로부터 먼 길을 걸어왔지만, 여러 면에서 아직도 똑같은 일에 가담하고 있다. 윤리학자들은 신경과학의 진보에 기대어, 사랑을 현대 약물 치료의 범위 안에 끌어들일 실질적 가능성을 논의하기 시작했다. 중독과의 연관은 특히 여기서 중요시되는데, 이미 중독 치료에 쓰이는 방법을 이용해 사랑을 '치료'하거나, 중독과 사랑의 유사성에 기반을 둔 새로운 치료법을 개발하거나 하는 것, 또는 그 둘 모두 가능할 수도 있겠다는 생각 때문이다. 예를 들어 윤리학자들은 "마약의 약리학적 효과를 차단하기 위해 헤로인 중독자들에게 때로 경구용 날트렉손▼을 주듯이, 한 개인이 다른 사람과 가까운 관계에서 받는 보상을 줄이기 위해 옥시토신 길항제를 처방할 수 있을 것"이라고 주장한다.[11]

▼ naltrexon 알코올 의존증이나 마약성 진통제의 급성 중독 치료제로 쓰인다.

진짜 약으로…… 진짜 사랑을?

어쩌면 우리는 약으로 '사랑을 치료'하는 것이 더는 소설이나 허풍이 아닌 시대를 코앞에 두고 있는지 모른다. 그러나 여전히 혼란스러울 수도 있을 것이다. 정말로 우리가 치료하고자 하는 것이 사랑일까?

우리가 상대에 대한 열중, 집착, 스토킹, 또는 데이트 폭력 같은 것을 왜 치료하고 싶어할지는 이해가 간다. 그러나 이런 것들은 사랑이 아니다. 사실 이런 것들을 사랑이라 한다면 위험하다. '사랑'이라는 단어는 강력하며, 보통은 매우 긍정적으로 해석된다. 그 단어를 적용한다는 것은 사실상 끔찍한 상황을 효과적으로 은폐할 수 있다. 예를 들어 데이트 파트너의 학대와 폭력은 '너무 많이 사랑'한 결과가 아니다. 하지만 가학자는 동정을 얻고 계속해서 해를 가할 위치를 유지하기 위해 그것을 사랑이라 부른다.

어쩌면 그보다는 학대받는 파트너가 중독성의 관계를 끊기 힘들게 만드는 애착의 종류야말로 '치료'받아야 하는 '사랑'의 부류가 아닐까 하는 문제가 더욱 논쟁적일 것이다. 하지만 많은 경우 그런 경험은 결코 진정한 사랑의 부류가 아닐 수 있다. 그것은 불건전한 의존, 이별에 대한 두려움, 또는 나머지 다른 것들의 묶음일 수 있다. 설사 거기에 사랑이 존재한다고 해도 사랑 자체가 트라우마의 영향, 신변 안전이나 가학자의 행동에 따른 자율성의 결여와는 반대되는 것으로서 치료를 필요로 하는

지는 분명하지 않다.

　집착과 학대로 야기된 문제에 접근하는 최선의 방법은 '사랑의 치료'에 관해 이야기하는 것이 아니라 해를 끼치는 것들, '치료'해야 하는 것들과 사랑 사이에 분명히 선을 긋는 것이다. 사랑에 관한 벨 훅스의 저작은 이 전략을 고무해왔는데, 내 생각에 그것은 실질적 문제를 충분히 명쾌하게 다루게 해줄 유일한 전략인 것 같다. '사랑의 치료'를 이야기하는 것은 물을 진흙탕으로 만들 뿐이다. 그런 힘든 상황에서 우리가 정말 하지 말아야 할 행동이다.

　또한 우리에게는 특정 형태의 사랑을 '치료'하려고 시도했던 역사가 있으며, 그 역사가 우리에게 자신감을 불어넣을 일은 거의 없다는 걸 염두에 두어야 할 것이다. '화학적 거세'와 '전환치료'를 통해 퀴어 피플의 로맨틱한 감정과 지향성을 '치료'하려는 시도가 불러온 참혹한 효과는 잘 알려져 있다. 우리의 과거 기록은 능력과 연민으로 의학기술을 휘두른 인류의 능력을 보여주는 빛나는 예가 아니다.

　사랑을 유도하거나 지속하기 위해 약을 이용한다는 생각은 어떨까? 이는 표면적으로는 사랑의 '치료'보다는 덜 걱정스럽게 여겨질 수도 있다. 그러나 역시 우리는 열정에 넘쳐 급하게 서명하기 전에 그 동기를 신중하게 잘 살펴볼 것이다. 최근에 화학적으로 유도된 사랑을 옹호하는 한 공동 논문은 "결혼은, 특히 행복한 결혼은 아이들에게 좋다"고 주장했다. 결혼한 커플이 계속 사랑할 수 있도록, 따라서 이혼하지 않도록 약을 이용하는 것은 이로울 거라는 얘기다.[12] 하지만 우리는 결혼의 특정 부분 집합(화학적으로 개입하지 않을 경우 헤어질 부부들) 역시 "아이들에게 좋다"고 가정해야 하지 않을까? 그런 주장에 대해 우리가 어떤 증거를 가질 수 있는지 모르지만, 증거가 없는 상황에서는 의심스럽다.

더욱 흥미롭게도 이렇게 주장하는 저자들은 또 다른 제안, 그들 말로는 정의를 기반으로 한 제안까지 하고 있다. 그들은 이렇게 쓴다. "현재 자연의 복권은 불평등을 빚어낸다. 일부 남성은 성공적이고 일부 여성은 매력적이어서 누구보다 폭넓은 배우자 선택권을 가지게 된다. 나머지는 호감을 덜 산다. 화학적으로 욕정과 매력을 유도하는 것은 생명나무의 아래쪽에 있는 사람들에게 더 위로 올라갈 기회를 줄 것이다. 이렇게 해서 더욱 고른 운동장을 만들 수 있을 것이다."

지금쯤 여러분은 이 주장에서 작용하는 익숙한 이데올로기를 가려낼 만한 위치에 있을 것이다. 우선 여기에는 표준적인 젠더 고정관념이 있다. 이렇다 저렇다 말도 없이, 가장 폭넓은 배우자 선택권이 매력적인 여성들과 성공적인 남성들에게 돌아간다는 가정을 주목하자. 하지만 무엇보다 중요한 것은 마치 우리가 공평한 분배 또는 정의의 렌즈를 통해 사랑과 성의 윤리를 보고 있다는 암시가 있다. 우리는 지금 사람들에 관해, 그리고 그들과 나머지 사람들과의 가장 친밀한 관계에 관해 이야기하고 있음을 기억할 필요가 있다. 한마디로 매력적이지 않은 여성이 성공적이지 않은 남성에게 다가가기 위해, 또는 그 역을 위해 자발적으로 약을 복용할 거라는 말일까? 아니면 강제로 그들에게 그런 약을 먹여야 한다는 걸까? 첫 번째 선택지는 기이하게 들리지만, 두 번째 선택지는 혼란스럽다. 어쨌거나 애초에 누가 매력적이지 않은지, 누가 성공하지 못했는지를 누가 판단하는가? 그런 주관적인 평가에서 우리는 누구의 표준을 확정적으로 받아들여야 할까?

무엇이 잘못되었는지 알아보기 위해 더 깊이 들어가보자. 우리는 이미 '정의' 주장의 배경 역할을 하는 큰 그림에 담긴 관념을 본 적 있다. 로맨틱 파트너는 부 또는 사유재산과 비슷한 부류의 자원이라는 인식 말이다. 실제로는 친밀감이나 연인관계를 추구하는 행동을 '경쟁'이니 '복권'이니 하는 말로 설명하고, 더욱이 자유로운 로맨틱한 선택을 우리가 재분배 조치로 바로잡아야 할 불평등의 근원으로 제시하는 데서 그런 관념이 분명히 드러난다.

파트너를 자원이나 재산으로 여기는 관념은 문화적 유물이다. 친부관계를 보증하고, 남성의 생물학적 자녀에게 유산을 상속시키기 위한 통로로서 여성을 소유하고 통제하는 데서 비롯된 단혼제의 잔재인 것이다. 이 모델은 여성을 가축이나 번식용 암말 비슷한 것으로 생각한다. 이 소름 끼치는 태도를 로맨틱 파트너 일반에게까지 확장하는 것은 진보가 아니다. 나는 부를 가진 사람들의 방정식을 참을 수가 없다. 그런 관념이 지배하던 시대는 정말이지 이미 지나갔다. 그리고 애초에 결코 도래해서도 안 되는 것이었다. 만약 우리가 우리의 로맨틱 파트너를 포함해 사람들을 재산이나 포상으로, 또는 우리가 얻거나 소유할 수 있는 것으로, 또는 '정의'의 이름으로 재분배해야 하는 것으로 생각하기를 멈출 수만 있다면, 나는 철학자이자 한 인간으로서 로맨틱한 사랑이 띠게 될 미래의 모습에 흥미를 느낀다.

나는 우리가 그런 마음가짐을 뿌리 뽑을 수 있다고 믿는다. 하지만 그건 태도의 전환, 그것도 커다란 전환이 필요할 것이며 사람들을 치료해서 그것을 달성할 수는 없다.

그러나 한편으로 그런 전환이 조만간 이루어지지는 않을 텐데, 개인들은 지금 사랑 때문에, 또는 적어도 그들이 '사랑'이라고 부른 경험 때문에 고통받고 있다. 만약 우리가 약으로 그들을 치료할 수 있다면 그렇게 해야 한다. 그렇지 않은가? 물론 짧게 보고 답하면 그렇다. 우리는 할 수 있다면 사람들을 도와야한다. 그러나 길게 보고 답하면, 모든 의학적 개입이 그렇듯 우리는 진정한 문제가 해결되지 않은 상태에서 증상을 포장할 중대한 위험성을 예의주시하면서 그 가능성에 접근해야 할 것이다. 그리고 우리가 하고 있는 일을 설명하는 방식에 극도로 주의를 기울여야 할 것이다. 우리는 학대관계에 의학적으로 개입하는 것이 '사랑의 치료'라고 묘사될 때 경종에 귀를 기울여야할 것이다.

또한 문제가 되는 어떤 증상도 약으로 치료할 수 있다는 생각에 도취해서도 안 될 것이다. 이와 관련된 신경과학은 아직 걸음마 단계에 있다. 우리는 네 가지 기질 이론에서 상당히 진보해왔지만, 우리가 오늘날 제안하는 어떤 약을 쓴다는 것이 몇

백 년 후에는 누군가를 덜 다혈질적으로 만들기 위해 혈관을 절개하는 것만큼 유익하다거나 양파를 먹지 말라는 오비디우스의 조언만큼 허튼소리로 들리게 될 것이다.

우리의 미래에 관해 가장 안전한 예측 중 하나는 그것이 우리의 과거와 현재를 닮을 거라는 것이다. 내일 날씨는 오늘과 비슷할 것이라는 알고리즘을 능가하기 위해서는 매우 정교한 날씨예보 기술이 필요하다. 그러나 사랑의 생물학에 대한 우리의 이해를 높여나가는 동안 사랑의 이원성을 염두에 둔다면, 실로 의학적이거나 개인적이지 않은 문제들을 의료화하고 개인화하는 지난날의 패턴을 반복하지 않는 데 도움이 될 것이다. 우리는 사랑의 생물학(더욱 일반적으로는 개인적 수준의 사랑)이 전체 그림의 일부에 지나지 않음을 명심해야 한다. 그것은 무엇이 잘못되었는지 진단하기 위해 찾아보아야 할 단 하나의 장소, 아니 심지어는 가장 눈에 띄는 장소도 아니다. 만약 로맨틱한 사랑의 사회적 역할과 관련해 무언가 심각하게 잘못되었다면, 약물로는 그것을 고치지 못한다. 아니 만에 하나 효과가 있다고 해도 고치지 못한다.

로맨틱 신비가 우리에게 무엇을 믿게 하든, 우리는 사랑의 성격을 바꿀 수 있다. 우리는 분명 사회적 대본을 다시 쓸 수 있다. 그러면서도 생물학적 배우를 그대로 유지할 수 있을 것이다. 그리고 이는 우리가 어떤 선택지를, 어떻게, 무엇보다도 왜 추구하고 싶은지에 관해 진지하게 생각하고 있음을 의미한다. 사랑의 생물학에 대해 더 많이 이해하는 시대에 접어들면서, 그에 수반되는 윤리적 위험성과 책임은 계속 커지기만 할 것이다. 우리는 그 어느 때보다 치열하게 이를 고민해야 할 것이다.

멋진 연애생활을 위한 이상한 속임수 하나

우리가 사랑의 과학을 더 많이 이해하게 될수록 그것을 선정적으로 다루는 모든 헤드라인에 회의적으로 접근하는 것이 중요하다. 최근 〈사이언스 얼러트Science Alert〉라는 웹사이트에는 이런 헤드라인이 실렸다. "과학자들은 이제 여러분의 두뇌 스캔으로 여러분이 사랑에 빠졌는지 아닌지 알 수 있다. 그리고 여러분이 사랑하는 척하는지 아닌지도 알 수 있다."[13] 과학자들이 안다고? 아이쿠, 여러분은 딱 걸렸군.

물론 여러분이 사랑하는 척하지 않을 때는 예외다. 이런 유형의 헤드라인은 즉석식품 포장지의 이미지나 내가 이 단락을 위해 뽑은 제목과 비슷하다. 여러분이 그런 비현실적인 약속을 토대로 기대에 부풀었다면 실망하게 될 것이다. 그 헤드라인 뒤에서 실제로 연구했던 과학자들이 한 말은 이렇다. "그 결과는 로맨틱한 사랑의 기저에 있는 신경 메커니즘을 조명하며, 로맨틱한 사랑의 연구를 위해 휴지 상태 fMRI 접근법을 적용할 가능성을 보여준다."[14] 그들은 대학생 집단을 상대로 두뇌 스캔 결과와 "현재 열렬히 사랑 중인"(1980년대의 다소 문제가 있는 설문조사로 측정된) 상태 사이에 어떤 통계적 상관관계를 발견했다.[15]

이는 매우 한정적인 발견이며 과학자들이 단지 두뇌 스캔만으로 누가 사랑하고 있고 누가 사랑하지 않는지 '가려낼' 수 있다는 뜻은 확실히 아니다. 과학자들은 여러분이 '사랑하는 척'하고 있음을 증명하지 못하며, 여러분의 사랑 자격증을 박탈하기 위해 여러분을 쫓고 있지도 않다.

우리가 진정 무엇을 배우고 있는지 주의한다는 것은 한편으로는, 과학적이든 의학적이든 또는 어떻든 사랑에 관한 모든 대화가 사전에 설정된 사회적 태도와 기대의 형태로 많은 꾸러미와 함께 온다는 사실을 기억하는 것이기도 하다. 이 사실을 무시하면 모든 사람이 상처받기 쉬워진다. 로맨틱한 사랑에 대한 현재의 사회적 대본에서 배척당하거나 피해를 본 집단, 사랑의 이름으로 학대를 경험한 이들은 특히나 그렇다. 그러나 사랑이 무엇인지, 사랑에 관한 우리의 가정들이 실제로 어디서 왔는지 이해하지 않고 사랑을 근거로 삶의 중요한 결정을 내리는 건 누구에게나 위험하다.

의료적 개입을 위한 방안을 선택할 것인지 아닌지 결정하는 문제에는 우리 누구나 비슷하게 취약하다. 이런 선택을 책임 있는 방식으로 하기 위한 훌륭한 첫걸음은 로맨틱한 사랑이 생물학적인 특성과 사회적인 특성 사이에서 끊임없이 상호작용을 하는 상태에 있다고 보는 것이다. 미래가 어떻게 되든, 우리가 생물학적 존재와 사회적 존재로서 우리 자신의 이원성을 보유하는 한, 사랑 또한 두 진영 모두에 한 발씩 담그고 있을 것이다. 우리가 사랑의 사회적 역할 속에 구축해온 문제들을 치료해줄 알약은 없겠지만, 일단 이것을 인정한다면 우리는 사랑의 생물학을 더욱 현명하게 다룰 수 있을 것이다.

평온을 비는 기도가 암시하듯, 우리에게는 할 수 있는 것을 바꿀 용기와 할 수 없는 것을 받아들일 평온함이 필요하다. 그러나 사랑의 미래에 관한 한 우리에게 가장 절박하게 필요한 것은 지혜다. 우리가 변화시킬 수 있는 것과 없는 것을 알기 위해서뿐 아니라, 무엇보다 우리가 다루고 있는 것이 어떤 부류의 존재인지 알고, 사랑의 생물학적 기제와 그 이데올로기적 윤곽 사이에 감춰진 솔기를 짚어내기 위해서, 그리고 제안되는 개입 뒤에 숨은 동기들을 분명히 보기 위해서도 지혜가 필요하다. 사랑에 관해서는 우리가 어떤 것도 바꿀 수 없으며, 따라서 노력할 필요가 없다는 로맨틱 신비를 묵인하는 것은 용기 부족이자 지나친 평온을 나타낸다. 그러나 의학적으로 사랑을 조작한다는 지나친 열정이 정확히 그 역, 다시 말해 지나친 용기와 부족한 평온은 아니다. 오히려 그것은 심각한 지혜 부족의 징후다. 야수의 본성을 잘못 해석한 것이다.

종결부

그렇게 만들어라

What Love is

올빼미는 원래 빵집 딸이었대요.
폐하, 우리는 오늘 일은 알지만 내일 일은 알 수 없지요.

— 윌리엄 셰익스피어, 『햄릿』

사랑의 정치학

로맨틱한 사랑을 변화시키거나 그에 도전하는 것에 대해 어떤 생각이든 말해보시라. 일부 사람들은 여러분이 옹호하는 것은 사랑이 뿌리 뽑히고 사랑 대신 죄의식 없는 끝없는 섹스가 대체하는 세계라고 생각할 것이다. 생각해보면 참으로 이상한 논리의 비약이다. 그런 비약은 어디서 오는 걸까?

그 퍼즐의 한 조각은 섹스와 사랑이 정치적 분할에 동화되어 서로 반대의 위치에 놓여왔다는 것이다. 쉽게 말해 섹스 옹호는 진보주의나 자유주의로 비치는 반면, 사랑 옹호는 전통주의나 보수주의로 비친다. 이는 여러 면에서 분명히 드러난다. 그 예로 사람들은 어떤 관계가 '단지 섹스뿐인' 관계라고 말함으로써 마치 그 관계가 덜 고상하다는 것처럼 만들려고 한다. 또는 반대로 그것이 '진정한 사랑'이라고 말함으로써 그 관계가 더욱 고상한 것인 양 만들기도 한다. 이런 논의에서 중요한 고정점은 사랑 자체는 고상하고, 믿을 만하고, 분별력 있고, 의지할 만하며, 보수주의자들이 좋아하는 나머지 많은 것이라는 사실이다.

그런데 여기서 두 가지 실수가 일어나고 있다. 첫째로 사랑과 섹스는 어떤 식으로든 대립하지 않는다. 그 두 가지가 똑같지는 않지만 경쟁하지도 않는다.[1] 둘째로 사랑은 너무도 강력해서 어느 한 정치 이데올로기에 굴복하지 않는다. 실제로 사랑 자체에 관해서는 보수적인 어떤 면도 없다. 사랑은 안정과 전통의 현장이 되어왔던 만큼이나 급진적 사회 변화의 현장이 되어왔다. 1960년대에 사랑은 그다지 숭고한 것이 아니었다. 거칠고 자유로웠다.

로맨틱한 사랑의 사회적 역할을 변화시키기란 결코 쉬운 일이 아니지만, 사랑이 보수주의를 위한 하나의 세력으로서 정치화될 경우 그 일은 더욱 어려워진다. 내가 여러분보다 미래를 더 많이 예측할 수는 없지만, 아마도 우리는 일기예보에서 한 가지 교훈을 얻을 수 있을 것이다. 내일은 대체로 오늘과 같을 것이다. 어떤 변화든 끊임없이, 그리고 연속성의 배경 위에서 일어날 것이다. 하지만 나는 어떤 점진적인 변화가 다음에 올지는 짐작할 수 있다. 사랑의 사회적 역할을 구축하는 한 규범은 조금씩 점점 더 많은 압력을 받아왔으며, 확실히 더는 지속할 수 없는 지점에까지 이르렀다. 나는 다음 번 변화는 이 압력을 해소하는 것이 될 수밖에 없을 거라고 생각한다.

문제의 그 규범은 바로 모든 사람이 하나의 진정하고 영원한 사랑을 해야 하며, 그 사랑에는 (1) 이것이 영원히 성적 단혼제를 수반하고, (2) 여성은 물론 남성에게도 실행되어야 한다는 것이다. 그러나 그 관념의 뒤쪽에서 축적되어온 거대한 동력을 보기는 어렵지 않다. 증가하는 높은 이혼율은 하나의 진정하고 영원한 사랑 모델이 보편적 규범으로서 지속 가능하지 않다는 사실을 암시한다. 그리고 누군가는 결국 오랜 파트너에 대한 성적인 또는 로맨틱한 관심을 잃게 마련이라는 생각은 그 자체가 로맨틱 코미디의 수사어일 만큼 너무도 표준화되었다. 관계 치료사 에스더 페럴Esther Perel은 이렇게 말한다. "로맨티시즘이 들어온 모든 곳에 욕망의 위기가 있는 것 같다."[2] 그러나 지금 우리는 이 문제를 개인적 수준에서 다루려 하는 것은 아닐까. 비아그라 같은 의학적 개입으로, 커플 치료로, 그리고 아찔하게 야한 란제리를 허망하게 구매하는 것으로 말이다.

우리는 철학자 버트런드 러셀에게 돌아가 이 모든 것에 관한 어떤 전망을 찾을 수 있다. 러셀은 사회가 부권 통제의 한 방법으로 여성의 성적 관심을 짓밟아 꺼버렸다고 생각했다. 그럼으로써 남편은 아내가 다른 남자를 욕망하지 않고 계속 배우자에게 성적으로 복종할 의무에 얽매일 거라고 안심할 수 있었다. 그러나 여성이 일단 사회적으로 또 법적으로 혼인 내 성관계를 거부할 권한을 얻게 되면 이 전략은 통하지 않는다. 배우자에 대한 강간은 미국의 일부 지역에서는 1993년까지, 영국에서는 1991년까지도 여전히 불법이 아니었으며, 이 관행의 변화는 심지어 법적 원리의 변화보다도 더 더디게 일어난다. 생각해보면 사실 우리는 오랜 전략의 효력이 만료된 결과를 비로소 알아차리고 있을 뿐이다. 지금 우리는 새로운 전략을 앞다퉈 내놓고 있다.

'여성 성기능 장애' 치료제로 광고하는 신약 플리반세린이 이제 막 미국에서 사용 승인을 받은 것도 결코 우연의 일치는 아니다. 원래 항우울제로 개발된 이 약은 우울증에 충분한 효과가 없다고 밝혀졌다. 여성 성욕 증가에 대한 효능도 역시 제한적이며, 잠재적으로 심각한 부작용도 있다. 따라서 플리반세린은 FDA 승인을 받기 전 두 번이나 퇴짜 맞은 경력이 있다. 그러나 절실한 시대는 절실한 수단을 요구한다. 그리고 보편적인 하나의 진정하고 영원한 사랑 모델이 너무 오래되어 더는 환영받지 못하는 이상, 하나의 사회로서 우리는 매우 절실해지고 있다.

내일은 어제와 같을 수 있다

설사 의학적 개입이 일부 사람들에게 도움이 될 수 있다고 해도, 이런 규모의 문제를 은폐하기에는 충분하지 않다. 의학적 개입은 응급처치다. 개인들을 '치료'함으로써 사회적 문제의 증후군을 은폐하는 수단인 것이다. 플리반세린에 감춰진 태도는 1960년대에 가정주부라는 로맨틱한 젠더 역할에 여성들의 불만이 쌓이자 이를 누그러뜨리기 위한 진정제의 대량 사용을 떠올리게 한다. 롤링 스톤스의 노래 〈엄마의 작은 조력자Mother's Little Helper〉는 이 현상을 대표한다. 우리 수명이 계속해서 점점 늘어나고, 로맨틱한 관계에서 개인적 만족을 요구하며, 그리고 결정적으로 설사 우리가 결혼한 여성이라고 해도 성을 거부할 권리를 행사할수록, 하나의 진정하고 영원한 사랑 모델에 대한 압력은 계속 커져간다.

일단 우리가 로맨틱한 사랑을 이원성을 가지는 현상으로 규정한다면, 우리는 지금 무슨 일이 일어나고 있고 우리의 선택지로 무엇이 있는지를 이해할 막강한 수단을 가진 셈이다. 우리는 계속 감당할 수 없을 정도로 형편없는 캐스팅 사례를 진단할 수 있다. 사랑의 오랜 생물학적 기제(앞에서 했던 비유에서의 배우)와 이제 역할을 기대받는 현대의 사회적 역할 사이의 엄청난 부조화가 그것이다. 사회적 대본은 여전히 하나의 진정하고 영원한 사랑 모델을 지시하지만, 이제 두 가지 특징이 추가되었다. 더욱 커진 여성의 성적 자율권과 남성에게 강요된 성적 단혼제가 그것이다. 그리고 우리 대다수 안의 생물학적 배우는 한마디로 이 역할에 끔찍한 캐스팅 선택이다. 그것이 잘 맞는 사람들이 있다는 건 의심하지 않지만, 그렇지 않은 사람들이 훨씬 많다.

그런 형편없는 캐스팅을 결국 감당할 수 없게 된 경우가 이번이 처음은 아닐 것이다. 과거에는 로맨틱한 사랑의 사회적 역할에서 동성관계가 배제되었지만, 그렇다고 퀴어 피플이 동성 파트너에 대해 일으키는 신경화학적 반응이 차단되지도 않았고 그럴 수도 없었다. 퀴어 개인들을 '치료'함으로써 생물학적 배우를 그대로 유지하려는 시도는 크게 실패해왔다. 해결책은 로맨틱한 사랑을 위한 대본을 사회적 수준에서 다시 쓰는 것이다. 고맙게도 이런 접근은 이제 내가 사는 세계의 일부분에서 성과를 거두고 있다.

마찬가지로 사회가 하나의 진정하고 영원한 사랑 모델을 고

집한다고 해서 기존 파트너와 사랑을 약속한 후 새로운 사람과 사랑에 빠지는 모든 사람이나, 배우자와의 장기 단혼제적 로맨스에 싫증난 모든 사람의 신경화학을 끌 수는 없으며 그렇게 되지도 않을 것이다. 우리는 이런 개인들이 의학적 문제를 겪고 있다고 진단하고, 타인에 대한 그들의 욕망이나 만성적인 권태를 '치료'하려고 함으로써 생물학적 배우를 유지하려고 계속 노력할 수 있다. 그게 아니라면 실패한 사회 규범을 재고할 수 있다.

최근 윤리학자 브라이언 어프Brian Earp, 앤더스 샌드버그Anders Sandberg, 줄리언 사불레스쿠Julian Savulescu의 연구는 이 두 가지와 대체로 비슷한 선택지들을 구분했다.[3] 이 분야에서 일하는 많은 사람처럼, 이들은 생물학적 개입으로 평생의 단혼제를 지탱하려는 노력에 기울어져 있다. 이들은 "우리는 간통이 해를 부른다는 걸 알고" 있으며 이혼도 그렇다고 말한다. 이들이 '알고 있다'는 목록은 계속된다. "간통과 관련된 감정적 피해는…… 부모의 자원을 기존 자녀에게 집중시키기 위해 설계된 질투를 통해 축적된다. 그렇다면 간통과 반대로 질투는 가정을 온전하게 지키기 위한 가치들과 일맥상통한다." 버트런드 러셀이 『결혼과 도덕』에서 지적했듯, "질투는 도덕주의자들의 승인을 받는다." 이는 1920년대에 사실이었던 것처럼 지금도 사실이다. 머릿속에 그린 가족 가치에 동의하는 생물학적 결정론을 암시하기 위해 '축적'이니 '설계'니 하는 말들이 어떻게 쓰이고 있는지 주목하자.

어프와 그의 공저자들은 나아가 "간통 규범을 방관하는 것 또한 공평성의 우려를 일으킬 수 있는데, 남성들은 여성보다 혼외정사를 원할 가능성이 더 높기 때문이다……. 결국 사회의 중추적 가치를 역전시키기 위해 인구의 97퍼센트를 설득한다는 것은 거의 불가능해 보인다"고 주장한다. 이들은 이 모든 것을 다음과 같은 결론을 위한 근거라고 생각한다. "간통에 대한 규범은 광범위하게 유지할 가치가 있을 것이다. 절대적인 성적 정조가 사실상 '부자연스럽다'고 할지라도 말이다."

"우리는 알고 있다"는 것에 관한 이 모든 주장이 그 저자들 자신의 경험과 공명할 수는 있겠지만 여러분의 경험칙은 다양할 것이다. 나에게는 나의 경험칙이 있다. 사실 그들의 주장에는 많은 문제가 있으며, 그 가운데 몇몇은 우리가 이미 다른 맥락에서 이야기한 바 있다. 예를 들어 공평성에 호소하는 이 수사는 아마도 지금쯤은 익숙하게 들리기 시작할 것이다. 이 수사법에서 그것은 만약 비단혼제가 허용된다면 원하는 만큼 많은 혼외정사를 갖는 것은 여성보다 남성에게 더 힘들어질 것이며, 그것은 남성에게 공평하지 않을 거라는 우려로 표현된다(우리는 현재의 합의가 여성에게 얼마나 공평한지 궁금해질 수밖에 없다). 그 기저에는 관계란 공평한 분배의 관점에서 생각해야 합당한 그런 것이라는 가정이 깔려 있다. 그러나 고장 난 레코드처럼 들릴 것을 각오하고 말한다면, 관계란 그런 게 아니다. 사랑, 섹스, 그리고 사람들은 우리가 '공평성'의 이름으로 관리하고 분배하는 재산이나 자원이 아니다. 남성은 사랑, 섹스, 여성에 대한 '공평한 몫'을 요구할 자격이 없다.

또한 우리는 오늘날의 경험적 연구가 어떻게 여성이 단혼제를 원하며 배우자가 아닌 상대와는 섹스를 원하지 않는다는, 위의 주장에서 따로 언급 없이 가정되는 고정관념에 의문을 제기하고 있는지에 관해 앞의 논의를 다시 생각할 수도 있다. 그리고 사랑보다는 질투를 억제하는 것이 낫다는 러셀의 주장을 돌이켜볼 수도 있을 것이다.

하지만 여기에는 분명히 해야 할 새로운 요점도 있는데, 그것은 그들의 주장에서 가장 걱정스러운 가정 중 하나와 관련이 있다. 다름 아니라 인구의 97퍼센트에게 중심적인 사회적 가치를 전복하라고 설득할 가능성이 없다면, 그것은 아마도 그 규범이 보유할 가치가 있다는 뜻일 거라는 생각이 그것이다. 이와 같은 주장을 대할 때 러셀은 이번에도 영감의 원천이 된다. 그의 말처럼 "어떤 견해가 널리 받아들여진다는 사실은 그 견해가 아주 부조리하지 않다는 어떤 증거도 못 된다."

가까이는 1958년에 또 하나의 중요한 사회 규범이 미국에서 인종 간 사랑을 금지했다는 사실을 잊지 말자. 당시 미국인의 94퍼센트는 '백인과 유색인 사이의 결혼'을 반대했다.[4] 아무리 낙관적으로 봐도 우리가 이런 규범을 바꿀 수는 없을 거라고 생각했을 수 있다. 우리는 인종 간 관계를 반대하는 규범을 보유할 가치가 있다는 결론을 내리기 위해 그 수치를 근거로 삼았을 수 있다.

그러지 않았다는 게 다행이다.

만료일이 우리를 갈라놓을 때까지

지난 세기를 거치면서 사랑의 사회적 개요는 그 윤곽이 많이 바뀌었다. 로맨틱한 사랑은 더는 이성 간 사랑이나 같은 인종인 두 사람 사이의 사랑에 국한되지 않는다. 이제 하나의 진정하고 영원한 사랑 모델이 우리에게 듣지 않는 만큼, 조만간 우리는 단혼제나 영속성의 제한도 폐지하지 않을까?

내 생각에 분명 그렇지는 않을 것이다. 우리는 로맨틱한 사랑의 합성 이미지에서 조만간 그런 특징을 제거하지는 않을 것이다. 그것은 너무 큰 변화여서 한꺼번에 이루어낼 수는 없다. 대신에 적어도 당분간 나머지들을 보존하게 해줄 일종의 안전밸브로서 그 특징 중 하나는 느슨해질 것이 틀림없다. 실제로 나는 '영원한' 부분이 먼저 무너질 거라고 예측한다.

내 주변의 많은 사람이 이미 일련의 한시적 단혼제 관념을 편안히 받아들이고 있다. 여러분이 아직은 정확히 그런 계획을 세울 생각이 없다고 해도 사실상의 일련의 한시적 단혼제는 더는 낯 뜨겁거나 심지어 놀랄 일도 아니다. 이런 출발점을 고려할 때, 선택된(그리고 결국엔 법에 따른) 한시적 단혼제는 비교적 승리가 확실한 후보로 보인다. 결혼하는 많은 커플이 이미 전통주의자들의 저항을 뛰어넘어,[5] 결혼서약에서 "죽음이 우리를 갈라놓을 때까지"라는 구절을 빼고 "사랑이 지속되는 한"으로 대체하거나, 지속에 관한 언급은 아예 생략하고 있다. 혹시라도 파혼을 맞을 때 일어날 일을 결정하기 위해 혼전 계약서를 작성하는 이들도 많다.

철학자 대니얼 놀런Danial Nolan은 최근 공평성을 근거로 합법적 한시적 결혼을 옹호했다.[6] 그는 결혼 평등의 직접적인 고려 사항들은 한시적 결혼을 원하는 사람들에게까지 확장되어야 한다고 주장한다. 그는 또 일부 종교적·문화적 전통은 한시적 결혼 형태를 포함하고 있다고 지적하는데, 이는 그런 형태를 수용하지 않는 법체계는 특정의 종교적·문화적 전통에 특권을 준다는 것을 의미한다.

한시적 단혼제 결혼의 도입은 하나의 진정하고 영원한 사랑 모델이 주는 압박을 해소하는 한편, 현 상태에 폭넓은 연속성을 허용할 것이다. 그리고 연속성을 배경으로 하는 점진적인 변화는 이런 것들이 작용하는 방식이다. 일부 결혼의 종결 날짜가 사전에 정해지는 사회구조 안에서는 로맨틱한 젠더 고정관념, 단혼제, 핵가족 특권 등등이 모두 보존될 수 있다. 만약 아이들이 태어나면 커플의 결혼 형태를 자동으로 한시적인 것에서 영구적인 것으로 전환하거나(일찍이 1929년에 버트런드 러셀이 제안했듯이), 적어도 자녀가 성인이 될 때까지 지속되도록 한다면 자녀 양육과 관련해서도 안정성을 유지할 수 있을 것이다. 어쩌면 이데올로기적 관점에서는 가장 중요하겠지만, 로맨틱한 사랑과 사유재산 사이의 깊고 암시적인 연관성도 유지될 수 있다. 결혼을 구매가 아닌 임대로서 재개념화하기만 하면 되는 것이다.

이 모든 면에서 한시적 단혼제는 지금 당장은 별로 로맨틱하게 들리지 않을지 몰라도, 로맨틱한 사랑의 사회적 역할에는 다자간 연애보다 훨씬 위협이 적다. 다자간 연애는 종종 보이지 않지만 이데올로기적으로 중요한 두 가지 관념, 즉 성적 제약을 통한 부권 통제와 개인의 사유재산으로서 로맨틱 파트너라는 개념에 직접 도전한다. 그것은 로맨틱한 사랑이 지닌 역사적 목적의 핵심(그리고 내 생각으로는 오늘날 잘못된 것의 핵심까지)을 공격한다. 어쩌면 무관하지 않은 일이지만, 다자간 연애와 한시적 결혼 모두 종교적·사회적 보수주의자들에게는 저주받을 일임에도 다자간 연애만이 현재 정치적 지향성을 막론하고 모든 범위에서 혐오의 반응을 끌어내고 있다. 요즘에는 설사 여러분이 두 번 연속 한시적 관계를 가진다고 해도, 여러분은 정상적이다. 그러나 동시에 두 개의 영구적 관계를 가진다면, 여러분은 "헤르페스에 감염된 퇴폐 매춘부"다.[7]

나는 미국 같은 곳(미국 의회가 해묵은 간통법을 법전에서 지워버린다 해도 눈에 띄는 효과는 없을 것이다)에서 다자간 연애가 점차적으로 덜 불법화될 수 있기를 바라고, 비단혼제 관계에 있는 사람들이 차별로부터 최소한의 형식적 보호를 받는 방향으로 나아갈 수 있기를 바라지만, 세계의 많은 곳에서 다자간 연애는 앞으로도 죽음으로써 처벌될 것이며, 나 같은 사람들은 예측 가능한 미래에도 계속해서 많은 이웃에게는 혐오스럽고 죄 많은 사람으로 여겨지리라고 생각한다.

우리는 멈출 수 없는가?

나는 우리가 집단적으로, 로맨틱한 사랑의 사회적 역할에 상상도 못 할 엄청난 변화를 일으킬 수 있다고 믿는다. 그러나 이런 변화들을 얼마나 멀리까지 가져갈 수 있을까? 우리는 로맨틱한 사랑을 파괴하기 전에 얼마나 손댈 수 있을까?

이 가능성을 정면으로 따져보자. 만약 우리가 로맨틱한 사랑을 파괴한다면 어떻게 될까? 그게 문제가 될까? 어쩌면 우리는 로맨틱한 사랑을 다른 부류의 사랑으로, 불행한 짐 덩어리에서 자유로운 사랑으로 대체해야 할 것이다. 로맨틱한 사랑은 항상 사람들(특히 여성)이 일종의 사유재산이라는 관념과 밀접하게 연관되어 있었다. 그것은 계급구조나 인종차별적 분리, 동성애 공포증적 억압을 강요하는 강력한 도구가 되어왔다. 우리는 정말 그것을 계속 지켜나가기를 원하는 걸까?

이것이 흥미로운 질문이기는 하지만, 계획에 그치는 한 그것은 거의 고려할 가치가 없다. 나는 로맨틱한 사랑을 폐지하는 것이 실현 가능하다고 생각하지 않는다. 적어도 상상력 부족한 우리 두뇌를 대체하거나 재프로그램할 수 있는 공상과학 같은 미래에 살지 않는 한은 말이다. 우리는 로맨틱한 사랑을 위한 사회적 대본을 찢어버리려 노력할 수는 있을 것이다. 그 대본을 중심으로 사회적 삶을 꾸리기를 멈추고, 마치 그것이 바람직하다는 양 말하기를 멈추고, 나아가 그것이 전부인 양 말하기를 멈추려고 노력할 수 있을 것이다. 하지만 그런 시도의 결과가 멋진 신세계의 현 상태를 유지하기 위한 억압과 비밀 지키기, 고통이나 의학적 개입, 또는 그 모든 것이 되리라는 건 매우 분명하다는 생각이다. 우리가 사랑의 사회적 대본을 찢어버린다 해도 오랜 생물학적 사랑의 기제는 계속 남을 것이며 자기주장을 할 것이다. 사실 이런 미래가 공상과학의 디스토피아가 아니라고 보기는 힘들다.[8]

또 하나의 가능한 미래는, 우리가 전혀 다른 방식으로 사회적 수준의 로맨틱한 사랑을 파괴하는 것이다. 로맨틱한 사랑을 금지하거나 억압하는 대신, 그것이 더는 아무런 실질적 제약도 되지 않을 때까지 그저 계속해서 사랑의 사회적 역할을 확장하는 것이다. 그런 시점에 이르면 로맨틱한 사랑은 더는 구분되지 않는데, 어떤 대상이나 어떤 사물에 대해 모호하고 긍정적인 거의 모든 감정을 로맨틱한 사랑이라고 여기기 때문이다. 그것이 실행 가능한 미래일까? 단혼제적 일대일 관계, 영구성, 이성애 중심의 로맨티시즘, 로맨틱한 젠더 역할 등등 사랑의 전통적이고 독특한 특징들을 오랜 시간에 걸쳐 서서히 대체해나갈 수 있을까? 그 과정의 끝에는 여전히 로맨틱한 사랑이 존재할까?

이것이 억압보다는 실행 가능성이 크겠지만 실제로 나는 그 질문 역시 궁극적으로는 고려할 가치가 없다고 생각한다. 로맨틱한 사랑의 그 모든 독특한 특징이 완전히 대체되지는 않을 것이다. 최근 사랑의 사회적 역할에 일어난 많은 변화가 사랑을 덜 제한적으로 만드는 경향이 있다는 건 사실이지만, 사랑의 생물학적 기제는 앞으로도 계속 현실에서 발현될 기회를 가진 사회적 대본 작성을 위한 닻과 같은 역할을 할 것이다. 우리가 신경과학을 더 잘 이해하지 않는 이상, 사랑은 알아볼 수 있는 생물학적 증상을 보유할 것이다. 두근거리는 심장과 도파민의 보상 감정은 심장과 도파민이 존재하는 한 그 그림의 일부일 것이다. 옥시토신이 존재하는 한, 따뜻하고 포근한 느낌은 존재할 것이다. 이런 경험들을 일관되게 이해하게 해줄 수 없는 사회적 대본이라면 그저 지속할 수 없을 형편없는 캐스팅의 사례만을 또 한 번 안겨줄 것이다.

　나는 우리가 필요한 균형을 맞출 수 있다고 생각한다. 로맨틱한 사랑을 완전히 파괴하지 않고도 변화가 필요한 것들을 변화시킬 수 있다. 그 방법은 다음과 같다. 사회적 수준에서 로맨틱한 사랑은 성인들 사이의 매혹과 애정을 투입해서 우리 삶에서 특별하고 의미 있는 친밀한 유대관계를 산출하는 기능을 가질 수 있을 것이다. 여기서 성인이 반드시 특정 수 또는 특정 젠더일 필요는 없다. 그렇게 되면 선택적 추가기능으로 섹스, 아이들, 가정 건설, 가족 형성, 다른 관계를 가지지 않는 데 동의하기, 함께 개 키우기, 사랑의 시 쓰기 등등…… 사람들이 같이 타고 있는 배를 띄우는 어떤 것이든 포함할 수 있다. 이 선택적 추가사항들은 뷔페와 같은 역할을 할 것이다. 사람들은 자신이 하거나 하지 않았던 선택 때문에 낙인 찍히는 일 없이 관계에서 원하는 특성들을 자유로이 결정하게 될 것이다. 그리고 시간이 지나면 자유롭게 그것을 끄고, 뷔페로 돌아가 자신의 접시에 새로운 것을 추가하거나 마음에 들지 않는 것을 덜어내면 될 것이다. 우리는 로맨틱한 사랑이 지녀야 할 모습에 대한 '표준 모델'의 관념을 버리게 될 것이다.

그렇다면 진한 우정 속의 사랑 같은 다른 부류의 사랑과 로맨틱한 사랑을 구분하는 것이 불가능해지지는 않을까? 이것이 흔한 문제가 되지는 않을 것이다. 관련된 사랑이 로맨틱한 것인지 판단하는 데 도움이 될 선택적 추가사항이 종종 존재할 것이다. 그러나 모두를 위한 규범으로서 로맨틱한 사랑에 더는 특혜를 주지 않는 이상적인 세계에서라면 누가 상관하겠는가? 어떤 관계가 로맨틱한지 플라토닉한지 알쏭달쏭하다면, 그 관계에 있는 사람들은 내키는 대로 그 관계에 이름을 붙이면 된다. 당연하지 않은가?

여러분만의 모험을 선택하라

미래 세대에게 어떤 메시지를 보내고 싶은지 물었을 때, 버트런드 러셀은 두 가지를 뽑았다. 하나는 우리가 이미 보았던 내용이다. "사랑은 현명하고 미움은 어리석다." 두 번째는 이것이다. "무엇인가를 공부할 때나 어떤 철학을 생각할 때, 무엇이 사실인지 그리고 그 사실이 뒷받침하는 진실이 무엇인지만 스스로 물어보라. 당신이 믿고 싶은 것 때문에, 또는 그것을 믿을 때 사회적으로 유익하다고 생각되는 것 때문에 절대 샛길로 빠져서는 안 된다."

나는 내가 하는 것과 같은 다자간 연애관계가 조만간 진실하고 정상적인 로맨틱한 사랑의 사례라고 사회적으로 널리 인정받을 거라고 믿을 수 있었으면 좋겠다. 그러나 그렇게 믿지는 않는다. 또한 로맨틱한 사랑은 결코 생물학이 아니며 순수한 사회 구성물이라는 일반적인 믿음은 적어도 단기적으로는 유익한 사회적 효과를 가져올 것이라고 생각한다. 그런 믿음은 우리의 생물학(이라고 받아들여야 할 것)에 제약받는 느낌이 없이 사랑의 사회적 역할을 변화시킬 힘을 가졌다고 생각하게 해줄 것이다. 그러나 진실을 말하면, 사랑에는 생물학적 성격도 있다는 것, 그리고 장기적으로는 우리가 위험을 무릅쓰고 이 사실을 무시한다는 것이다.

하지만 사랑의 이원성에 담긴 진실은 그 자체로 힘을 부여하고 있다. 그것은 우리가 나타내는 생물학을 무시하거나 일축하지 않고도 사랑의 사회적 역할에서 진정 가능한 변화를 찾아볼 수 있게 해준다. 이는 우리 스스로를 그저 두뇌화학이나 진화사가 지시하는 대로 사랑에 휘둘리는 자동인형으로 여기지 않으면서 사랑의 생물학적 성격을 존중할 수 있다는 뜻이다. 우리는 사랑의 생물학과 사랑의 사회적 성격이 들어맞지 않는다는 것이 무슨 뜻인지, 그리고 그 불일치를 어떻게 책임 있게 다뤄야 하는지 이야기할 수 있다. 이원성 이론은 또한 인문과학과 사회과학, 자연과학이 어째서 모두 사랑의 본질을 완전히 이해하는 데 중요한 역할을 할 것인지, 그리고 이 모든 학문이 어떻게 하나의 주제로서 사랑의 소유권을 두고 경쟁하는 대신 서로 협력할 수 있는지 보여준다.

개인적인 수준에서 사랑의 이원성을 이해하면 우리 자신의 사랑 경험을 맥락화할 수 있다. 우리를 움직이게 하는 생물학을 우리가 선택하지 않았던 것과 마찬가지로, 우리는 우리 개인의 이야기들을 우리가 선택하지 않았던 사회구조 내에 내장된 것으로 이해하게 되었다. 이원성 이론은 로맨틱한 사랑이 우리의 머리, 심장, 가정, 관계의 안과 밖 모두를 가리키고 있음을 밝혀준다. 그러면서 이원성 이론은 우리 중에 '대본'을 따르지 않는 이들에게, 그들이 잘못 살고 있다는 메시지에 저항할 힘을 준다. 다시 말해 우리는 전세를 역전시켜 대본 자체에 의문을 품을 수 있다. 그리고 결정적으로 이원성 이론은 우리가 과학을 부정하지 않으면서, 또는 사랑의 생물학이 실제이며 중요하다는 것을 부정하지 않으면서 그것을 해낼 방법을 보여준다. 바로 그 때문에 우리의 도전을 저버리기는 더욱 어려워진다.

대본은 기성복 거래와 같다. 섹스, 열정, 매혹, 보살핌, 헌신, 정착, 결혼, 배우자보다 돈을 덜 벌거나 더 벌기, 가사를 더 많이 하거나 덜하기, 아이 낳기, 섹스에 싫증내기, 영원한 단혼제, 그러다가 죽음. 그 거래에는 여러분이 거절할 수 없게끔 고안된 연애 규범성이라는 추가주문이 따라온다. 이렇게 살 것인가, 아니면 미연방 대법관 앤서니 케네디의 말처럼 평생 외롭게 살 것인가.

우리는 집단적으로 이 대본을 바꾸고, 사랑에 대한 우리의 합성 이미지에서 떠오르는 윤곽을 바꿀 수 있다. 물론 그 일은 시간이 걸린다. 하지만 우리는 개인적인 수준에서 지금 당장 맞춤 제작을 시작할 수 있다. 사랑(과 삶)을 위한 기성 모델을 받아들이는 대신 우리 자신을 위해 디자인을 시작하는 것이다. 우리는 철학적으로, 심사숙고를 통해 어떤 새로운 관계도 주문 제작할 수 있다. 그리고 모든 기존 관계에도 똑같은 방법으로 접근할 수 있다. 관계란 진행 중인 프로젝트이기 때문이다. 살아 있는 생물처럼 관계는 자라고 변한다. 사실 로맨틱한 관계를 포함하든 아니든 모든 삶이 그렇다. 과거 여러분이 알지도 못한 채 그 대본을 따랐든 아니든 중요하지 않다. 여러분은 지금 여러분만의 모험을 선택할 자격이 있다.

그렇다고는 해도 사회적 대본을 거부하기는 힘들 수 있으며, 그 대가로 '반항자'라는 오명이 따라올 수 있다. 모든 사람이 그런 대가를 감당할 위치에 있지는 않으며, 그러기에 소리 높여 말할 수 있거나 들어줄 사람이 있는 우리 같은 사람에게는 그것이 더더욱 중요해진다. 우리가 기존의 가정에 도전하거나 우리 관계를 보란 듯이 맞춤 제작할 때 그 혜택은 반항자든 아니든 우리 모두에게 돌아간다. 우리 누구나 한 걸음 물러서서 사랑을 위한 기존 대본에서 어떤 측면(혹시 있다면)을 우리 삶에 혼합하고 조화시키고 싶은지 물어볼 수 있는 개념적 공간을 얻는다. 관계의 전통적 아취를 좋아하는 사람들도 주어지는 것을 갖기보다는 선택을 하게 되며, 결국 이런 의식적 선택 훈련은 그런 관계를 더욱 편안하고 안정적이고, 건강하고 찬양할 만한 것으로 만든다.

불순응은 세계를 변화시킬 수 있다. 액면 그대로의 뜻이다. 만약 우리가 맞춤 제작을 시작한다면 사랑에 관한 합성 이미지는 바뀔 것이다. 사랑의 새로운 윤곽이 떠오를 것이며, 그것은 우리를 놀라게 할 수도 있을 것이다. 이 책에서 나는 미래를 위한 몇 가지 예측을 했다. 무슨 일이 일어날지 추측하는 것은 재미있었으며, 그 추측이 틀렸다고 입증되기를 기다리는 것도 재미있을 것이다. 하지만 내 추측이 중요하지 않다는 것이 분명해지기를 바란다. 중요한 것은 우리가 창조하는 바로 그것이다. 무슨 일이 일어나든, 우리는 그렇게 할 것이다.

여러분은 그 일부다. 그러므로 만약 내가 이 책의 내용을 하나의 메시지로 줄여야 한다면, 간단한 문장이 나올 것이다. 사랑에 관해 스스로 생각하라. 사랑에 관해 "너무 많이 생각"하지 말라는 사람들의 말을 믿어선 안 된다. 사랑이 삶 자체만큼 중요할 수 있다는 말은 과장이 아니다. 사랑을 위해서라면 자신의 가정, 가족, 일, 꿈, 그리고 나머지 모든 것을, 심지어 삶까지 포기할 사람들도 있을 것이다. 그리고 우리 모두에게 영향을 미치는 장면 뒤에서는 아주 많은 일이 벌어지고 있다. 우리는 감추어진 그 기계장치를 드러내야 하며, 때로는 그것이 꼴사납지만, 꼴사납다고 그것을 외면해서는 안 된다. 일단 그렇게 한다면, 우리 자신이야말로 온갖 방식으로 모든 것을 기획하는 '커튼 뒤의 남자'임을 깨닫게 될 것이다. 우리는 이 쇼를 진행하는 사람들이다. 사랑의 사회적 대본과 언젠가 우리가 개발할 생물학적 개입에 대해 우리가 내리는 결정이 바로 사랑이 무엇인지,

무엇일 수 있는지를 만든다.

이런 결정은 경솔하거나 가볍게 하는 게 아니라 경건하고 신중하게, 심사숙고해서 냉철하게 다루어야 한다. 또는 아무리 못해도 우리가 하고 있는 일이 얼마나 엄청난지 최소한의 인식을 가져야 한다. 로맨틱한 사랑이 앞으로도 계속 우리가 우연히 맞닥뜨리고 받아들이는 그런 것일 수는 없다. 이는 개인적 삶의 사랑에 적용되지만 더 큰 그림, 우리가 함께 써나가는 집단적 대본에도 똑같이 적용된다. 우리는 우리의 선택지가 실제로 무엇인지 알 권리가 있다. 이제 우리 자신의 모험을 선택할 때가 되었다.

여러분은 여러분의 모험에서 무엇을 바라는지?

감사의 말

제 주변에 놀라운 지원체계가 있다는 건 행운입니다. 이 책과 같은 작업이 가능한 건 그런 지원체계 덕분입니다.

연구조교인 재스퍼 히턴과 아이다 로이지에게, 지도연구 학생 젤리나 마코비치에게, 그리고 2014~2015학년에 브리티시컬럼비아 대학교에서 있었던 로맨틱한 사랑의 형이상학에 관한 철학과 세미나에 참석해 제가 이 주제들을 생각하게 도움을 주었던 학생들에게 고맙게 생각합니다.

사랑의 성격에 관한 제 연구에 재정적 지원을 주신 브리티시컬럼비아 대학교의 햄턴 기금과 캐나다 사회과학과 인문학 연구협회에 감사드립니다.

이 책의 원고를 읽고 소중한 말씀과 피드백을 주신 리암 코피 브라이트, 리처드 헥, 대니얼 놀런, 캐스린 포진, 오드리 얍에게 감사드립니다. 전체 분량을 읽고 평해주신 조너선 젠킨스 이치가와와 원고 교정을 도와주시고 작가적 전문성을 신참내기와 공유해주신 레이 슈에게 특별히 감사를 전합니다.

이 책을 쓰는 저에게 잘못하고 있다고 말씀하지 않으신 모든 철학자 선생님께, 그리고 철학의 편협한 자기개념에 도전하고 더 큰 것을 위한 공간을 만들기 위해 애쓰시는 모든 철학자 선생님께 감사드립니다.

대화를 나누고 우정을 보여준 밴쿠버 러브 트라이앵글의 동료 회원인 머리나 애드세이드와 맨디 렌 카트런에게도 감사드립니다.

집필과 출간 과정을 지원하고 이끌어주신 베이직북스와 맥더미드 에이전시의 마사 웹 퀸 도와 T. J. 켈러에게 감사드립니다.

초고의 대부분을 쓰는 데 활력을 준 커피와 분위기를 제공해준 프레이저 가의 매치스틱 카페에 감사드립니다.

격려를 해주신 멋진 가족과 친구들께 감사드립니다. 특히 사랑스러운 애견 메조에게 고마움을 전합니다. 메조는 감정적으로 지원해주고 날마다 제가 외출하게 해주었으며, 로맨틱한 사랑의 철학에 별다른 관심이 없었음에도 제 생각에 참을성 있게 귀를 기울여주었습니다.

무엇보다도 과거와 현재의 제 연인들에게 감사를 드립니다. 그들이 없었다면 저는 이 가운데 어떤 것에도 애초에 생각의 단초를 갖지 못했을 것입니다. 아니 실로 나머지 많은 것에 관해서도 말이죠.

이 책을 손에 들고 읽기 시작하자마자 곧 눈을 의심하게 된다. 아침에 남자 친구의 아파트를 나와서 남편이랑 사는 집으로 들어간다고?

그렇다. 저자는 폴리아모리, 즉 다자간 연애를 하고 있다. 철학자인 남편과 작가인 남자 친구와는 5, 6년 넘게 좋은 관계를 유지하고 있다. 당사자들은 그런 관계 속에서 행복하고 만족스러운 듯 보이지만, 그 관계가 주변 사람들과의 맥락 속에 놓였을 때 저자는 불편함을 느낀다. 남들에게 거짓말은 하지 않는데 속이는 느낌, 은밀한 따돌림, 자주 마주치게 되는 따가운 비난. 철학자인 저자는 사랑이란 무엇일까, 정확히는 로맨틱한 사랑이란 무엇일까를 진지하게 고민하게 되고, 역사 속에서 변화해 온 사랑에 대한 관념을 검토하면서 사랑에 관해 철학적으로 생각한다.

박현욱 작가의 『아내가 결혼했다』라는 소설이 떠오른다. 어쩌다 남편이 아닌 또 다른 남성까지 동시에 사랑하게 된 여성이 결국 두 남성과 결혼하고 생물학적 아빠가 누구인지 확실하지 않은 아기를 같이 키우게 된다는 내용인데, 신선한 주제를 다룬

만큼 인기를 끌어 영화로도 만들어졌다. 당시 여주인공의 논리에 고개를 끄덕이기는 했지만, 솔직히 두 사람을 동시에 사랑한다는 건 거의 초인적인 에너지가 필요하다는 인상이 더욱 강했던 기억이 있다.

물론 이 책은 다자간 연애에 대한 편견을 극복하기 위한 노력이 동기가 되었지만, 다자간 연애 옹호(주장이 아니라)에 머무르지 않는다. 저자는 모든 사람이 각자가 원하는 사랑, 각자에게 맞는 사랑을 할 수 있어야 한다고 생각한다(여기서 사랑은 친구나 가족, 아이에 대한 사랑이 아닌 로맨틱한 사랑이다. 게다가 굳이 남녀 사이의 로맨틱한 사랑만은 아니다). 그래서 사랑의 본질을 연구해온 저자는 사랑이 생물학적 측면과 사회적 측면을 모두 지니고 있다고 정의한다(사랑의 이원성). 사랑의 성격에서 생물학적 측면은 두뇌의 화학을 비롯해 우리가 진화시켜온 모든 것을 포함한다. 사회적 측면은 역사를 통해 우리가 결정해왔던 것들이다. 사실 그간의 사랑론들, 내로라하는 철학자들의 사랑론마저 이성애 중심주의, 젠더 고정관념에 얽매여 있었고 온갖 역사적 연관이 얽힌 문제적 꾸러미였다. 저자는 우리가 만들고 통제해왔던 사랑의 사회적 측면을 시대에 맞게 바로잡을 책임이 있다고 본다. 그렇게 하지 않는다면 우리가 만들어온 로맨틱한 사랑의 모습을 모두에게 강요하면서, 그것이 맞지 않는 사람들을 정당한 이유 없이 배제하는 것이기 때문이며, 그들이 원하는 방식, 그들에게 필요한 방식으로 살기 힘들게 만드는 것이기 때문이다. 그렇다고 저자가 장기적인 일대일의 단혼제적 관계를 변화해야 할 것으로 보지는 않는다. 대다수의 사람에게 그런 관계가 자연스럽고 맞는 것 같다고 인정한다. 또한 다자간 연애가 프리섹스를 말하고 있지 않다는 점도 명심해야 할 것이다.

가능성에 대한 탐색, 저자는 이 책을 그렇게 설명한다. 책의 원제는 "*What Love Is—and what it could be*"이다. 사랑이랑 무엇인가, 그리고 (미래에는) 무엇일 수 있는가. 이 책은 사랑의 생물학적 현상과 관념, 풍속의 역사를 총망라하는 건 아니다. 저자가 관심을 가져온 사랑에 관한 여러 분야의 저서 내용을 소개, 정리하면서 저자 자신의 생각을 말하고, 사랑에 관한 담론이 올바른 방향으로 갔으면 하는 바람을 드러낸다. 저자 자신의 공개적 다자간 연애에 대한 철학적 합리화가 아니라, 모든 사랑을 포괄할 수 있는 확장된 사랑을 생각해보자고, 대화해보자고 화두를 던지고 있다. 이 책의 헌사 부분을 다시 펼쳐볼 필요가 있다. "우리 이야기 좀 해요."

그런데 저자는 캐나다 사람이다. 난민, 이민, 성적 소수자 등 사회적 약자에 대한 배려가 제도화되어 있는 캐나다의 환경은 우리와는 많이 다르다. 우리 사회가 매우 빠른 속도로 변하고는 있지만, 이 책에서 생각하는 사랑의 가능성이 실제로 가능하기는 할까 하는 의문이 드는 것도 사실이다. 그러나 이 책에서 뜻밖의, 아니 어쩌면 철학책으로서 가장 중요한 기능을 발견한다. 사랑을 다룬 시는 사랑의 행복감을 높이거나 위안을 주고, 사랑을 다룬 소설은 공감과 생각거리를 준다면, 사랑의 철학책은 사랑에 관해 '스스로' 생각할 힘을 키워줄 것이다. 누구나 사랑 때문에 힘들어서, 혼란스러워서 온갖 고민을 하게 될 때, 사랑 때문에 중요한 결정을 앞두고 이것이 사랑인가 판단해야 할 때가 있을 것이다. 그럴 때 우리가 사랑이라고 생각하는 것에서 환상을 걷어낼 수 있다면, 또는 사랑의 이원성에서 사회적 측면을 가려낼 수 있다면 문제는 더 명확해지고 해결책은 더 쉽게 떠오를 수 있을 것이다. 이 책에는 많은 생각 실험과 비유가 포함되어 있다. 이 책을 읽는 과정에서 사랑에 관해 생각하는 힘이 조금씩 커진다면 그것만으로도 사랑의 철학책으로서 기능은 충분하다 할 것이다.

오숙은

미주

프롤로그

1 그 예는 철학자 Alan Soble의 논문 "The Unity fo Romantic Love", *Philosophy and Theology* 1, no. 4 (1987): 374~397에서 찾아볼 수 있다. 철학자들이 왜, 어떻게 단혼제에 대한 가정을 사랑에 관한 이론에 구축해왔는지 더 알고 싶다면 Carrie Jenkins, "Modal Monogamy", Ergo 2, no. 8 (2015): 175~194 참조.

2 새비지는 2014년에 이런 마음의 변화에 관해 이야기했다: Dan Savage, "SL Letter of the Day: Happy Anniversary," *Savage Love (blog), Stranger*, August 14, 2014, http://slog.thestranger.com/slog/archives/2014/08/14/sl-letter-of-the-day-happy-anniversary.

3 예를 들어 Benoit Monin and Dale T. Miller, "Moral Credentials and the Expression of Prejudice," *Journal of Personality and Social Psychology* 81, no. 1 (2001): 33~43 참조.

들어가는 말

1 이 말의 출처는 플라톤의 *Theory of Knowledge: The Theaetetus and the Sophist*, trans. Francis Cornford (New York: Liberal Arts Press, 1957). Archive.org, https://archive.org/stream/theaetetus00plat/theaetetus00plat_djvu.txt에서 볼 수 있다.

2 2015년 12월 29일.

3 Simon Rich, *The Last Girlfriend on Earth and Other Love Stories* (New York: Little, Brown &Co., 2013).

4 그 예로 "What Is Love?", *Economist*, December 17, 2008, http://www.

economist.com/node/12800025 ; Jim Al-Khalili 외, "What is Love? Five Theories on the Greatest Emotion of All", *Guardian*, December 13, 2012, http://www.theguardian.com/commentisfree/2012/dec/13/what-is-live-five-theories 참조.

5 bell hooks, *All About Love: New Visions* (New York: William Morrow, 2000).

6 Betty Friedan, *The Feminine Mystique* (New York: W. W. Norton & Co., 1963).

7 John Shand, "Love as If", *Essays in Philosophy* 12, no. 1 (2011): 4~17, http://commons.pacificu.edu/eip/vol12/iss1/2 .

1장

1 키츠는 대체로 사랑 자체가 아니라 자연에서의 마법이 사라지는 것에 관심이 있다. 자연의 신비를 찬양할 때는 '어머니'로서 여성화한다는 점은 주목할 만하다. 전형적인 예가 나중에 **여성의 신비**로 규정된 것이다. 키츠의 무지개 역시 여성으로 제시된다(오랜 역사를 지닌 성 결정이다. 고대 그리스 신화에서 여신 이리스는 무지개와 연관되었다).

2 "Some Remarks on Humor", *A Subtreasury of American Humor*의 서문, ed. E. B. White and Katherine S. White (New York: Coward-McCann, 1941) 참조.

3 Christopher Ryan and Cacilda Jethá는 *Sex at Dawn: The Prehistoric Origins of Modern Sexuality* (New York: Harper, 2010)의 6장과 7장에서 그런 모델들을 논의한다.

4 Helen Fisher, *Why We Love: The Nature and Chemistry of Romantic Love* (New York: Henry Holt & Co., 2004).

5 Donatella Marazziti와 Domenico Canale, "Hormonal Changes When Falling in Love", *Psychoneuroendocrinology* 29, no. 7 (August 2004): 931~936 참조. 흥미롭게도 이 연구는 테스토스테론까지 살펴면서, 사랑의 초기 단계에 여성에게는 테스토스테론이 증가하고 남성에게는 감소하는 경향이 있음을 발견했다.

6 내 안의 철학적 샌님은 사실 이 문제를 매우 길게 논의하는 데 관심이 있지만 그 문제는 다른 때를 위해 남겨두겠다.

7 Robert Nozick, "Love's Bond", in *he Examined Life: Philosophical Meditations* (New York: Simon and Schuster, 1989) 참조.

8 최근에 나는 로맨틱한 사랑에 관한 세미나를 지도했는데, 노직의 이론이 무언가 옳게 느껴진다고 보고한 학생들이 많았다.

9 Julian Savulescu와 Anders Sandberg, "Neuroenhancement of Love and Marriage: The Chemicals Between Us", *Neuroethics* 1, no. 1 (March 2008): 31~44.

10 Brian D. Earp 외, "If I Could Just Stop Loving You: Anti-love Biotechnology and the Ethics of a Chemical Breakup", *American Journal of Bioethics* 13, no. 11 (2012): 3~17.

11 Hui Wang 외, "Histone Deacetylase Inhibitors Facilitate Partner Preference Fromation in Female Prairie Voles", *Nature Neuroscience* 16 (2013): 919~924 참조.

12 스벤 뉘홀름Sven Nyholm은 이 문제를 "Love Trouble: Human Attachment and Biomedical Enhancements", *Journal of Applied Philosophy* 32, no. 2 (May 2015): 190~202에서 논의한다.

13 K. D. O'Leary 외, "Is Long-Term Love More Than a Rare Phenomenon? If So, What Are Its Correlates?", *Social Psychology and Personality Science* 3 (2012): 241~249 참조.

14 Bianca Acevedo 외(Fisher 포함), "Neural Correlates of Long-Term Intense Romantic Love", *Social Cognitive and Affective Neuroscience* (2011).

15 Helen Fisher, "The Brain in Love", *Social Cognitive and Affective Neuroscience* (2011).

16 나는 Carrie Jenkin, "Knowing Our Own Hearts: Self-Reporting and the Science of Love", 근간 *Philosophical Issues*에서 이 문제를 논의한다.

2장

1 한 연구는 피험자들이 똑같은 한 냄새를 두고 '체다 치즈'라고 써 붙였을 때보다 '몸 냄새'라고 써 붙였을 때 훨씬 더 나쁘게 평가했음을 발견했다. 이 결과는 Ivan de Araujo 외, "Cognitive Modulation of Olfactory Processing", *Neuron* 46,

no. 4 (May 2005): 671~679에 보고되어 있다.

2   Anne Beall과 Robert Sternberg, "The Social Construction of Love", *Journal of Social and Personal Relationships* 12, no. 3 (August 1995): 417~438.

3   Williams Jankoviak과 Edward Fischer, "A Cross-Cultural Perspective on Romantic Love", *Ethonology* 31, no. 2 (April 1992): 149~155.

4   Margaret Went, "Race and Gender: I Feel Therefore I Am", *Globe and Mail*, June 10, 2015. 이 기사의 전문은 http://theglobeandmail.com/globe-debate/race-and-gener-i-feel-therefore-i-am/article25039792에서 볼 수 있겠지만 추천한다고 말하지는 못하겠다.

5   나는 이 말을 용도 변경하고 있다. 이 격언은 다른 작가들(대표적으로는 스코트 펙Scott Peck과 벨 훅스)도 다른 의미로 쓰곤 했다. 그들은 사랑이란 어떤 사람이 어떻게 행동하느냐의 문제로 생각해야 한다는 걸 염두에 두었다. 그들이 내면에서 어떻게 느끼는지보다는 무엇을 하는지가 중요하다는 것이다. 여기서 내 초점은 다르다. 나는 사회활동의 수준에서 (개인이 사랑할 때 하는 것과는 반대의 의미로) 사랑이 하는 것에 초점을 맞추고 있다.

6   이 특징 목록은 *All About Love: New Visions* (New York: William Morrow, 2000)에서 벨 훅스가 정의한 진정한 사랑의 특징과 부분적으로 겹친다. 이 목록에서 중요한 한 가지는 그것이 특정 방식을 **느끼는** 것이 전부가 아닌 사랑의 특징을 바라보도록 주의를 환기시킨다는 것이다. 이는 학대관계는 사랑하는 관계가 아니라는 혹의 주장에서 중요한 부분을 차지한다. 학대하는 사람들이 그저 자신은 피해자를 사랑한다는 것처럼 느낀다고 해서 그들이 실제로 사랑한다는 것을 뜻하지는 않는다는 것이다.

3장

1   Anders Österling, 스웨덴아카데미 사무총장, "Award Ceremony Speech", Nobelprize.org, 1950, http://www.nobelprize.org/nobel_prizes/literature/laureates/1950/press.html.

2   Bertrand Russell, *Marriage and Morals* (New York: Liveright, 1929).

3   Christopher Ryan과 Cacilda Jethá, *Sex at Dawn: The Prehistoric Origins of Modern Sexuality* (New York: Harper, 2010); Daniel Bergner, *What Do*

Women Want? Adventures in the Science of Female Desire (New York: Ecco, 2013).

4 Andreas Baranowski와 Heiko Hecht, "Gender Differences and Similarities in Receptivity to Sexual Invitations: Effects of Location and Risk Perception", *Archives of Sexual Behaviour* 44, no. 8 (April 2015).

5 Russell Clark와 Elaine Hatfield, "Gender Differeance in Receptivity to Sexual Offers", *Journal of Psychology and Human Sexuality* 2, no. 1 (1989): 39~55.

6 Margartet Atwood, "Writing the Male Character", in *Second Words: Selected Critical Prose* (Toronto: Anansi, 1982).

7 Meredith Chivers와 Amanda Timmers, "Effects of Gender and Relationship Context in Audio Narratives on Genital and Subjective Sexual Response in Heterosexual Women and Men", *Archives of Sexual Behaviour* 41, no. 1 (March 2012): 185~197.

8 여기서 인용한 영어 판본은 Friedrich Engels, *The Origins of Family, Private Property, and the State*, trans. Ernest Untermann (Chicago: Charles H. Kerr & Co., 1902), 온라인에서는 Archive.org, http://www.archive.org/stream/the originofthefa33111gut/33111-8.txt에서 읽을 수 있다.

9 Elizabeth Brake, *Minimizing Marriage: Marriage, Morality, and the Law* (New York: Oxford University Press, 2012) 참조.

10 '프로젝트 복스Project Vox'는 "근대 철학사의 표준적 서사에서 무시되어왔던 여성들의 잃어버린 목소리를 되찾고자" 하는 현대의 연구사업으로, "그 서사를 바꾸고 그럼으로써 세계의 학생들이 철학사에 관해 배우는 것을 바꾸는" 것을 목표로 한다. 이는 듀크 대학교 도서관 'Project Vox'에서 탐색할 수 있다. http://projectvox.library.duke.edu/pg.

11 Simon May, *Love: A History* (New Haven, CT: Yale University Press, 2011).

12 일단의 심리학자들과 철학자들(메러디스 메이어, 앤드레이 침피언, 새라-제인 레슬리)는 "원초적인 지적 재능(여성들이 남성보다 덜 보유하고 있다는 고정관념이 굳어진 그런 재능)이 요구된다고 생각되는 분야에서 여성들은 소수일 가능성이 있다"는 가설을 탐색하기 위해 최근에 경험적 연구를 진행했다. 이들은 "일반인들이 총명함이 필요하다고 믿는 학문 분야 역시 여성들의 수가 적은 분야"라는 증거를 발견했다. Meredith Meyer, Andrei Cimpian과 Sarah-Jane Leslie, "Women

Are Underrepresented in Fields Where Success Is Believed it Require Brilliance", *Frontiers of Psychology* (March 11, 2015). 이 논문은 온라인 사이트 http://www.princeton.edu/~sjleslie/Frontiers2015.pdf에서 읽을 수 있다.

13 여기서 인용한 판본은 Friedrich Nietzsche, *The Joyful Wisdom*, trans. Thomas Common (New York: Macmillan, 1910), 온라인에서는 Archive. org, https://archive.org/stream/completenietzsch10nietuofth/completenietzsch10nietuioft-djvu.txt에서 볼 수 있다. 이 책 제목(본문에 쓰인)에 대한 표준적인 영문 번역에 등장하는 'gay'이라는 단어는 퀴어와는 아무 관련이 없다. 그 단어는 (대략) '행복한'이라는 뜻이며, 'the gay science'라는 말은 시 쓰기와 관련한 기교 또는 기술적 요소를 가리킨다.

14 Friedrich Nietzsche, *Beyond Good and Evil: Prelude to a Philosophy of the Future*, trans. Helen Zimmern (New York: Macmillan, 1907), 온라인에서는 Project Gutenberg, http://www.gutenberg.org/files/4363/4363-h/4363_h.htm에서 읽을 수 있다. 독일어 원본 텍스트는 1886년에 처음 출간되었다.

15 Friedrich Nietzsche, *Ecce Homo: How One Becomes What One Is*, trans. Anthony M. Ludovich (New York: Macmillan, 1911), 온라인에서는 Project Gutenberg, http://archive.org/details/TheComplete WorksOfFriedrichNieta-schevol.17-EcceHomo. 독일어 원본 텍스트는 1908년에 처음 출간되었다.

16 여기서 인용한 판본은 Arthur Schopenhauer, *The World as Will and Idea*, trans. R. B. Haldane and K. Kemp (London: Kegan Paul, Trench, Trübner & Co., 1909), 온라인에서는 Project Gutenberg, http://www.gutenberg.org/files/40868/40868-h/40868-h.html에서 읽을 수 있다. 쇼펜하우어의 독일어 초판 텍스트는 1818년에 출간되었고 현재는 대체로 *The World as Will and Representation*이라는 제목으로 알려져 있다.

17 이 생각은 페미니즘적 관점 이론에 뿌리를 두고 있는데 자세한 것은 2.1 of Heidi Grasswick, "Frminist Social Epistemology", *Stanford Encyclopedia of Philosophy*, 2013, http://plato.stanford.edu/entries/femisist-social-epistemology 참조.

18 Simone de Beauvoir, *The Second Sex*, trans. Constance Borde와 Sheila Malovany-Chevalier (New York: Alfred A. Knopf, 2009). 프랑스어 초판 텍스트는 1949년에 출간되었다.

19 여기서 탁월한 자원 하나가 Sally Haslanger의 *Resisting Reality: Social Construction and Social Critique* (New York: Oxford University Press, 2012)이다.

20 Berit Brogaard, *On Romantic Love: Simple Truths About a Complex Emotion* (New York: Oxford University Press, 2015).

4장

1 이 가설은 널리 쓰인다. 내가 사랑의 성격에 관한 연구를 발표할 때 청중과의 대화에서도 종종 등장한다.

2 이는 Thomas Lewis, Fari Amini와 Richard Lannon의 *A General Theory of Love* (New York: Vintage Books, 2000)에서 제시된 이론에 대한 나의 느낌이다. 루이스와 그 공저자들은 사랑에 관한 그들의 형이상학을 명쾌하게 말하지 않는다(이것은 비판이 아니다. 그들의 목표는 나의 목표와 다르다. 그들은 임상적 효과에 흥미를 느낀 정신과 의사들이다). 그러나 그들이 미술과 시를 사랑에 관한 통찰의 근원으로 선언하는 반면에 그들의 이론은 궁극적으로 신경생물학적으로 보인다.

3 *About Love: Reinventing Romantic for Our Times* (Lanham, MD: Rowman & Littlefield, 1994)에서 철학자 로버트 솔로몬Robert Solomon은 이런 입장을 취한다. 솔로몬은 로맨틱한 사랑을 "서구 문화의 위대하고 지속적인 혁신"이라고 부르면서 비록 그것이 생물학에서 "시작되었을 수 있"지만 궁극적으로는 "하나의 사회적 발명품"이라고 말한다.

4 이것의 한 예가 Julian Savulescu와 Anders Sandberg, "Neuroenhancement of Love and Marriage: The Chemicals Between Us", *Neuroethics* 1, no. 1 (March 2008): 31~44이다. 저자들은 이렇게 말한다. "진화체계는 사랑의 문화적·개인적 변이들이 지어질 수 있는 토대를 형성한다." 그러나 그들은 '표현'에서의 문화적 차이를 언급하는 것 외에는 이 '기초가 되는' 비유를 설명하지 않는다(이는 우리를 다시 목록의 첫 번째 전략으로 되돌려놓는다).

5 내가 시도하려는 전략은 20세기와 21세기 형이상학의 한 전통, 오스트레일리아 철학자 데이비드 루이스David Lewis와 프랭크 잭슨Frank Jackson과 관련해 '캔버라 계획'이라고 알려진 전통에 영감을 얻은 것이다. 이 배경의 일부에 접근

할 만한 소개 글로는 Daniel Nolan, David Lewis (Montreal: McGill-Queen's University Press, 2005), 특히 9장("Some Reflections on Lewis's Method")을 추천한다.

6   Sue Johnson, *Love Sense: The Revolutionary New Science of Romantic Relationships* (Boston: Little, Brown & Co., 2013).

7   이 점은 Niko Bell, "Love Sense Author Says We're (Mostly) Like Monogamous Voles", *Xtra Vancouver*, January 26, 2014, http://dailyxtra.com/vancouver/news-and-ideas/newestlove-sense-author-says-we're-mostly-like-monogamous-에서 강조되고 있다.

8   Helen Fisher, *Why We Love: The Nature and Chemistry of Romantic Love* (New York: Henry Holt & Co., 2004).

9   Timothy Taylor, *The Artificial Ape: How Technology Changed the Course of Human Evolution* (New York: Palgrave Macmillan, 2010). 핵심 내용에 관한 요약은 David Keys, "Prehistoric Baby Sling 'Made Our Brains Bigger'", *Independent*, September 6, 2010, http://www.independent.co.uk/lifestyle/history/prehistoric-baby-sling-made-our-brains-bigger-2071292.html 참조.

10 Christopher Ryan과 Cacilda Jethá는 *Sex at Dawn: The Prehistoric Origins of Modern Sexuality* (New York: Harper, 2010)의 6장과 7장에서 그런 모델들을 논의하고 있다.

11 K. E. Starkweather와 R. Hames, "A Survey of Non-Classical Polyandry", *Human Nature* 23, no. 2 (2012): 149~172 참조.

12 Christopher Ryan과 Cacilda Jethá, *Sex at Dawn: The Prehistoric Origins of Modern Sexuality* (New York: Harper, 2010).

13 Rafael Wlodarski, John Manning과 R. I. M. Dunbar, "Stay or Stray? Evidence for Alternative Mating Strategy Phenotypes in Both Men and Women", *Biology Letters* 11, no. 2 (February 2015).

14 Dietrich Klusmann, "Sexual Motivation and the Duration of Partnership", *Archives of Sexual Behaviour* 31, no. 3 (June 2002): 275~287.

15 Meredith L. Chivers와 Amanda D. Timmers, "Effects of Gender and Relationship Context in Audio Narratives on Genital and Subjective Sexual Response in Heterosexual Women and Men", *Archives of Sexual Behaviour*

41, no. 1 (February 2012): 185~197.

16 Helen Fisher, *Why We Love: The Nature and Chemistry of Romantic Love* (New York: Henry Holt & Co., 2004).

17 텔레비전은 킬그레이브에게 그가 원하기만 한다면 여성을 차지할 수 있으며 스토킹 같은 학대 행동으로 결국에는 (로맨틱 코미디에서처럼) 그녀의 마음을 얻을 수 있다는 인상을 심어주었다. 로맨틱한 사랑에 관한 사회의 이미지에 심어진 위험한 젠더 표준에 관해서는 6장에서 더 자세히 이야기하겠다.

18 Eva Illouz의 *Why Love Hurts: A Sociological Explanation* (Cambridge, UK: Polity Press, 2012)는 현대의 로맨틱한 사랑에서 선택의 의미와 그것이 경제적 고려, 젠더 역할과 어떻게 상호작용하는지를 흥미롭게 탐색한다. 일루즈는 로맨틱한 사랑을 개인주의적인 현상으로 보는 관점에 도전하면서 더 큰 규모의 제도적·문화적 힘이 어느 정도로 그것을 형성하는지 조명한다.

19 Elizabeth Brake의 *Minimizing Marriage: Marriage, Morality, and the Law* (New York: Oxford University Press, 2012)는 이 현상을 심도 있게 파헤친다.

20 Berit Brogaard, *On Romantic Love: Simple Truths About a Complex Emotion* (New York: Oxford University Press, 2015).

5장

1 만약 여러분이 커피숍에서 일하고 있다면, 여러분의 팁통을 가지고 후자의 실험을 해보고 그 결과를 알려주시면 좋겠다.

2 이런 부류의 현상에 관한 최근 연구의 개요는 Jonathan Haidt, *The Righteous Mind: Why Good People Are Divided by Politics and Religion* (New York: Pantheon Books, 2012), 또는 Cordelia Fine, "The Pigheaded Brain", in *A Mind of Its Own: How Your Brain Distorts and Deceives* (New York: W. W. Norton & Co., 2006) 참조.

3 오늘날의 많은 연구에서 동성의 파트너와 사랑에 빠진 사람들은 사랑하는 사람의 이미지를 볼 때 이성 파트너들과 똑같은 두뇌활동을 보인다는 사실이 발견된다. 신경생물학자 세미르 제키와 존 폴 로마냐는 피험자들이 사랑하는 파트너를 볼 때, "활성화와 불활성화 패턴이 남성과 여성, 이성애자와 동성애자들의 두뇌에서 일어나는 것과 배우 유사했"음을 발견했다. "따라서 우리는 이들 집단 사

이의 활성화 패턴에서 어떤 차이도 감지할 수 없었다." Semir Zeki와 John Paul Romanya, "The Brain Reaction to Viewing Faces of Opposite-and Same-Sex romantic Partners", *PLos ONE* 5, no. 12 (2006).

4 Lord Holt in *R. v. Mawgridge*, 1707. 수 밴덜리Sue Bandalli는 이 사례와 이 표현을 "Provocation: A Cautionary Note", *Journal of Law and Society* 22, no. 3 (September 1995): 389~409에서 논의한다. 밴덜리는 도발이 여성을 위한 변명으로 작용할 가능성은 거의 없다고 주장하는데, "궁극적으로 도발 변론의 성패는 뿌리 깊은 문화적 판단에 좌우되며, 이 편파적인 변명에 감추어진 의제는, 배우자 살해 사건에서 실제로 작용하는 바와 같이 피해자로서든 가해자로서든 여성의 책임 중 하나"이기 때문이다.

5 그런 변화 당시 영국 여성부 장관이던 해리엇 하먼Harriet Harman의 이 대목에 관한 말은 Simon Maybin, "Are Murder Laws Sexist?", BBC, October 15, 2014에 인용되어 있다. http://www.bbc.com/news/magazine-29612916.

6 이 법과 예전의 법은 "Criminal Code (R.S.C., 1985, c. C-46)", 형법 웹사이트, http://laws-lois.justice.gc.ca/eng/acts/C-46/section-232.html에서 찾아볼 수 있다.

7 이 법전은 그 자체는 법이 아니지만, 그 조항들은 많은 주에서 (일부분이나 전체가) 채택되어왔다.

8 이런 사건을 비롯한 여러 사건의 세부 내용은 Victoria Nourse, "Passion's Prgress: Modern Law Reform and the Provocation Defense", *Yale Law Journal* 106, no. 5 (March 1997): 1331~1448 참조.

9 이 지침은 전미양형위원회 웹사이트 "2015 Chapter 5"에서 볼 수 있다. http://www.ussc.gov/guidelines-manual/2015/2015-chapter-5.

10 '게이 패닉' 방어에 관한 2014년의 한 논문. Justin Ling, "Why Do Canadian Courts Still Allow the 'Gay Panic' Defense?", *Daily Xtra*, February 8, 2014, http://www.dailyxtra.com/canada/news-and-ideas/new/canadian-courts-still-allow-the-gay-panic%E2%80%99-참조.

11 이 말은 캘리포니아 입법부 정보 웹사이트에서 볼 수 있다. "AB-2501 Voluntary Manslaughter 2013~2014)", https://leginfo.legislature.ca.gov/faces/billNavClient.xhtml?bill_id=201320140AB2501.

12 무의식적인(또는 '암시적인') 연상이 어떻게 작용하는지에 관한 정보는 "Project Implicit", Harvard University, https://implicit.harvard.edu/implicit/faqs.

html에서 찾아볼 수 있다.

13 이 통계는 FBI의 것이다. "Crime in the United States 2013", FBI, https://www.
fbi.gov/about-us/cjis/ucr/crime-in-the-u.s/2013/crime-in-the-u.s.-2013/
offenses-known-to-law-enforcement/expanded-homicide/expanded_
homicide_data_tabla_10_murder_circumstances_by_relationship_2013.xls,
그리고 https://www.fbi.gov/about-us/cjis/ucr/crime-in-the-u.s/2013/
crime-in-the-u.s.-2013/offenses-known-to-law-enforcement/expanded-
homicide. ('아내'와 '남편' 범주에는 관습법상의 혼인관계 배우자와 전 배우자들
이 포함되어 있다.)

14 대법원에서 이 사건에 관한 판례 전문에 보고되어 있다, "Loving v. Virginia,
388 U. S. 1 (1967)", Nolo, http://supreme.nolo.com/us/388/1/case.html.

15 Frank Newport, "In U.S., 87% Approve of Black-White Marriage, vs. 4% in
1958", Gallup, July 25, 2013, http://www.gallup.com/poll/163697/approve-
marriage-blacks-whites.aspx.

16 Maria Root, *Love's Revolution: Interracial Marriage* (Philadelphia: Temple
University Press, 2001).

6장

1 Lisa Grunwald와 Stephen Adler, *The Marriage Book: Centuries of Advice,
Inspiration, and Cautionary Tales from Adam and Eve to Zoloft* (New York:
Simon and Schuster, 2015).

2 미국의 대표적인 몇몇 통계는 노동통계국에서 출간한 미국인들의 시간 활용 조사
요약본에서 찾을 수 있다. 최근의 수치를 찾을 수 있는 곳은 "American Time Use
Survey Summary", Bureau of Labor Statistics, June 24, 2015, htto://www.
bls.gov/news.release/atus.nr0.htm이다.

3 Marianne Bertrand, Emir Kamenica, Jessica Pan, "Gender Identity and
Relative Income Within Households", *Quarterly Journal of Economics* 130,
no. 2 (2015): 571~614. 이 데이터는 남편과 아내 모두 확실한 수입이 있고 18세
부터 65세까지의 미국 내 결혼한 부부를 대상으로 한 것이다.

4 매리엔 버트런드를 비롯한 저자들은 "아내가 벌어들인 소득의 분포는 아내의 소

득이 남편의 소득을 넘어서는 지점인 2분의 1의 오른쪽에서 가파르게 떨어진다"
고 보고한다.

5 현 상황에 대한 요약을 볼 수 있는 곳은 Sara Ashley O'Brein, "78 Cents on
    the Dollar: The Facts About the Gender Wage Gap", *CNN Money*, April
    14, 2015, http://money.cnn.com/015/04/13/news/economy/equal-pay-
    day-2015.

6 버트런드와 그의 공저자들은 이 문구를 Arlie Russell Hochschild와 Anne
    Machung의 *The Second Shift: Working Parents and the Revolution at Home*
    (New York: Viking, 1989) 제목에서 따왔다.

7 Laurie Rudman과 Jessica Heppen, "Implicit Romantic Fantasies and
    Women's Interest in Personal Power", *Personality and Social Psychology
    Bullctin* 29, no. 11 (November 2003): 1357~1370.

8 똑같은 은유는 Susan Weisser, *The Glass Slipper: Women and Love Stories*
    (New Brunswick, NJ: Rutgers University Press, 2013)에서 광범위하게 발전된
    다. 이 책은 페미니즘적 관점에서 사랑 이야기들을 검토하는 방식으로 로맨틱한
    사랑을 위한 사회적 '대본'을 비판한다.

9 Simone de Beauvoir, *The Second Sex*, trans. Constance Borde와 Sheila
    Malovany-Chevalier (New York: Alfred A. Knopf, 2009).

10 Shulamith Firestone, *The Dialectic of Sex: The Case for Feminist Revolution*
    (New York: William Morrow, 1970).

11 Terri Conley 외, "The Fewer the Merrier? Assessing Stigma Surrounding
    Consensually Non-monogamous Romantic Relationships", *Analysis of
    Social Issue and Public Policy* 13, no. 1 (December 2013): 1~30.

12 Kat Stoeffel, "Meet Terri Conley: The Psychologist with an Alternative
    Theory of Hookup Culture", *New York Times Magazine*, February 4, 2014,
    http://nymag.com/thecut/2014/02/woman-with-an-alternative-theory-
    of-hookups.html.

13 만약 내 남자 친구가 게이였다면, 그건 그나마 용인되었을 것이다. 그 아버지는 그
    에게 요즘에는 "심지어 오바마도 게이가 괜찮다고 한다"고 지적했기 때문이다.

14 2004년 버지니아에서 간통에 대한 유죄판결이 있었다. 처벌은 사회봉사였
    다. 이 사건에 대한 흥미로운 논의가 같은 해에 발표되었다. Jonathan Turley,
    "Of Lust and the Law", *Washington Post*, September 5, 2004, http://www.

washingtonpost.com/wp-dyn/articles/A62591-2004Sep4.html. 이 기사는 이 사건이 시대에 뒤진 법을 뒤집을 기회였지만, 피고가 결국 처벌을 받아들였기 때문에 그 일은 불가능했다고 지적한다.

15 이 특정 문구는 삼각관계에 있던 한 폴리 게이 남성의 증언에서 나온 것이다. Victor M. Feraru, "Will Polygamy Have Its Day in the Sun?", *HuffPost Queer Voices* (blog), July 23, 2013, http://www.huffingtonpost.com/victor-lopez/will-polygamy-have-its-day-in-the-sun_b_3629785.html.

16 Jonathan Frakes, dir., *Star Trek: First Contact* (Los Angeles, CA: Paramount Pictures, 1996).

17 Eli Lehrer, "Gay Marriage Good, Polyamory Bad", *HuffPost Politics*, January 23, 2014, http://www .huffingtonpost.com/eli-lehrer/gay-marriage-good-polyamo_b_4165423.html.

18 배우자 사이의 계급과 교육 유사성에 대한 종적 데이터를 다룬 일부 분석은 MonikaKrzyżanowska와 C. G. Nicholas Mascie-Taylor, "Educational and Social Class Assortative Mating in Fertile British Couples", *Annals of Human Biology* 41, no. 6 (2014): 561~567에서 볼 수 있다. 이들이 연구했던 커플의 60퍼센트 이상은 교육 수준이 똑같았다.

19 *Why Love Hurt: A Sociological Explanation* (Cambridge, UK: Polity Press, 2012)의 앞부분에서 사회학자 에바 일루즈는 자신의 사회계급 바깥에서의 결혼에 대한 공적 제약이 20세기에 어떻게 사라졌는지, 그리고 그것이 남성과 여성의 로맨틱한 경험에 어떻게 영향을 미쳤는지 논의한다.

20 Elizabeth Armstrong 외, "Good Girls': Gender, Social Class, and Slut Discourse on Campus", *Social Psychology Quarterly* 77, no. 2 (June 2014): 100~122.

21 이것은 나에게도 효과가 없지는 않은데, 나는 내 일자리와 내 가정, 또는 가족을 잃는다는 당장의 두려움 없이 이 책에서 나의 다자간 연애에 관해 말할 수 있는 특권을 누리기 때문이다. 버트런드 러셀도 『결혼과 도덕』의 풍자적인 한 주석에서 이 비슷한 것(비록 조금은 더 나아간 수준이지만)을 표현하는 것 같다. 본문 중에서 그는 한 전문직 남자가 '공공연한 죄'를 저지르며 살기 때문에 직장을 잃을 것이라고 설명하지만 주석에서 이렇게 덧붙인다. "만약 그가 유서 깊은 대학교 중 한 곳에서 교편을 잡고 있고 내각의 장관인 한 동료와 가까운 관계가 아니라면 말이다."

22 '노처녀'라는 단어를 순화하려는 시도가 최근에 있었지만 제한적인 성공만을 거

두었다. 그 예로 Kate Bolick의 *Spinster: Making a Life of One's Own* (New York: Crown Publishers, 2015) 참조.

23 Michel Reynaud 외, "Is Love Passion an Addictive Disorder?", *American Journal of Drugand Alcohol Abuse* 36, no. 5 (September 2010): 261~267 참조.

24 Bertrand Russell, *Marriage and Morals* (New York: Liveright, 1929).

25 Marina Adshade, "Actually, Men Have Always Wanted Children More Than Women Have", *Glove and Mail*, March 30, 2015, http://www.theglobeandmail.com/globe-debate/actually-men-have-always-wanted-childrenmore-than-women/article23681771.

26 이는 크리스토퍼 라이언과 커실다 제타가 『왜 결혼과 섹스는 충돌할까』에서 강조하는 바다.

7장

1 Thomas Lewis, Fari Amini, Richard Lannon, *A General Theory of Love* (New York: Vintage Books, 2000).

2 폴 매클린Paul MacLean은 1940년대와 1950년대 '대뇌 변연계'라는 개념을 발전시켰다. 그 개념은 논쟁이 되어왔다. 조지프 르두Joseph LeDoux는 *The Emotional Brain* (New York: Simon and Schuster, 1996)에서 그에 대한 반론을 요약한다.

3 이 역사를 잠깐 들여다보려면 Christopher Faraone, *Ancient Greek Love Magic* (Cambridge, MA: Harvard University Press, 1999) 참조.

4 Lawrence Babb, "The Physiological Conception of Love in the Elizabethan and Early Stuart Drama", *Publications of the Modern Language Association of America* 56, no. 4 (December 1941) 참조.

5 오늘날에는 사포 작품의 단편들만 남아 있다. 이 대목은 단편 31로 알려진 것이다.

6 이 표현의 출처는 *Plato in Twelve Volumes*, Vol. 9, trans. Harold N Fowler (Cambridge, MA: Harvard University Press, 1925), 또한 Perseus Digital Library, Tufts University, http://www.perseus.tufts.edu/hopper/text?doc=Perseus%3Atext%3A1999.01.0174%3Atext%3DPhaedrus%3Asection%3D254c 에서 볼 수 있다.

7 여기서 나는 다시 밥의 "The Physiological Conception of Love in the Eliza-bethan and Early Stuart Drama"를 끌어들인다.

8 André du Laurens, *Discourse of the Preservation of the Sight, of Melancholike Diseases, of Rheumes, and of Old Age*, 1599년 리처드 서플 릿Richard Surphlet의 번역 (London: Shakespeare Association Facsimiles, 1938).

9 Ovid, Remdia Amoris , in The Art of Love and Other Poems , trans. J. H. Mozley; rev. G. P. Goold Cambridge, MA: Harvard Universit Press, 1979), 인터넷에서는 digital Loeb Classical Library, http://www.loebclassics.com/ vies/ovid-remedies_love/1929/pb_LCL232.177.xml.

10 Joseph Frascella 외, "Shared Brain Vulnerabilities Open the Way for Non-substance Addictions: Carving Addiction at a New Joint?", *Annals of the New York Academy of Science* 1187 (February 2010): 294~315.

11 Brian Earp 외, "Addicted to Love: What Is Love Addiction and When Should It be Treated?", *Philosophy, Psychiatry and Psychology* (2015). 또한 Brian Earp 외, "If I Could Just Stop Loving You: Anti-love Biotechnology and the Ethics of a Chemical Breakup", *American Journal of Bioethics* 13, no. 11 (2013): 3~17 참조.

12 Julian Savulescu와 Anders Sandburg, "Neuroenhancement of Love and Marriage: The Chemical Between Us", *Neuroethics* 1, no. 1 (March 2008): 31~44 참조.

13 Fiona Macdonald, "Scientists Can Now Tell If You're in Love by scanning Your Brain", *Science Alert*, March 16, 2015, http://www.sciencealert.com/ scientists-can-now-tell-if-you-re-in-love-by-scanning-your-brain 참조.

14 Hongwen Song 외, "Love-Related Changes in the Brain: A Resting-State Functional Magnetic Resonace Imaging Study", *Frontiers of Human Neuroscience* (February 13, 2015), http://ncbi.nlm.nih.gov/ pubmed/25762915.

15 나머지 문제들 중에서 이 설문조사는 열정적인 사랑은 일대일 관계라고 가정하고 있다. 나는 로맨틱한 사랑의 연구에서 이것을 비롯한 여러 방법론적 문제에 관해서는 Carrie Jenkins, "Knowing Our Own Hearts: Self-Reporting and the Science of Love", *Philosophical Issue* (October, 22, 2016)에서 논의했다.

종결부

1 생물학적 수준에서 사랑은 심지어 성욕과 두뇌회로가 겹칠 수도 있다. 예를 들어 Stephanie Cacioppo 외, "The Common Neural Bases Between Sexual Desire and Love: A Multilevel Kernel Density fMRI Analysis", *Journal of Sexual Medicine* 9, no. 4 (April 2012): 947~1232 참조.

2 "Esther Perel: The Secret to Desire in a Long-Term Relationshop", TED, February 2013, http://www.ted.com/talks/esther_perel_the_secret_to_desire_in_a_long_term_relationship 참조.

3 Brian D. Earp, Anders Sandberg, Julian Savulescu, "Natural Seleion, Childrearing, and the Ethics of Marriage (and Divorce): Building a Case for the Neuroenhancement of Human Relationships", *Philosophy and Technology* 25, no. 4 (December 2012): 561~587.

4 Frank Newport, "In U.S., 87% Approve of Black-White Marriage, vs. 4% in 1958", Gallup, July 25, 2013, http://www.gallup.com/poll/163697/approve-marriage-blcaks-whites.aspx 참조.

5 이런 전통주의는 종종 그리스도교가 결혼에서 요구하는 것에 관한 관념을 전제로 한다. 그 예로 Stephanie Samuel, "Should Couples Personalize Their Marriage Vows? Russell Moore Says No", *Christian Post*, November 13, 2014, http://www.chiristanpost.com/news.ressell-moore-on-personalize-vows-marriage-is-about-accountability-to-the-6 참조.

6 Daniel Nolan, "Temporary Marriage", *After Marriage: Rethinking Marital Relationships*, ed. Elizabeth Brake (New York: Oxford University Press, 2016)에 수록.

7 이 표현은 낯선 사람이 내게 보낸 메시지에서 따온 것이다.

8 〈스타트랙: 다음 세대Star Trek: The Next Generation〉 중의 한 에피소드 "The Outcast" (Robert Scheerer, dir., March 14, 1992 방송분)에서 구조적으로 비슷하게, 젠더에 대해 문화적·의학적으로 억압하는 외계인 사회의 가능성이 그려진다.

찾아보기

사랑학 개론

여전히 사랑이 낯선 이들을 위하여

2019년 5월 31일 초판 1쇄 발행

지은이 ㅣ 캐리 젠킨스
옮긴이 ㅣ 오숙은
펴낸곳 ㅣ 여문책
펴낸이 ㅣ 소은주
등록 ㅣ 제406-251002014000042호
주소 ㅣ (10911) 경기도 파주시 운정역길 116-3, 101동 401호
전화 ㅣ (070) 8808-0750
팩스 ㅣ (031) 946-0750
전자우편 ㅣ yeomoonchaek@gmail.com
페이스북 ㅣ www.facebook.com/yeomoonchaek

ISBN 979-11-87700-30-2 (03100)

이 도서의 국립중앙도서관 출판시도서목록(cip)은 e-CIP 홈페이지(http://www.nl.go.kr/ecip)에서
이용하실 수 있습니다(CIP 제어번호: 2019019203).

여문책은 잘 익은 가을벼처럼 속이 알찬 책을 만듭니다.